目次

はじめに　〝江戸の憲法構想〟と〝もう一つの近代日本〟を求めて　7
〝もう一つの日本近代史〟の可能性　7　左派／右派に共通する〝歴史認識の負の連鎖〟を止めるために　8

第Ⅰ部　徳川の近代国家構想――もう一つの日本近代史の可能性

第1章　よみがえる徳川近代化史観――尾佐竹猛と大久保利謙　13
はじめに　13　戦後歴史学における幕末議会論の低評価　14　渋沢栄一と歴史学　15
『徳川慶喜公伝』　16　天下の奇人・尾佐竹猛　17　尾佐竹史学を世に出した吉野作造　19　尾佐竹猛が論じる議会思想の移入過程　19　議会設置の議論が、政権返上につながった　23　薩長は徳川より立憲政体に後ろ向きだった　25　徳川政権の議会論の水準　26　遠山茂樹は『徳川慶喜公伝』をどう評価したのか　28　遠山茂樹は、尾佐竹猛をどう評価したのか　29　尾佐竹史観を継承した大久保利謙　31　じつは反省していた遠山茂樹　32　近代史研究の草分け・原平三　34　大久保利謙は尾佐竹猛をどう見てい

たのか 37　バトンは受け継がれる 39　大久保利謙は講座派をどう見ていたのか 39
尾佐竹猛と鈴木安蔵 41　鈴木安蔵が日本国憲法の草案を作成した 44　三谷博の「公議」論 46　柄谷行人の「徳川憲法」論 47　明仁上皇の歴史認識 48　おわりに 48
補論(1)——明治維新研究の諸系統 49　補論(2)——講座派理論の来歴 52

第2章　慶応年間の憲法構想——ジョセフ・ヒコ、赤松小三郎、津田真道、松平乗謨、西周、山本覚馬 54

はじめに 54　慶応年間の建白書 55　西周の「議題草案」をめぐる論争 58　六つの憲法草案が提出された背景 60　ジョセフ・ヒコ（濱田彦蔵） 60　赤松小三郎 63　津田真道と西周 65　松平乗謨（大給恒） 67　山本覚馬 68　六つの憲法草案の比較 70
「天皇」について 70　「議会の権限」について 74　上院と下院の議員選出方法 77
「内閣と行政」について 81　「国民の権利と義務」について 83　「地方自治」について 87　「軍事」について 88　六つの憲法草案の実現可能性 91　おわりに 92

第3章　サトウとグラバーが王政復古をもたらした 95

はじめに 95　アーネスト・サトウの『英国策論』 96　サトウの武力討幕支援 98　体制変革は日本人が成し遂げた印象を持たせる必要がある 100　赤松構想と薩土盟約 100
徳川慶喜の真意 103　国民議会論は狂気？ 104　「国民議会」と「憲法」 106　平和と議会は、老婆の理屈？ 107　赤松小三郎の暗殺 108　長州藩を救った大英帝国 109　グラバーの武器密輸 111　赤松小三郎の軍事技術 113　鳥羽伏見の戦いで大活躍した野津鎮雄 116　おわりに 116

第Ⅱ部　徹底批判〈明治維新〉史観——バタフライ史観で読み解く

第4章　〈皇国史観〉〈講座派史観〉〈司馬史観〉の愛憎劇　121

はじめに　121　右派と左派の維新史理解　121　司馬遼太郎の磁場　125　〝坂の上〟のナルシシズム　126　司馬遼太郎とシンクロする井上清　132　平和革命と暴力革命　134　司馬遼太郎の長州史観　135　長州本紀と佐幕派列伝　137　皇国史観と講座派史観の連続性　138　水戸学評価の転換　139　遠山茂樹の長州史観　141　松浦玲の回想　142　上山春平の水戸史観　143　吉田俊純の水戸学研究　146　おわりに　148

第5章　唯物史観からバタフライ史観へ　150

はじめに　150　バタフライ史観　151　複雑系史観の台頭　153　自然のなかのバタフライ効果　154　逸脱増幅機構　155　歴史のなかのバタフライ効果　156　天安門事件の場合　159　複雑系研究が歴史の〝イフ〟を解禁した　160　ルクレティウスのクリナメン　164　自由意志はどこから来るのか　166　エピキュリアンだったマルクス　167　マルクスをもってマルクスを批判する　169　逸脱が世界を近代に導いた　171　エピクロスとホッブズと社会契約論　174　おわりに　176

第6章　丸山眞男は右派史観復活の後押しをした　178

はじめに　178　丸山の『日本政治思想史研究』　179　作為の理論と複雑系　180　尾藤正英による丸山批判　182　江戸の朱子学は、西洋近代と調和可能だった　183　丸山眞男の吉田松陰評価　185　いったん非合理に向かうのが近代？　188　丸山の弁証法は詭弁である　190　ボルケナウの議論の受け売りだった丸山の主張　191　朱子学は諸学の自立を許さないのか　192　佐久間象山と朱子学　193　国学と佐久間象山の暗殺　195　横井小楠と朱子学　197　国学と横井小楠の暗殺　198　丸山眞男の弁明　200　国学は国家平等の理念を導きだせたか　202　徳川政権の国家平等意識　204　明六社の啓蒙主義者たち　205　津田真道と国学　208　加藤弘之の転向　209　朱子学亜種としての水戸学派　210　近代日本は朱子学化した　213　朝鮮儒学に繋縛された大日本帝国　214　丸山が語る「朱子学の繋縛」とは、戦前の日本のことだった　215　明治維新によって誕生した「無責任の体系」　216　「古層論」の迷走　217　おわりに　218

終章　福沢諭吉から渋沢栄一へ　220

渋沢栄一と福沢諭吉　220　儒教評価についての福沢と渋沢の差異　221　社会福祉についての福沢と渋沢の差異　222　画一的な明治教育と個性尊重の江戸教育　224　丸山眞男は渋沢栄一を黙殺した　226　おわりに　226

あとがき　〝近代日本の記憶のあり方〟と〝未来の歴史〟を変えるために　228

注　233／人名索引

江戸の憲法構想　日本近代史の〝イフ〟

凡例

一、年については、敗戦以前は「元号（西暦）」、戦後は「西暦（元号）」、二一世紀以降は西暦のみとした。

一、年月日は、明治五年（一八七二）一二月三日の改暦より以前は、原則的に陰暦とした。

一、本文の漢字は、引用文も含めて常用漢字の字体に統一した。ただし、固有名詞で、常用漢字制定後もあえて旧字体を用いていると思しき場合（例：丸山眞男、濱田彦蔵など）、また歴史上の人物でも新旧で字体の変化が著しく、違和感をおぼえるような場合（例：坂本龍馬の「龍」など）には、旧字のままとしたものもある。

一、史料等の引用においては、原則として仮名遣いは原文ママとし、適宜、句読点を加えたものもある。

一、本文に付されている★と番号は、注の合印である。対応する注は巻末に掲載した。番号は章ごととなっている。

一、二字下げて、前後を一行空けているのは引用文である。引用文中の亀甲括弧〔〕は、引用者による補足であり、丸カッコ（）は原文である。

一、本書では江戸時代の記述において「幕府」「朝廷」という用語を原則として使用しない。「幕府」については当時使用されていた「公儀」ないし学術的に中立な「徳川政権」を用い、「朝廷」は「禁裏」を用いる。引用史料に登場するため使わざるを得ないときには「幕府」「朝廷」とカッコ付きで表記する。「幕府」「朝廷」という用語は、尊王攘夷派が江戸末期に好んで使い始めた用語であり、この用語を使い続けるかぎり、皇国史観の再生産に与してしまうことになるためである。

［はじめに］
〝江戸の憲法構想〟と〝もう一つの近代日本〟を求めて

「江戸の憲法構想」とは、ずいぶん非常識なタイトルだと思われる読者もいるだろう。

「封建時代に憲法などない」

「明治維新があったからこそ、日本は封建制から近代国家へと脱皮できた」

「憲法制定を求める運動は明治維新なしには発生し得なかった」

……といった批判の声が、私の耳に聞こえてきそうである。

徳川政権は封建制に執着していたのであり、武力で徳川軍を粉砕しないかぎり、近代の扉は開かなかった——従来、こんな見方が強かった。本書を執筆する主要な動機は、この認識の間違いを明らかにしたいという点にある。

〝もう一つの日本近代史〟の可能性

私は、二〇一六年に上梓した『赤松小三郎ともう一つの明治維新』（作品社）において、赤松小三郎が慶応三年（一八六七）、普通選挙で選出された議会を国権の最高機関とする、現行憲法に通じる憲法構想を提案していた事実を指摘した。本書はその続編となるものである。赤松小三郎以外にも、江戸末期の慶応年間（一八六五〜六八）にはさまざまな憲法草案が起草されていた。慶応年間、江戸社会の伝統からの内発性と欧米の議会政治思想が融合した形で、いくつものユニークな憲法構想が提起されていたのであり、まずそれらを紹介していきたい。それらの構想は、連邦制を志向するもの、中央集権化を目指すもの、庶民の参政権を認めるもの、参政権を当面は武士に限定するもの、さまざまなベクトルを持っていたが、いずれも、明治維新が生んだ国家とは異なる形態の近代日本を導く可能性を持っていた。

本書では、江戸時代の知識人たちが構想したさまざまな憲法構想を読み解き、比較検討していくなかで、明治維新は唯一解ではなく、日本には多様な方向の近代化の可能性があり得たことを明らかにしたい。明治日本とは、それらの可能性の束のなかから、たまたま選ばれた一つに過ぎない。他の選択肢の実現可能性を検討していけば、明治維新が日本にとって最良の選択であったなどとはけっして言えないことが見えてくるだろう。

左派／右派に共通する〝歴史認識の負の連鎖〟を止めるために

本書では、大正年間に江戸末期の議会論を評価し武力討幕を批判していた尾佐竹猛（おさたけたけき）の研究を再評価する一方、薩長の武力討幕を肯定する「物語」の定型を生み出してきた、井上清・遠山茂樹・丸山眞男・司馬遼太郎といった学者や作家たちの歴史観を批判的に検討していく。彼らは、薩摩や長州は進歩勢力だったから、長州は民衆を組織化して階級戦争を展開したから、徳川が依拠した朱子学は封建教学で明治維新を生んだ国学は近代的だったから等、もっともらしい理屈付けを行ない、薩長の勝利を必然的であったかのように説明しようとしてきた。

こうした明治維新観を構築したのは、マルクスの唯物史観の信奉者、あるいは、少なからずその影響を受けた人びとであるが、本書で追って詳述するように、彼らは戦前の皇国史観が生み出した王政復古の物語の主旋律を継承しつつ、唯物史観の衣をかぶせたのである。戦前の皇国史観も、また戦後の唯物史観も、「勝てば官軍史観」と呼んでもよい。この「史観」に立つと、結果からの逆算によって、勝った側は進歩的で、負けた側は反動的だったと、自動的に解釈するバイアスが生じてしまう。そのため、日本の近代への道には、明治維新とは異なった可能性もあったのではないかという、〝歴史のイフ〟についての問いも封殺してしまうことになった。

右派は、明治維新が生み出した天皇を神格化する祭政教一致の「国体」を、〝美しい日本〟のあるべき姿として賞賛する。左派も、明治維新を、外圧に対抗するべく近代的統一国家を実現するための暴力的な体制変革として肯定する。右派と左派の違いは、明治維新が生んだ体制を絶対化するか、それとも、さらなる暴力で覆すことを肯定するか否かであろう。この左右の歴史認識が、暴力と弾圧の連鎖を誘発してきた。この歴史認識の〝負の連鎖〟を止めなければならない。

勝者による歴史だけが唯一の歴史ではない。歴史に必然などないし、法則性のあるものでもない。私たち一人ひとりの決断の一つ一つが、歴史に影響を与え、その行為の積み重ねが歴史の発展方向を規定していく。さまざまな〝イフ〟の累積の上に現在があるのであるし、今後もそうであると考える。本書では、そうした歴史観を、「バタフライ史観」（第5章参照）として提案する。

これらによって右派史観と左派史観に共通する必然性のドグマから解放され、開かれた未来を展望することが可能なることを願っている。もはや「戦後」ではなく、「新たな戦前」と呼ばれるようになった今だからこそ、それが求められていると考える。

第Ⅰ部

徳川の近代国家構想

もう一つの日本近代史の可能性

慶応年間に日本の憲法構想を提案した6人。上段は左からジョセフ・ヒコ（濱田彦蔵）、赤松小三郎、津田真道。下段は左から西周、松平乗謨（大給恒）、山本覚馬。

万民に於ては、自由に説話いたし、又は新聞に書載候事、
太平之世には之を指留る事無之候

ジョセフ・ヒコ（濱田彦蔵）

〔議員の〕人撰之法ハ、門閥貴賤ニ拘らす、道理を明弁し、
私無く且人望之帰する人を公平ニ撰むへし

赤松小三郎（上田藩士）

〔議会の〕決議の事は、容易に主上も御議論あらせられず候

松平乗謨（公儀陸軍総裁・老中格）

人を束縛せず、其所好をなし、長技を尽くさしむ可し、
また従来上下隔絶の弊を止メ、貴賤混淆学術技芸を磨しめ、
官ニ当るは貴賤等級を不論

山本覚馬（会津藩士）

［第1章］
よみがえる徳川近代化史観
――尾佐竹猛と大久保利謙

はじめに

第二次世界大戦後の明治維新研究において、薩摩と長州による武力討幕は、封建制を倒して近代の扉を開けた歴史の進歩であると、肯定的に捉える見方が主流であった。

実際には徳川政権下でも内閣制度が導入され、議会制度の導入も検討されていたのであるが、従来の学説において、徳川の議会論は「列藩会議論」ないし「封建議会論」とでも呼ぶべき未熟なもので、封建制の再建策に過ぎないとされてきた。徳川政権は、封建制に執着し、自らの政体を自律的に近代化させることができなかったため、武力で徳川軍を粉砕しないかぎり、近代への扉は開かなかったと考えられてきたのである。

しかしながら、大正時代には、「徳川近代化史観」とでも呼び得る歴史観が存在した。

戦後歴史学における幕末議会論の低評価

〝戦後歴史学〟は、江戸時代末に活発化した〝議会論〟を低く評価してきた。この低評価路線を生み出したもとになった著作として、遠山茂樹の『明治維新』（岩波書店、一九五一年）を取り上げたい。この著作は、講座派マルクス主義史学の歴史観で叙述され、第二次大戦後の日本の明治維新研究の方向性の大枠を規定するほどの影響力を与えたものであった。

歴史学者の成田龍一は、自身が学生であった一九七〇年代当時のことを回想し、遠山の『明治維新』は、井上清『日本現代史Ⅰ明治維新』（一九五一年）や丸山眞男『日本政治思想史研究』（一九五二年）などと並んで〝正典（キャノン）〟とされており、「歴史学の論文を書くときには、これらの「名著」の問題意識と手法に学び、ここで展開された歴史像との関連を言及することが作法とされた」[★1]と述べている。

当時〝正典〟とされていたこれらの著作は、現在ではあまり読まれなくなっている。だからといって、その影響が消えたわけではない。遠山茂樹や井上清の著作で展開された〝物語〟は、現在でも歴史教科書の幕末から明治維新期の大枠を規定しており、丸山眞男の創り上げた〝物語〟は、高校の「倫理」の教科書の日本の近世思想の大枠を、やはり規定していると言ってよい。そこで井上清や丸山眞男の議論も、本書で追って取り上げて検討したい。彼らの著作は読まれなくなっていても、その歴史観の根幹部分は、現在、興隆を極めている右派史観にも継承され、日本人の意識の深層に刷り込まれているからだ。

まず遠山茂樹は、「幕末」の議会論について、「イギリス・フランスの外交官の指導」により、「中央集権的国家体制、議会制度が次第に新しい政治理念として浮かびあがってきた」としつつ、その内実としては、「民の声を聴く、衆議を納れるとの王者の心構えを説く儒教的政治思想と、蘭書および中国書によって輸入紹介された欧米の議会制度の外形だけの知識とによって、次第に成形してゆくに従って、分解せんとする封建政治機構の補強救済策としての列藩会議論に定着していった」と述べる。[★2]そして、「議会制度論は、もっぱら封建支配者間の対立を緩和し、封建支配秩序を再建する手段として、受け取られたのである」と結論する。[★3]すなわち、「議会制度論」は、封建的秩序を再建し、継続していくための方便として用いられるようになってしまい、近代へ向かうベクトルは持っていなかったというのだ。「議会制度論」が、「イギリス・フランスの外交官の指導」によって外から移植された外発的な思想という評価は、事実として正しくない。遠山の念頭にあるのは、フランス公使のレオン・ロッシュとイギリスの外交官のアーネスト・サトウであろう。しかしながら、彼らが日本に議会政治の導入を促したという事実はない。

フランスのロッシュは、慶応三年（一八六七）二月六日に大坂城内で徳川慶喜(よしのぶ)の諮問に答えて内閣制度の導入を提言し、徳川政権は、老中と若年寄を改変して六人の「総裁」（大臣）からなる実質的な内閣制度へと変革しているが、議会開設はロッシュの提案には含まれていなかった。[★4]その頃、徳川政権の内部から議会創設の動きが活発化していたのであるが、けっしてフランスから促されたからではない。

イギリスのサトウにいたっては、同じく慶応三年に、日本人のなかから庶民にも参政権を与えた「国民議会」の開設論が公然と唱えられるようになったことに対して、「狂気じみた考え（マッド・アイディア）」として、その放棄を促していた。サトウは、日本人による「議会論」の提案を否定したうえで、薩長の武力蜂起を促してまわっていたというのが史実である。この事実は第3章であらためて検証したい。

渋沢栄一と歴史学

ところで第二次大戦前も、このような〝幕末議会論〟の低評価は定説であったのだろうか。じつは意外にもそうではなかった。大正時代、薩長中心に叙述される明治維新史とは異なる視点の歴史研究の流れがあった。それらの研究では、徳川政権下で西洋法学が研究され、議会の開設も提案され、近代に向けて着実に歩んでいたことが明らかにされていた。つまり薩長による武力討幕がなくても、日本は近代的な立憲政体に向かっていたという理解である。しかしながら、大正時代のこうした研究の流れは、戦後歴史学に継承されなかったのだ。

まず、大正六年（一九一七、完結は一九一八）に刊行された渋沢栄一の編著『徳川慶喜公伝』（全八巻、一九一七〜一八）を紹介したい。渋沢栄一については、今さら紹介するまでもないかもしれないが、百姓から身を起こして一橋慶喜（のちの徳川慶喜）の家臣に取り立てられ、さらに徳川家臣となって活躍した。明治維新後には大蔵省に出仕し、のちに野に下って、金融、運輸、製紙、硝子、保険、鉄道、紡績など四〇〇以上の企業を興し、日本の基幹産業を育成し、「日本資本主義の父」と呼ばれるようになった。さらに、資本主義が生み出す格差の歪みを是正させるべく、社会福祉活動や教育活動にも熱心に取り組んだ。

徳川家臣のなかから「日本資本主義の父」が生まれたこと自体、「幕府」が封建的で、自ら近代化させることのできない政権であったという定説に、疑問を投げかけるのに充分な根拠であろう。

渋沢は、経済界のリーダーとして多忙ななかで、歴史書である『徳川慶喜公伝』の編纂にも心血を注いだ。この書は、単なる旧主礼賛の類いのものではない。戦前の実証的歴史学が成し遂げた金字塔と言ってよい。慶喜本人への聞き取りと、膨大な一次史料の双方を突き合わせながら事の真相を探っていくという、ライフヒストリー研究と史料研究を組み合わせた斬新な研究手法であった。渋沢は、日本資本主義を生み出したのみならず、歴史学の発展にも重大な貢献をしていたのだ。

『徳川慶喜公伝』

渋沢栄一の『徳川慶喜公伝』が明らかにしたことは数多いが、徳川慶喜が議会政治の開始に同意して政権の返上を行なったこと、その背景として、当時の日本で議会政治の「気運」が高まって、時代潮流となっていたことなども論じられていた。渋沢栄一は、「政権奉還」（渋沢は「大政奉還」の用語を使わず「政権奉還」を用いている）にいたる「公議政体希求の思想」の発展過程を、以下のようにまとめている。

まず、嘉永年間（一八四八〜五四）のペリー来航という危急の事態に直面し、老中首座の阿部正弘が広く天下に意見を求めたことが、「公議輿論を重んずる思想」の「嚆矢」となった。[★5] そして開国がなり、万延元年（一八六〇）の遣米使節を皮切りに、欧米を見聞・留学する者も増えると、有識者の間に、日本にも議会制度を導入すべきであるという認識が広まっていった。議会政治論を唱えた先駆者として、旗本の大久保忠寛（一翁）、越前藩政治顧問の横井小楠、上田藩の赤松小三郎らが紹介される。これら各方面からの議会政治論の流れが、土佐藩の「政権奉還」構想につながったとし、「気運の然らしむる所、欧洲思想の模倣とのみは言ふ能はざるなり」[★6]と総括する。

渋沢によれば、議会政治論の高まりは、時勢の気運が盛り上がってきたなかでの必然的な現象であって、単なるヨーロッパ思想の模倣ではない。その時代に徳川家臣として活動し、議会論の高まりの「気運」を肌で感じていた渋沢栄一の編著の評価であるだけに、重みがある。議会制度論は、「外交官の指導」による「封建政治機構の補強救済策」とする戦後歴史学の理解と、同時代を生きた渋沢栄一の理解は大きく違うのである。

注目すべきは、渋沢が、「政権奉還」に先立つ議会構想のなかのクライマックスとして、赤松小三郎の建白書を挙げ、詳細に紹介していることである。[★7] 赤松小三郎は薩摩の武力討幕派に暗殺されているため、明治政府からしてみれば、歴史の記憶から消し去りたかったはずの人物であった。戦後歴史学も赤松小三郎の存在をほぼ無視してきたが、旧徳川家臣の渋沢は、大正年間、日本の立憲思想史のなかに、赤松の議会政治論を位置付けようとしていた。

天下の奇人・尾佐竹猛

渋沢栄一の徳川近代化史観を発展させたのが、尾佐竹猛という風変わりな裁判官であった。尾佐竹は裁判官として大審院判事にまで上りつめた人物である。彼はアカデミックな研究者ではなかったが、大正デモクラシーの旗手であった政治学者の吉野作造、反骨のジャーナリストであった宮武外骨とともに、大正一三年（一九二四）に「明治文化研究会」を組織し、憲政史の分野を中心に精力的な研究活動を行なった。「憲政史」という研究分野そのものが、尾佐竹によって切り開かれたのである。吉野作造の没後、尾佐竹自身が明治文化研究会の第二代会長となり、その研究活動のなかで、歴史学者の大久保利謙（としあき）や、現行の日本国憲法の骨格を作った憲法学者の鈴木安蔵など、多くの人材を育てた。

尾佐竹猛は、明治一三年（一八八〇）、石川県に生まれた。明治三二年（一八九九）に明治法律学校（現・明治大学）を卒業し、翌明治三三年に判事検事登用試験に合格。その後、東京地裁判事、東京控訴院判事などを経て、大正一三年（一九二四）に大審院判事となった。経歴を見るかぎり、順調に法曹界のエリートコースを歩いてきた人間のように見える。

しかし、そのエリートが大審院判事に就任した翌年に出版した著作が、『賭博と掏摸（すり）の研究』というものであった。[★8] 裁判官が、本業のかたわらで、趣味で賭博とスリの研究に没頭し、著書まで出版したというのだから、当時「天下一本の奇書」[★9]とまで言われて話題となった。裁判官の尾佐竹は、スリの技術まで熱心に学び、自邸に招いた客を前にして、長女を実験台にスリの実演までしている。この本が天下の奇書であるだけでなく、著者本人も「天下の奇人」と言えそうだ。

図1－1　尾佐竹猛（1880～1946）
石川県の旧加賀藩儒者の家に生まれる。明治法律学校（現・明治大学）を卒業し、裁判官を務めるかたわら、憲政史研究という新分野を独力で開拓していった。1924年に大審院判事に就任。同年、吉野作蔵、宮武外骨らとともに明治文化研究会を組織し、本業のかたわら、徳川時代に遡って議会論の源流を探る史料収集活動を精力的に行なった。
（写真出典　『帝国法曹大観 改訂・増補』帝国法曹大観編纂会、1922年）

その尾佐竹が、大正一四年（一九二五）の暮れに出版したのが、『維新前後に於ける立憲思想』であった。[★10]『賭博と掏摸の研究』の読者は、この著者はこんな内容の本も出せるのか、と驚いたことであろう。しかし真に驚くべきは、薩長武力討幕史観に反旗を翻したその内容であった。

尾佐竹史学を世に出した吉野作造

『維新前後に於ける立憲思想』は、もともと尾佐竹が明治大学発行の『法律及政治』に連続して発表した一連の論文「帝国議会史前記」をまとめたものである。尾佐竹の論文を評価し、出版を勧めたのは、「民本主義」を唱え、大正デモクラシーの旗手として活躍していた政治学者の吉野作造（当時・東京帝国大学教授）であった。

吉野作造は、同書に序文を寄せている。それによれば吉野は、尾佐竹がいっこうにこれまでの論文をまとめて出版する気配がないのを見て、「本屋の間抜けさ加減は一体どうしたものだ」、「公益の為、これは黙視してはおけぬ」と憤慨し、著者と出版社を口説き落とし、ついに出版に漕ぎつけた、と述べる。吉野は、それで自分の役目は終わったとして、尾佐竹がこの本の序文を依頼したときに、そこまでする義理はない、と断わったそうである。ところが、尾佐竹本人が自宅まで押しかけてきて吉野に「書け」と迫るので、ついに書かざるを得なくなったと、およそ学者らしからぬことをユーモアたっぷりに述べている。[★11]吉野と尾佐竹の人間関係もうかがわれるエピソードである。

吉野は、本を出版させただけでは満足しなかった。さらに尾佐竹を口説き落として、『維新前後に於ける立憲思想』を東京帝国大学に学位論文として提出させたのである。この業績によって尾佐竹は、昭和三年（一九二八）、東京帝国大学から法学博士の学位を授与されたのであった。

尾佐竹猛が論じる議会思想の移入過程

尾佐竹猛は『維新前後に於ける立憲思想』において、「幕府」側も含めた国内議論の成熟によって、立

日本での出版年	書名	著者	訳者	概要
文久1（1861）	『鄰草』	加藤弘之		日本人が蓄積してきた議会政治・立憲政体の知識を総合して、平易な日本語で書かれた啓蒙書。ただし出版はされず写本のみ。
文久2（1862）	『中外雑誌』	ジョン・マクゴワン		中国で発行された新聞の翻刻版。英国下院は「紳士院」として紹介された。
元治2（1865）	『海外新聞』	ジョセフ・ヒコ（濱田彦蔵）、岸田吟香		日本人が発行した初の本格的な新聞。英国上院を「上の評定所」、下院を「下の評定所」などと紹介。
慶応1（1865）	『万国公法』	ヘンリー・ホイートン	ウィリアム・マーティン（漢訳）、開成所（訓点）	ヘンリー・ホイートンの原著を米国人宣教師ウィリアム・マーティンが1864年に漢訳出版。さらに日本に輸入され、慶応元年に開成所が翻刻出版。
慶応2（1866）	『智環啓蒙』	ジェームス・レッグ	柳河春三（訓点）	イギリス人中国学者による英漢対訳の教科書。1856年に香港で出版され、1860年に日本に輸入。さらに訓点翻刻され慶応2年に日本で出版。上院を公侯院、下院を百姓院と漢訳。
同年	『西洋事情』	福沢諭吉		米欧での実地の見聞の成果を踏まえ、アメリカ、オランダ、イギリスの政治を紹介し、大ベストセラーとなった。
慶応4（1868）	『万国公法』	西周		1862～65年までオランダ留学。ライデン大学のフィッセリング教授の国際公法学の講義録を翻訳しまとめたもの。
同年	『泰西国法論』	津田真道		上と同じくフィッセリング教授の講義録のなかから、西洋国法学の部分を訳述したもの。
同年	『立憲政体略』	加藤弘之		一般に向けて西洋の立憲政体を平易に解説し、基本的人権についても詳述。「立憲」という日本語を確立。

（出典）尾佐竹猛『維新前後に於ける立憲構想』（1925年、文化生活研究会）に紹介されている維新前の主な著作を経年順に並べたもの。ただし著者・訳者などで原著に記載されていないものは適宜筆者が補った。また原著の誤記なども筆者の責任で訂正した。

表1－1　尾佐竹猛がまとめた議会政治を紹介する文献リスト

日本での出版年	書名	著者	訳者	概要
文政10(1827)	『輿地誌畧』	ヨハン・ヒュブネル	青地林宗	ドイツ語の『一般地理学』のオランダ語訳をさらに抄訳したもの。議会に「政臣会集」という訳語を当てている。
弘化2(1845)	『坤輿図識』	箕作省吾		数種の地理学の蘭書を元に翻訳編集。初めて「共和政治」という訳語を用いてアメリカを紹介。
嘉永3(1850)	『八紘通誌』	箕作阮甫		フランス、イギリスの議会について記述。イギリス議会は「上政省・下政省」と訳述。
嘉永6(1853)	『英吉利紀略』	陳逢衡	荒木謩之進(訓点)	1841年に中国で出版されたイギリスの地理や貿易の概説書。議会は吧哩満(パリメン)と表記。
嘉永7(1854)～安政2(1855)	『海国図志』	魏源	箕作阮甫、塩谷宕陰(訓点)	清国の魏源が1838年に出版。欧米の政治制度の記載もあり、重要部分が訓点翻訳され広く読まれた。
万延1(1860)	『地球説略』	リチャード・クォーターマン・ウェイ	箕作阮甫(訓点)	アメリカ人宣教師が中国語で書いた本を翻刻。議会を「議事公堂」と訳出。
文久1(1861)	『英国志』	ウィリアム・ミュアヘッド	青木周弼、山縣半蔵、手塚律蔵(訓点)	上海在住のイギリス人宣教師の漢文書。長州藩で訓点翻刻出版。
同年	『聯邦志略』	イライジャ・コールマン・ブリッジマン	箕作阮甫(訓点)	アメリカ人宣教師ブリッジマンが1830年に上海で出版したものを訓点翻刻した。米国憲法の訳も付いており、米国の立憲政体を詳述。
同年	『瀛環志畧』	徐松龕	箕作阮甫(訓点)	1848年出版の漢書を阿波藩が輸入し出版。フランス、イギリスの議会を紹介し、「議事堂」の語が用いられている。
同年	『六合叢談』	アレキサンダー・ワイリー	蕃書調所(訓点)	1857年に上海で発行された中国語新聞が、訓点翻刻されて日本でも出版された。

憲思想が順調に発展していったことを明らかにし、鳥羽伏見の戦いが勃発しなければ、政権返上からただちに議会政治が始まっていたはずであったと論じている。

表1－1は、尾佐竹の『維新前後に於ける立憲思想』の第二章「議会思想の移入」で引用された、欧米の議会政治についての文献リストである。[★12]

議会思想の移入の第一段階は、まずオランダ語で書かれた地理学文献が、蘭学者たちによって和訳され紹介されるようになったことである。さらに清国で出版された漢文の西洋紹介文献が輸入され、広く読まれるようになった。

文政年間（一八一八～三〇）に議会を「政臣会集」と訳して紹介した青地林宗『輿地誌畧』、弘化年間（一八四四～四八）に初めて「共和政治」という訳語でアメリカを紹介した箕作省吾『坤輿図識』[★13]、当時最高峰の蘭学者であった箕作阮甫の『八紘通誌』など、いずれもオランダ語の地理学文献からの翻訳紹介であり、各国の政治制度や議会についての記載も含まれていた。

なお尾佐竹は、当時収集した史料の範囲内で、青地林宗『輿地誌畧』を日本で最初に西欧の議会政治を紹介した文献としているが、その後の研究では、青地より三六年さかのぼる寛政元年（一七八九）、福知山藩主の朽木昌綱がオランダ語の地理学書から翻訳編集した『泰西輿地図説』が、西洋の議会を日本に紹介した最古の文献であることが明らかにされている。[★14]

表1－1を見ると、中国から輸入された漢文の文献が多いことも注目されよう。中国で布教する西洋人宣教師や中国人の洋学者等が出版した西洋紹介の文献が、日本人向けに訓点をほどこしただけで出版されていた。日本で広く読まれ影響を与えた『海国図誌』『聯邦志略』『万国公法』などは、いずれも漢語文献である。

輸入文献から得た知識をもとにして、公儀蕃書調所の教授手伝だった加藤弘之は、文久元年（一八六一）、単純な翻訳ではなく、日本人独自の視点を盛り込んだものとして最初の議会政治・立憲政体についての書である『鄰草』を著わしている。

議会思想の移入の第二段階として、日本が開国すると、実際に欧米を見聞した日本人による海外情報が、直接、日本に伝えられることになった。徳川政権が派遣した遣米・遣欧の双方の使節団に加わった福沢諭吉は、慶応二年（一八六六）に『西洋事情』を著わし、洗練された訳語でアメリカやイギリスの議会政治を紹介し、ベストセラーとなった。

文久二年（一八六二）から三年間、徳川政府派遣でオランダのライデン大学に留学した公儀開成所の西周（にしあまね）と津田真道（まみち）は、留学中の講義録をもとに、西は『万国公法』を、津田は『泰西国法論』を執筆し、日本の法学研究の基礎を確立していった。同じく開成所の加藤弘之は、自身の渡航経験はなかったが、輸入書からの研鑽に加え、同僚の西や津田が持ち帰った最新知識も吸収して、『立憲政体略』を著わした。徳川政権を近代化する目的で準備されていた『万国公法』『泰西国法論』『立憲政体略』であったが、残念ながらこれらの出版は、いずれも慶応四年（一八六八）の江戸無血開城後になってしまった。

議会設置の議論が、政権返上につながった

西洋を知った日本人による体系的な議会政治・立憲政体の紹介は、本格的な議会開設運動に弾みをつけることになった。表1－2は、尾佐竹が『維新前後に於ける立憲思想』の第四章「議会設置の論議」で紹介した、日本で実際に議会政治を実現

表1－2　江戸末期の主な議会政治論者

藩	議会政治論者
土佐藩	吉田東洋、山内容堂、坂本龍馬、長岡謙吉、後藤象二郎
「幕府」	大久保忠寛、水野忠徳、加藤弘之、西周、神田孝平、大鳥圭介
福井藩	橋本左内、松平春嶽、横井小楠、由利公正
上田藩	赤松小三郎
宮津藩	嵯峨根良吉
薩摩藩	中井弘
広島藩	辻将曹
佐賀藩	中野晴虎、副島種臣、大木喬任、江藤新平

（出典）尾佐竹猛『維新前後に於ける立憲構想』（前掲）。

しようと建白書を出したり、何らかの運動をした人物たちのリストである。尾佐竹は、土佐藩、「幕府」、福井藩、その他の諸藩の順で紹介している。

尾佐竹は、土佐藩の議会論を最も高く評価し、筆頭に挙げている。また尾佐竹は、土佐で議会論が高まった背景として、藩主であった山内容堂の「英明」、「参政吉田東洋の感化」を指摘する。[★15]早くから西洋事情を知ろうと研究活動を行なっていた山内容堂と吉田東洋のリーダーシップによって、土佐で議会論は高まり、後藤象二郎もこの流れに連なっているとしている。武市半平太や坂本龍馬、中岡慎太郎ら土佐勤皇党を軸に土佐を描いてきた主流派の解釈とは異なった、尾佐竹らしい視点であった。

尾佐竹は、土佐に次いで「幕府」の議会論を評価する。尾佐竹は、「幕府」の議会論に見るべきものが多いにもかかわらず、あまり世に知られていないのは、「敗者の常に被(こうむ)るべき悲哀」[★16]と嘆く。徳川政権の議会論については追って詳しく紹介していくが、例えば開成所教授であった神田孝平は、慶応四年（一八六八）四月に江戸で市中議会の設立を論じた「江戸市中改革仕方案」で、すべての地主に参政権を与えて「入札」で総代会の議員を選出すべしと提案しており、尾佐竹は、この神田の論について、武士ではなく「平民を基礎とし選挙法を説いている」[★17]と評価している。

次に議会論が活発だった藩として、越前福井藩がある。尾佐竹は、橋本左内、松平春嶽(しゅんがく)、横井小楠、由利公正(きみまさ)の順で論じ、さらに上田藩の赤松小三郎による松平春嶽への建白書も福井藩の議会論の流れとして紹介している。

その他の諸藩の議会論として、赤松小三郎と同様の内容の建白書を薩摩藩主・島津茂久(もちひさ)に提出した宮津藩出身の嵯峨根良吉[★18]、薩摩藩から脱藩して土佐藩とともに議会政治の実現に向けて奔走した中井弘、薩土盟約を推進した広島藩の辻維岳(いかく)、佐賀藩の議会政治論者の中野晴虎(はるとら)、副島種臣(そえじまたねおみ)、大木喬任(たかとう)、江藤新平などが紹介されている。

こうした議会論の高まりを経て「大政奉還」にいたったのであり、尾佐竹は、「大政奉還」の真の目的は議会開設にあったと指摘する。「議会論は大政奉還とは分離すべかざる主張で、寧(むし)ろ、大政奉還の主たる理由であったのである。此(この)議会論なかりせば単純なる大政奉還を、建白するのでは無かったのである」[19]と。議会論がなければ土佐藩は「大政奉還」の建白もしなかったし、徳川慶喜もそれを受け入れることはなかった。政権奉還を受け入れた徳川慶喜の上奏文には、「政権を奉帰(かえしたてまつり)、広く天下の公議を尽し」とあり、慶喜も議会政治を導入することを前提に「政権奉帰」を受け入れた。すなわち「議会設置と大政奉還とは不可分の条件であった」[20]と結論する。

土佐藩は政権返上後に、諸侯会議を招集し、上院・下院の「議事院」を設置すべく動いた。しかし薩長の討幕派は、「議会設置」と「大政奉還」を「切り離して、無条件の大政奉還と為(な)し」、さらに「武力討伐を為さんと」企図、ついに鳥羽伏見の戦争の勃発にいたり、「砲烟(ほうえん)、鳥羽伏見の窓を蔽(おお)ふて議会論は烟(けむり)の如く消へ去った」[21]と尾佐竹は嘆く。

薩長は徳川より立憲政体に後ろ向きだった

以上が尾佐竹の描く憲政史の「維新前」の記述の骨子である。総じて、徳川政権以下、土佐・越前・佐賀・広島などの諸藩が議会政治に前向きだったのに対し、武力で政権を奪取した長州と薩摩は議会論に後ろ向きだった。幕末における立憲思想の系譜をたどれば、長州からは誰の名前も挙がってこないのである。薩摩のなかからは、脱藩してイギリスに留学し、帰国後に土佐の後藤象二郎とともに薩土盟約を推進した中井弘の名が議会論者として特筆されるが、それ以外の人物の影は薄い。薩摩藩に議会政治を建言した赤松小三郎も嵯峨根良吉も、他藩人である。その赤松小三郎は、薩摩藩の軍事教官であったにもかかわらず、当の薩摩藩の武力討幕派に暗殺されてしまう。薩長の武力討幕派は、議会論を権謀術策によって葬り去ったのだ。

「幕府」は封建制に執着していたから倒されたのであり、長州と薩摩の側に近代性があったと評価してきた戦後歴史学の定説にとって、尾佐竹の議論ははなはだ不都合だった。徳川政権の議会論が世に知られていないのは「敗者の常に被るべき悲哀」であると、大正時代の尾佐竹は嘆いたが、それから一〇〇年後の現在にいたるまで、その状況は変わらず続いてきたと言えるだろう。

徳川政権の議会論の水準

徳川政権に雇われた「御用学者」である、加藤弘之、福沢諭吉、西周、津田真道、神田孝平らは、政府のなかにあって西洋の立憲政体を研究していた。これまで徳川政権の側の議会論は「封建議会論」とされてきたが、実際のところはどうなのであろうか。西周、津田真道、福沢諭吉の構想については第2章で確認することとして、ここでは加藤弘之の論を紹介しておこう。

加藤は、開成所教授手伝いだった文久年間（一八六一～六四）に、日本初の立憲政体の啓蒙書と言える『鄰草』を著わしている。加藤は、この『鄰草』のなかで、憲法のことを「確乎たる大律」、議会のことを「公会」という訳語でそれぞれ紹介し、この二つの必要性を強調している。世界各国の政体を「君主握権」（専制君主政治）、「上下分権」（立憲君主政治）、「豪族専権」（貴族政治）、「万民同権」（共和政治）の四つに分類したうえで、世界の趨勢として、いずれ各国の政体は、立憲政体である立憲君主制か共和制のいずれかに収斂していくだろうと論じている。じつに的確な見通しであった。ただし、攘夷派に狙われるのを恐れた加藤は、『鄰草』の出版を躊躇し、この書は写本で読まれるのみであった。

加藤はさらに研鑽を重ね、『立憲政体論』という著作の執筆を始め、江戸開城後の慶応四年（一八六八）七月、そのエッセンスのみを抽出する形で『立憲政体略』と題して出版した。加藤は、「立憲政体」を定義して、「公明正大確然不抜ノ国憲ヲ制立シ、民ト政ヲ共ニシ、以(もっ)テ真ノ治要ヲ求ムル所ノ政体ヲイフナリ」[★22]とする。加藤は、この書で「憲法」という訳語を、成文法一般をさす概念として使っている。現在使用される意味での「憲法」に相当する訳語としては「国憲」をあてた。「憲法」の上に君臨する「大憲法」が「国憲」であり、一般の法律はすべて「国憲ノ枝葉ナリ」[★23]と述べている。

加藤の『立憲政体略』より以前、憲法を意味する日本語としては、福沢諭吉が「律例」、赤松小三郎が「国律」、後藤象二郎や山内容堂は「国本」、坂本龍馬は「無窮の大典」など、さまざまな呼び方がされていた。この書で、加藤が「憲法」と「国憲」を用いたことにより、「憲法」が日本語として定着していく契機となったのである。その他にも、加藤は同書において「立憲」「立法権」「施政権（行政権）」「上院」「下院」「歳入」「歳出」「代議士」など、現在、私たちが使っている多くの法律・政治用語を確立している。

さらに加藤は、「国憲」に書き込まれるべき重要な基本的人権として八項目を挙げ、洗練された訳語で解説している。生存権を「生活ノ権利」、集会・結社の自由を「結社及ヒ会合ノ権利」、信教の自由を「信法自在ノ権利」、思想・言論・出版・表現の自由を「思、言、書、自在ノ権利」といった具合に、じつに含蓄のある造語を用いて紹介している。慶応四年に書かれたとは思えない現代的な言葉遣いである。これが「幕臣」によって書かれていた。尾佐竹の盟友であった吉野作造は、加藤の『立憲政体略』を、「当時における最も啓蒙的な、学問的かつ歴史的な価値の高いもの」[★24]と評価している。

加藤の使った「生活の権利」など、今日、私たちが使っている「生存権」より、よほど良い語感であろう。「生存権」だと、最低限度ギリギリで生きるだけというニュアンスになってしまいがちであるが、「生活の権利」となればそうではない。現行憲法を「押し付け憲法」と主張する今日の改憲論者にこそ、慶応四年の『立憲政体略』を学ばせるべきだとすら思わせる。

ただし加藤の執筆したものは、あくまで立憲政体の啓蒙書であって、彼本人は具体的な憲法草案を起草し、建白しているわけではない。徳川政権から実際に出された憲法草案が、はたして封建議会論であったのか、または近代議会論であったのかについては、第2章で詳しく検討したい。

後日談になるが、文久から慶応年間にかけて天賦人権論と立憲政体論の啓蒙家であった加藤は、明治になって、天皇を頂点とする専制的な「国体」を擁護する側へと転向する。加藤が慶応年間の自分の主張を堅持し得ず、明治になって国体論者に転向してしまったことは、けっして明治維新が「文明開化」などではなかったことを示唆するものであろう。

遠山茂樹は『徳川慶喜公伝』をどう評価したのか

江戸時代末に提起された議会制度論を「封建制の再建策」と断じた遠山茂樹は、渋沢栄一の『徳川慶喜公伝』、尾佐竹猛の『維新前後に於ける立憲思想』をどのように評価していたのだろうか。遠山は、渋沢の『徳川慶喜公伝』について、『明治維新』のなかで以下のように論じている。

そして明治政権みずからの維新史——王政復古史観ないし尊王攘夷史観——に一応対立し、ある程度批判的に、従って不充分ではあったが、ともかくも学問的な明治維新史を、最初にえがきえたのは、幕府的立場に立つ歴史観の在野学者であった。アカデミズムの維新史家の系譜は、実にここから出発したのである。しかしながら幕府的立場が天皇制的立場を真に批判しえたはずはない。[★25]

遠山は、このように述べたうえで、その注記において「幕府的立場に立つ歴史観」の代表的な研究として、福地源一郎（桜痴〈おうち〉）の『幕府衰亡論』（明治二五＝一八九二＝年刊）および『幕末政治家』（明治三三＝一九〇〇＝年刊）、戸川残花の『幕末小史』（全三巻、明治三一～三二＝一八九八～九九＝年刊）、渋沢栄一編『徳川慶喜公伝』（大正七～八＝一九一八～一九＝年刊）の四冊を挙げる。とりわけ、渋沢の下で『徳川慶喜公伝』の編纂にたずさわった者のなかから、小林庄次郎、井野辺茂雄、藤井甚太郎などのアカデミックな維新史研究者が育っていったことを評価している。[★26]

遠山としては、最大限に「幕府的立場に立つ歴史観の在野学者」に敬意を払っている。しかし同時に、「幕府的立場が天皇制的立場を真に批判しえたはずはない」という但し書きを付けることを忘れなかった。そのうえで、唯物史観史学の登場によって「日本近代史が科学という名を冠することができるようになった」[★27]と述べ、「幕府的立場に立つ歴史観」は、「唯物史観史学」が幕を開ける前の前座であって、忘れ去ってもよいかのような扱いをした。

戦後歴史学の〝正典(キャノン)〟である遠山の『明治維新』においてそのような評価が下されてしまうと、それが最終審判のように見なされてしまうことになり、戦後歴史学のなかから、「幕府的立場に立つ歴史観」の延長線上に研究を発展させようとする芽は摘みとられてしまった。渋沢栄一の下で『徳川慶喜公伝』を執筆した井野辺茂雄や藤井甚太郎などの著作は読まれなくなる一方、「科学」的な著作と評価された服部之総(しそう)や羽仁五郎など、講座派マルクス主義の歴史学者たちの著作は読み継がれていくことになった。

ところで筆者は、「講座派」という言葉を説明抜きに使ってしまっている。若い読者は「講座派」というグループそのものを知らない人が大多数であろう。簡潔に説明しておくと、「講座派」とは、マルクスの唯物史観に立脚しつつ明治維新は革命ではなく封建制から絶対主義体制への移行であった、という歴史認識を共有するグループのことである。「絶対主義」とは、マルクス主義史家が好んで使う概念であり、封建制から近代資本主義にいたる過渡期に現われ、君主に絶対的な権力をゆだねた中央集権的な政治体制であるとされている。日本の明治時代とは、ルイ一四世治下のフランスのごとく、王権を絶対化する専制体制だったという理解である。封建制の次に絶対主義が現われた日本の歴史は、マルクスの唯物史観の教科書通りの展開であったというわけである。

この歴史認識は、じつは左派政党の革命戦略を規定するうえで重大な問題とされた。この問題については、本論の枠を超えるので、本章末の「補論(2)」において、若干の補足説明をしたい。講座派理論の来歴についてさらに知りたい方は、そちらを参照されたい。

遠山茂樹は、尾佐竹猛をどう評価したのか

尾佐竹猛の憲政史研究について、遠山茂樹はどのように評価していたのだろう。遠山は尾佐竹の研究について、『明治維新』の本文のなかでは言及していないが、尾佐竹の研究を念頭において

「日本近代史研究は、この時期〔大正期〕に経済史〔資本主義発達史〕、法制史〔立憲制度発達史〕において、ある程度の成果をあげた★28」と記述し、さらにその法制史についての注記において「尾佐竹猛・吉野作造の諸氏の研究★29」と記している。尾佐竹と吉野の名前のみ挙げ、著作名は記されていない。肝心の尾佐竹の議論の中身に関しても、具体的には紹介されていない。

しかしながら「ある程度の成果をあげた」と書くかぎり、遠山は尾佐竹の憲政史研究をポジティヴに評価していたはずである。ところが遠山は、先述したように、幕末議会論の意義については、封建的秩序を再建し、継続していくための方便として用いられるようになった、とネガティヴに評価していた。〝議会論＝封建秩序を再建する手段〟であるというテーゼは、遠山の〝正典〟で提示されたこともあり、戦後歴史学において、検証を抜きにしたまま独り歩きするようになってしまった。幕末の議会論をポジティヴに評価してきた尾佐竹にとっては心外であったろうが、遠山が『明治維新』を発表した時点で、尾佐竹はすでに故人となっており、反論することもかなわなかった。

遠山が、議会論を「封建秩序を再建する手段」と考えるのであれば、尾佐竹の説を正面から取り上げて批判し、自説の正しさを立証せねばならないはずである。しかしながら遠山は、尾佐竹の研究と正面から向き合わなかった。本の注記で尾佐竹の研究を評価しているにもかかわらず、その研究内容を紹介することのないままスルーし、本文のなかで、尾佐竹が評価していた幕末の議会制度論を頭から否定する記述を行なった。この態度は明らかに矛盾している。遠山は、幕末議会論と真剣に向き合わず、お茶を濁して逃げたのだと考えざるを得ない。

講座派が主導した戦後歴史学は、根拠薄弱な〝幕末議会論＝封建秩序を再建する手段〟というテーゼを疑いもしなかった。その理由は、おそらく、その見解がマルクスの階級闘争史観に合致するからであろう。唯物史観を教条的に解釈すれば、武士階級は、その階級的本性からして、封建制度の継続を望むはずという結論になる。マルクスの著作に真理を求めた人びとは、頭からそのように決めてかかってしまっていたのだ。となると本家のカール・マルクス本人にまで遡ってその唯物史観を批判しなければならないことになる。これについては本書の第5章で試みたい。

尾佐竹史観を継承した大久保利謙

第二次大戦後に尾佐竹史観の継承者がいなかったのかと問えば、例外もある。戦後に活躍した歴史学者のなかで、尾佐竹の研究を継承していたと言えるのは、尾佐竹より二〇歳若い、明治三三年(一九〇〇)生まれの大久保利謙であった。

尾佐竹は『維新前後に於ける立憲思想』のなかで、「議会論を一蹴し、武力討幕を以て成功したる薩藩大久保一蔵[30]」と論じ、薩摩藩の大久保利通(一蔵)を名指しで批判していた。尾佐竹によれば、議会論を武力で打ち砕いて藩閥の専制体制に向かわせた中心人物は、大久保利通であった。ところが、その大久保利通の孫にして歴史学者の大久保利謙が、吉野作造と尾佐竹猛が組織した「明治文化研究会」の一員となって、尾佐竹門下に名を連ねることになったのだから、運命とは数奇なものである。

尾佐竹史観を継承した大久保利謙は、自ら「佐幕派」を名乗って『佐幕派論議』という著作まで執筆している。大久保はその書のなかで以下のように論じている。

> 明治初年の西洋学術、思想、文化の導入と日本への植え付けに、旧幕臣ないし旧幕府系の洋学者たちの功績がきわめて大きいことを痛感した。しかして、これはひとえに幕末期の幕府が

図1－2　大久保利謙(1900～95)
大久保利通の孫にして歴史学者。東京帝大の文学部国史学科を卒業し、尾佐竹猛の明治文化研究会に参加する。貴族院議員も務めた。戦後、国立国会図書館の憲政資料室の設立に尽力し、立教大学の教授となる。日本の近代化に果たした徳川政権の役割を高く評価し、「佐幕派」を自称した。
(写真出典　貴族院事務局『貴族院要覧(丙)』1946年12月)

蕃書調所（洋書調所、開成所）を設置して、そこに全国各藩の優れた洋学者たちを結集して仕事させた結果である。〔……〕
私は大学史や学士院史の調査をするにつれて、日本の近代文化建設の上に、幕末幕府の新文化政策の果たした功績の大なることをつくづく感じ、政治的には薩長討幕派が勝ったが、文化的には幕末幕府の方に分があることを知った。ところが明治薩長政権は、自派の権力保持のために政治的には、朝敵視を以て幕府に臨み、その反面、文化業績は、これを摂取、利用して近代文化の建設を行った。
〔……〕
そういうことで、少なくとも明治文化の研究という線では、どうやら私は旧幕びいきの佐幕派ということになろう。★31

これが大久保利通の孫の発言であることを考えると、素直に驚きを禁じ得ない。大久保利謙は、あくまでも史料を第一に判断する歴史学者としての鍛錬によって、身内びいきのバイアスに打ち勝ってしまったのだ。遠山茂樹には、大久保利謙ほど謙虚に史料に向き合う姿勢がなかったと言わざるを得ない。

じつは反省していた遠山茂樹

晩年の遠山茂樹は、自身の歴史学がもたらした負の影響について、反省もしていた。遠山の名誉のためにも、その事実を指摘させてもらいたい。大久保利謙の自伝である『日本近代史学事始め』の編集を企図したのは遠山茂樹らであった。大久保の自伝の編者は、遠山茂樹、田中彰、宇野俊一、由井正臣の四名であり、彼らが晩年の大久保に行なったインタヴュー記録をまとめて成立したのが同書である。宇野と由井は大久保の弟子筋の研究者であるが、★32遠山と田中は講座派であった。遠山が編者に名を連ねているのは、彼が主導してきた「唯物史観史学」の明治維新研究が、明治文化研究会の知的遺産から断絶されていたことを後悔したからのようである。

遠山は、戦前には文部省の維新史料編纂事務局に勤務しており、その際、尾佐竹が会長を務めていた明治文化研究会の例会に三回ほど出席したことがあったという。しかし遠山は、明治文化研究会の雰囲気に馴染めず、出なくなってしまったという。晩年の遠山は、それを後悔するようになった。

『日本近代史学事始め』のなかで、大久保利謙は、「遠山さんたちの世代からみた明治文化研究会とは何であったか」「そのままひいておきましょう」と述べ、以下のような遠山の回想を長々と引用している。大久保の自伝なのに、編者である遠山の談話が引用されるのは、何とも奇妙な感じもするが、それだけ重要な証言なのである。少々長くなるが、遠山の回想を引用したい。

〔遠山が、明治文化研究会の例会に〕出てみると、細かい史実を実によく知っている年配の方がいる。今度こういう新しい史料を見つけたとかいう話がさかんに出る。細かな、明治事物起原風の雑多な知識の交換会といった様子で、わたしのような初心者にはなかなかなじめなかった。

若い者の不遜な考え方からいえば、まさに好事家的な集まりだというふうに見てしまった。それで、われわれの必要とする近代史の知識はあそこでは得られないと、不遜にも思ってしまったわけです。

それで敬遠していたのですが、それではいけないと反省したのは、昭和一七年(一九四二)に、尾佐竹さんの『明治維新』の最初の巻がでて、それを読んだのがきっかけです。あの書物は出典があきらかでない引用があるし、引用の仕方は厳密じゃないんです。尾佐竹さんの論文は、広く史料を読んでいることに驚くが、その利用の仕方は厳密じゃないんです。しかし、その学問はそうした史料の次元を越えるものがある。私は感動しました。

尾佐竹さんにしても、鈴木安蔵さん、田中惣五郎さん、深谷博治さんの各自の研究は、唯物史観史学との通路をもっていた。いまから考えると、尾佐竹さんは若い世代に考証的な学風を伝えたいという気持ちをもっておられたのではないかという気がします。そう思えるようになってきたとき、戦争で会合はつぶれてしまった。明治文化研究会の流れはつぎの唯物史観の学習から出発した近代史研究にはつながらず、切れてしまった。これは日本の近代史研究のうえで、ひとつの不幸だった。[★33]

遠山は、驚くほど率直に反省をしていることがわかるであろう。自らが牽引役となった戦後の「唯物史観史学」は、明治文化研究会の流れを継承せず、「切れてしまった」。それが「日本の近代史研究のうえで、ひとつの不幸だった」とまで述べる。「不幸」と言うからには、彼らの「唯物史観史学」に何か欠陥があったと、自ら認めたようなものであろう。

大久保利謙は、『日本近代史学事始め』の初校の段階で、この遠山の談話を削ろうとしたというが、編者の遠山のたっての頼みで復活したという。[★34]つまり、遠山本人が、どうしてもこのメッセージを読者に伝えたかったのだ。遠山は、それほどまでに、明治文化研究会と戦後歴史学の断絶を痛恨と感じていたのだろう。その想いが、遠山を『日本近代史研究事始め』の編集に向かわせた一つの理由だった。

遠山は戦前に、文部省の維新史料編纂課に勤務し、国策として進められた皇国史観の明治維新通史である『維新史』（全五巻、付録一巻）の編集に従事しつつ、影では講座派の研究アプローチに魅かれ、マルクスの著作から歴史の発展法則を学び、日本の近代化を法則的に理解しようと努めていた。その若き遠山にとって、明治文化研究会は雑多な知識を収集するだけの「好事家」の集まりとしか認識できず、「科学的」な歴史学は学べないと考えた様子である。

尾佐竹の明治文化研究会は、江戸以来の日本の内発的なリベラリズムの伝統を継承する集団だった。西欧産のマルクス主義思想で理論武装し、「天皇制国家」に闘いを挑もうとしていた講座派の人びとにとって、心理的には馴染めなかったようだ。

近代史研究の草分け・原平三

遠山茂樹を明治文化研究会の例会に引っ張っていったのは、文部省維新史料編纂課で遠山の先輩だった原平三であった。遠山は、原平三の追悼文集のなかで、「明治文化研究会に出席し、尾佐竹猛・土屋喬雄・鈴木安蔵等の先学に接したのも、原さんのおさそいによることであった。顕学や年配の方が半ば同好会的に集まる、この例会に、学校を出たての若僧が一人で参加できるものではなかった[★35]」と述べている。大久保利謙もまた、洋学史研究の仲間として原平三と親交があり、『近代史研究事始め』のなかで、原を評して「近代史研究の草分けの一人[★36]」と述べている。

原平三は、文部省の維新史料編纂官として、今日の明治維新研究には欠かせない基礎史料である『大日本維新史料』の編集に従事していた。太平洋戦争で本土の空爆が激しくなってきた昭和一八年（一九四三）になると、文部省所蔵の諸史料が戦火に焼かれるのを危惧し、原の故郷である信州上田の信州大学繊維学部や上田市立図書館などに史料を疎開させるプロジェクトを発案し、それを進めた。

しかし、貴重な史料を戦火から守り抜こうと努力していた原本人には、容赦なく赤紙がやってきて、昭和一九年（一九四四）七月、激戦地となることが予想されていたフィリピンのミンダナオ島に送られた。そして昭和二〇年（一九四五）四月一五日に米軍がミンダナオ島に再上陸すると、その四日後に、同島のダバオで戦死した。原平三は、旧上田藩士の家系の山崎家の出であり、生前、上田藩主の松平忠固（ただかた）、上田藩士の赤松小三郎の研究をしたいと考えていた。しかしその

図１－３　原平三（1908～45）
東京帝国大学の文学部国史学科を卒業し、文部省の維新史料編纂官として『大日本維新史料』の編纂に従事した。大久保利謙は原を「近代史学の草分けの一人」と評価する。戦争中、アメリカ軍の空襲が激しくなると文部省所蔵の維新史料を故郷の信州上田に疎開させ史料を守ったが、原本人には赤紙がやってきて、フィリピンのミンダナオ島に送られ、戦死した。
(写真出典　小見寿編『原平三追悼文集――フィリピンミンダナオ島ダバオで戦死した父』リブロ〔非売品〕、1992 年）

研究に着手することはできないまま、帰らぬ人となった。

遠山は、原の戦死を知ると、原の百姓一揆研究についての遺稿を集め、原と連名の論文として『歴史学研究』誌上で発表し、あわせて全国の歴史研究者に彼の戦死を知らせた。★37 原に対して学恩を感じていたからこその行動であったろう。

原平三は、遠山と尾佐竹猛をつなぎたいと考えて、明治文化研究会の例会に連れていったのだろうが、当時の遠山にその思いは伝わらなかった。しかし遠山が、晩年になってそれを後悔したことが、『近代史研究事始め』の編集につながった。戦死した原が生前に蒔いた種は、死後半世紀を経て、わずかではあるが実ったと言えるかもしれない。

しかしながら遠山は、原が研究しようとして果たせなかった赤松小三郎について、ついにその名を一度として著作中で言及することはなかった。赤松の議会論は、庶民も含めた普通選挙によって、藩の枠組みを超えて国民代表を選出し、その議会を国権の最高機関とするもので、「封建制の再建策」と強弁することは不可能な内容だった。「幕末議会論は封建制の再建策」という遠山のテーゼからすると、赤松小三郎の議会論については、検討対象から外し、見なかったことにしておきたかったのかもしれない。

歴史の進歩を志向する左派の学者であれば、「幕末」の段階で赤松のような先進的な議会論が発生していたことについて、積極的に評価すべきと思われる。しかるに、不思議と左派ほど赤松の存在を無視した。マルクスの唯物史観の紋切り型の解釈からすれば、生産力水準において先進資本主義諸国のはるか後塵を拝している封建制下の日本において、最先端のイギリスですら実現していない普通選挙が提唱されることなど、あり得ないことになる。唯物史観によれば、経済の発展段階という下部構造で遅れをとっていれば、上部構造としての政治思想も、それに対応して遅れていなければならないからだ。そのような理論に従って〝物語〟を構築しようとすると、赤松小三郎の存在は邪魔になるのだ。

かくして第二次大戦後の講座派マルクス主義史学は、大正期に、渋沢栄一や尾佐竹猛が憲政史上に位置付けようとしていた赤松小三郎の議会論を黙殺し、維新史から消し去ってしまった。マルクス主義のドグマに拘束され、歴史学は後退したとすら言えよう。

大久保利謙は尾佐竹猛をどう見ていたのか

今日の近代史研究は、大久保利謙の業績なくして成り立たないと言っても過言ではない。大久保の最大の功績は、国立国会図書館に憲政資料室を開設し、大久保利通の孫としてのメリットや、明治文化研究会でつちかった多彩な人脈を最大限に活かしつつ、旧華族、政治家、それらと対立した自由民権派まで、彼らの親族が所有していた史料を片端から買い上げて、アーカイヴを整備した点にある。大久保の尽力によって、貴重な史料の多くが敗戦後の混乱のなかにあっても散逸を免れ、まさに国民共有の財産として国立国会図書館に収蔵され利用可能になった。今日の近代史研究は、国会図書館の憲政資料室なくして成り立たない。大久保のこうした功績も、彼が尾佐竹門下として歩んだことが契機になっている。

その大久保利謙は、恩師の尾佐竹猛をどのように評価していたのであろう。自伝では、以下のように語っている。

尾佐竹先生自身が好事家なんです。物知りという点では、実によく物を知っている。しかし、歴史家としては素人です。明治法律学校（のちの明治大学）の出身で、裁判官になった人ですから。[★38]

尾佐竹先生は史料主義ですけれど、アカデミックに政治史料と本格的につきあったのは、この編纂事業〔昭和一二年に始まった尾佐竹を委員長とする憲政史編纂会のこと〕のときがはじめてじゃないですか。それまで明治維新前後の立憲思想のようなものをやっていましたが、雑誌や新聞などによっていて、雑学でしたからね。もっとも、そこに尾佐竹史学の独創性があったのですが。[★39]

これらの引用箇所は、しばしば大久保が尾佐竹を評価していなかった証拠として取り上げられる。しかし、これだけ忌憚なくモノが言えるというのは、逆に二人の信頼関係の強さの裏返しであろう。大久保自身は、確かにプロの歴史学者としての自負があり、裁判官が趣味でやっている歴史研究とは違うと思っていただろう。尾佐竹の本職は裁判官であるから、アカデミックな論文の書き方の指導など受けていない。専門家でないのだから、史料引用の仕方などに問題があったのも無理のないことである。しかし、それは尾佐竹の学説が妥当か否かとは関係のない話である。だからこそ尾佐竹の見解には独創性があるというのは、プロの歴史学者である大久保利謙も遠山茂樹も、一致して認める見解なのだ。

『日本近代史学事始め』の編集補助をしていた歴史学者の今井修は、編者の一人である由井正臣とともに大久保利謙のもとを訪れてインタヴューをしたテープを保存しており、大久保と由井による活字化されていない以下のようなやりとりを紹介している。そのなかでは、大久保の尾佐竹に対する感謝の気持ちが、率直に表明されている。

由井：もうひとつ先生の立場としては、ファナチックなものにはいかない自由主義。
大久保：講座派には抵抗を感じたですね。
由井：著作集のときに感じたのは、先生は明治国家というものにピッタリくっつかないで、距離をもちながら、それが佐幕派史観になったり、文化史とか……。
大久保：尾佐竹さんがそうでしたね。大正デモクラシーで吉野の線でね。そういうことができたということは仕合わせですよ。いい時にめぐりあって、運がよかったといえば運がよかったですね。★40

大久保は、吉野作造と尾佐竹猛の大正デモクラシーの路線を継承できたことを「運がよかった」と、生涯にわたって大切にしていた。そしてプロの歴史家の大久保が、客観・公正な態度で史料と格闘していくなかで得た結論は、「好事家」だが「歴史家としては素人」の尾佐竹猛の見解に接近していくのだ。

大久保は、幕末洋学史関係の史料を渉猟したうえで、「日本の近代文化建設の上に、幕末幕府の新文化政策の果たした功績の大なることをつくづく感じ、政治的には薩長討幕派が勝ったが、文化的には幕末幕府の方に分がある」[★41]と結論した。大久保利通の孫でありながら、「佐幕派」を名乗って、薩長史観に異を唱えたのである。

バトンは受け継がれる

『日本近代史学事始め』の初校には、大久保自身の発言として、「遠山さんは、わたしを明治文化研究会の流れの最後のバトンを持った人だという感じがするといっていますが、そうかもしれません」[★42]という感想が掲載されていたそうである。しかし編集過程で再校の時に、大久保本人の判断で削ってしまったという。[★43]大久保がこれを削ったのは、自分が「最後のバトン」を受け取った走者だということを認めたくなかったからかもしれない。走者はさらに続くのだ、と。

大久保は、この著作の校正もすべて終わって、献本先をリストアップし、書店に並ぶのを待つ段階となった一九九五年の大晦日、眠るように他界した。明治から平成までを駆け抜け、九五年の大往生であった。この本の出版は、著者没後の一九九六年一月となった。

大久保利謙は講座派をどう見ていたのか

「佐幕派」の大久保利謙は、マルクス主義史家に席捲された戦後歴史学のなかにあって、主流とはなり得なかった。実際、大久保利謙の著作は、遠山茂樹や井上清ほどには読まれていない。その大久保利謙は、講座派史学をどう見ていたのだろうか。

『日本近代史学事始め』には、次のような興味深いエピソードが紹介されている。大久保は、敗戦直後に

GHQの肝煎りで編纂された国定歴史教科書『くにのあゆみ』（一九四六年）の執筆者の一人となり、近代の部分を担当した。その内容を問題にした当時主流派の講座派系歴史学者たちから呼び出され、つるし上げを受けたというのだ。

日本を占領したGHQは、当初、文部省に新しい小学生向けの歴史教科書の作成を命じた。ところが文部省は、戦前さながらの記紀神話からはじまる歴史教科書を試作してきた。さすがにGHQは、こりゃだめだ、と匙を投げて、省外の学者に教科書を書かせることになった。それで大久保らに白羽の矢が立ったという。

それにしても、敗戦後の占領軍の軍事権力を前にして、なおかつ神話史観を維持しようとした文部省官僚たちは、まことに恐るべき存在だったと言えよう。

大久保は、GHQから「占領軍の政策によって、日本がよくなったということを付け加えろ」と「命令」されたが、それ以外にはとくにクレームを受けることもなく自由に執筆できたたそうである[★44]。ところがGHQからのクレームはなかったのに、国内の講座派の歴史学者たちからクレームがつけられた。教科書の完成後、大久保らは、その内容を不満とする講座派の羽仁五郎や井上清らから呼び出された。その様子を大久保は以下のように回想している。

わたしと岡田さん〔『くにのあゆみ』近世執筆の岡田章雄〕の二人が『朝日評論』主催の座談会に呼ばれたことがあります。銀座裏の料亭に席が設けられていて、わたしと岡田さんは上席にすわらされたのですが、ものものしくて、ほとんど被告席という感じでした。そして、井上清・藤間生大（とうませいた）のお二人が先頭に立って、さかんに「講座派」史論を述べる。つぎに、大将格の羽仁五郎さんが一席ぶつわけです。社会・経済の話が多くなっているのはいいが、やはり皇室中心主義で天皇制を擁護するものになっている、現代史では戦争責任のことが全然書かれていない、そういう厳しいお叱りでした。わたしは何のことかわからず、さりとて彼らと喧嘩してもはじまらない。黙って聞いていましたが、何と

も不愉快でしたね。★45

まるで左翼がよくやる査問会のような光景だ。大久保の自伝の最後のページには、以下のように記されている。

わたしは日露戦争から第一次世界大戦、大正デモクラシー、さらに太平洋戦争という転換期を経験してきましたが、時代の風潮に迎合したことはないつもりです。それは常に実証的な態度であろうとしたことと無縁ではない。昭和一七（一九四二）年に書いた文章で、「観念の遊戯に溺れていないか」などと記したことがあります。右翼からは攻撃されましたね。また戦後は逆に、講座派的な研究動向には違和感がありました。★46

大久保には、事実よりもドグマを優先させるという点で、戦前の皇国史観と戦後の講座派史観は同類の存在に見えていたようだ。大久保は、何よりも実証的な態度であろうとしたから、皇国史観にも講座派史観にも与(くみ)しないリベラルな態度で、徳川政権の近代化政策を評価する研究ができたのであろう。

大久保利謙は、史学史の分野でも先駆的な研究をしており、さまざまな明治維新研究がどのような流れで発生したのかを、系統的に整理している。本章末の「補論(1)」で、大久保が分類した明治維新研究の系統発展について紹介した。王政復古史観、藩閥史観、徳川史観、尾佐竹史観、講座派史観などが、明治維新研究の発展系統の上でどのように交錯しているのか、興味ある読者は参照されたい。

尾佐竹猛と鈴木安蔵

尾佐竹猛門下の重要人物として、鈴木安蔵のことも紹介しておきたい。江戸時代にさかのぼって立憲思想の発達を研究してきた尾佐竹の研究活動は、じつは鈴木安蔵を介して、現在の日本国憲法にまでつながっている。

鈴木安蔵は、明治三七年（一九〇四）、福島県相馬の生まれで、大久保利謙より四歳若い。もともと京都帝大文学部哲学科から同経済学部に転部し、マルクス経済学者の河上肇の門下生であった。京都帝大ではマルクス主義の学生サークル「社会科学研究会」で活動するが、それが治安維持法違反とされた。鈴木は、大正一五年（一九二六）、前年に制定された治安維持法適用の第一号事件である「京都学連事件」で検挙され、京大を退学させられた。

鈴木は、裁判を闘うが、その過程の一九二九年一〇月、「第二無産者新聞」への執筆も治安維持法違反とされ再逮捕され、学連事件の有罪判決と合わせて二年間の服役を強いられた。その間、自分たちを処罰した「国体」の本質を解明しようと、獄中で憲法学の研究に打ち込むようになった。出獄後の昭和八年（一九三三）には『憲法の歴史的研究』（大畑書店）を著わした。しかし、この著作が唯物史観的であるという理由で発禁処分を受けてしまう。研究の自由も奪われ、行き場を失って孤立していた鈴木を助け、その研究を評価し、明治文化研究会に招き入れ、研究の継続を支援したのが尾佐竹猛だった。

図１－４　鈴木安蔵（1904〜83）
福島県相馬生まれの憲法学者。京都帝大の経済学部に在籍中、治安維持法適用の第一号事件である京都学連事件で検挙され、２年間投獄された。出所後、吉野作造の影響で憲政史研究を志し、尾佐竹猛と知り合う。明治文化研究会に参加し、自由民権派の私擬憲法の研究を精力的に行なった。戦後、高野岩三郎らと憲法研究会を組織し、現行の日本国憲法の元となった憲法草案を起草した。　写真提供：共同通信社

昭和一三年（一九三八）、貴族院と衆議院で明治憲法発布五〇周年にあわせた記念事業として、両院の五〇年史の編纂を行なうことになった。貴族院五十年史編纂会と衆議院憲政史編纂会が発足し、その委員長に尾佐竹猛が就任したのである。尾佐竹は、鈴木や大久保ら明治文化研究会の仲間たちを、編纂事業の

要所に配置していった。

父親が貴族院議員である大久保利謙は、『貴族院五十年史』の編纂にたずさわることになった。大久保利謙は、戦後になってからも尾佐竹のやり残した事業を継承し、それが国立国会図書館の憲政資料室の発足にまでつながっていくことになった。

大久保の回想によれば、尾佐竹の憲政史編纂事業において「私設事務局長格[★47]」となったのが鈴木安蔵で、実質的に鈴木が事業を切り盛りして敏腕を振るったという。鈴木は大久保より四歳年下であるが、鈴木と大久保は馬があって親しく付きあった。それもそのはず、大久保利謙も、河上肇にあこがれて京都帝大の経済学部に進学したが、病気にもなり経済学に挫折し、東京に戻って東京帝大の国史に入学し直したという経緯がある。鈴木も大久保も河上肇にあこがれて京都帝大経済学部で学びながら、経済学から離れて、尾佐竹の下で憲政史研究を行なうようになった。二人のたどった道が驚くほどよく似ているのだ。大久保は以下のように回想している。

この本〔鈴木安蔵『憲法の歴史的研究』〕は唯物史観的見解というので当時発禁になったのですが、これを尾佐竹先生が非常に褒めた。あの人は幕末維新だけですから、ああいうあたらしい明治憲法の分析や位置付けに驚いたのでしょう。それを聞いて鈴木さんも感激した。彼は当時、パージみたいなかたちだった。そんなとき、大審院判事だった人が自分の著書を認めてくれたわけですから。[★48]

尾佐竹は大審院判事であり、治安維持法違反で検挙された者たちを裁かねばならない側であった。尾佐竹は、内心では忸怩(じくじ)たる思いがあったのだろう。尾佐竹にとって、かなり危ない橋であったと思われるが、治安維持法違反で検挙された過去を持つ鈴木を、衆議院の憲政史編纂事業の事務局長格として抜擢し、その能力を活用した。

尾佐竹の指導の下で、鈴木安蔵と林茂〔歴史学者でのちに東大教授〕は、自由民権派の民間人が作成した憲法の私案である「私擬憲法草案」の史料調査を本格的に行なった。これが戦後における自由民権運動研究の基礎となっていく。鈴木と林の二人は、高知におもむいて自由民権運動の指導者であった植木枝盛や片岡健吉の私擬憲法案など関連史料の写本を作成している。戦時中の空襲で、高知の原本が焼けてしまったので、鈴木らの写本のおかげで、植木や片岡の憲政史料は戦後に伝わったのである。[★49]

鈴木安蔵が日本国憲法の草案を作成した

尾佐竹猛本人は、敗戦後間もなく亡くなってしまう。戦時中、東京の自宅と疎開先の福井がそれぞれ空襲を受け、尾佐竹が人生をかけて収集してきた貴重な史料がことごとく灰塵に帰してしまった。尾佐竹の曽孫の山岸智子は、「空襲ですべての研究資料を焼失してしまったことが、尾佐竹猛の生きる気力をそいだのだろう、という点では親族・知人ほとんどの見方が一致する」[★50]と述べている。尾佐竹は、日本国憲法が公布される直前の昭和二一年（一九四六）一〇月に、大日本帝国憲法の終焉を見届けるように息を引き取った。六六歳であった。曽孫の山岸は、次のように記す。

尾佐竹猛は明治憲法の終焉とほぼ時期を同じくして鬼籍に入った。明治憲法の枠内で起こした戦争にどのような「判決文」がふさわしいのか、戦争末期から敗戦後の短い晩年、机の前できっと考えていたのだろうと思うが、それをどこにも記すことなく逝ってしまった。とても残念なことだ。[★51]

しかし尾佐竹が興したプロジェクトは、鈴木安蔵らに継承され、じつは今日の日本国憲法につながっている。鈴木安蔵は、敗戦直後の昭和二〇年（一九四五）一〇月に、高野岩三郎（のちに初代NHK会長）らとともに「憲法研究会」を組織。一二月二六日には「憲法草案要項」を起草し、GHQに提出した。

鈴木や高野の憲法研究会の「憲法草案要項」の内容を紹介しよう。まず「日本国ノ統治権ハ国民ヨリ発ス」と国民主権を明確にし、天皇については「国家的儀礼ヲ司ル」として儀礼に特化した地位とし、国民の精神的な自由権については「言論学術宗教ノ自由ニ妨ケル如何ナル法令ヲモ発布スルヲ得ス」とされ、生存権については「国民ハ健康ニシテ文化的水準ノ生活ヲ営ム権利ヲ有ス」と記された。[52]

国民主権を明確にし、「象徴」という言葉こそ使わぬものの、天皇の地位は儀礼的であり、言論や信教の自由も明確で、とりわけ生存権については、この草案の条文がほぼそのまま今日の日本国憲法の第二五条となっている。

鈴木らの憲法草案は、GHQから高い評価を受け、この内容を基本線としつつ、「日本国憲法」の草案が作成されることになった。[53] GHQの憲法草案には、さらにその原案があったのだ。

鈴木は「憲法草案要項」を発表した翌日、毎日新聞の取材に答え、以下のように述べている。

明治一五年に出た植木枝盛の『東洋大日本国国憲按』や土佐立志社の『日本憲法見込案』など日本最初の民主主義的結社自由党の母体たる人々の書いたものを初めとして私擬憲法時代といはれる明治初期真に大弾圧に抗して情熱を傾けて書かれた二〇余の草案を参考にした。[54]

鈴木は、明治初頭の日本の在野に、広く民主的な憲法草案が存在し、それを参考にしつつ、その延長線上に、自分たちの「憲法草案要項」が起草されたのだと、誇らしく記者に語っている。尾佐竹の指導の下で、鈴木らが精力的に自由民権運動期の私擬憲法草案を発掘したことが、現在の日本国憲法につながっていたのである。

憲法学者の古関彰一は、「憲法研究会案とは、自由民権期の憲法思想が、半世紀にわたる弾圧の苦闘のあとでこの二人〔高野岩三郎と鈴木安蔵〕の歴史の継承者を通じて復権を果たしたことを意味する」と評価している。[55]

鈴木の盟友の大久保利謙は、父の利武の死後、侯爵として世襲の貴族院議員となっていた。大久保の貴族院議員としての最後の仕事は、自らが属する貴族院と華族という身分制度そのものを消滅させるべく、「日本国憲法」に賛成することだった。大久保は「歴史的ともいうべき憲法審議のときは、特別の委員会ができまして、わたしのような末輩は審議に関わっていません。ただ、本会議の決議のときは参加できましたから、賛成に立った。わたしにとって記念すべきことです」と感慨深げに述べている。[★56]

尾佐竹猛が、江戸時代の末から日本国内で内発的に発生した立憲思想について、精力的な研究を行なったことが、明治文化研究会での活動と、その後の憲政史編纂事業につながり、自由民権期の民間の私擬憲法草案も含めて史料が広く収集され、その研鑽の成果が今日の「日本国憲法」に結実している。江戸末期の議会論から、自由民権派の憲法草案、大正デモクラシー期の民衆運動など、近代立憲主義を希求した人びとの想いが、現行の「日本国憲法」には詰まっていると言ってよいだろう。

現在の改憲派が主張する〝日本国憲法＝GHQの押し付け〟論は、こうした史実をすべて無視したうえで展開されているのである。

三谷博の「公議」論

大正時代に渋沢栄一や尾佐竹猛によって展開された徳川近代化史観に、近年、復活の兆しが見られる。歴史学者の三谷博は、渋沢の『徳川慶喜公伝』、越前藩の『昨夢紀事』『再夢紀事』『続再夢紀事』など、薩長側ではない史料を主旋律にしつつ、幕末に芽生えた「公議」「公論」の思想をキーワードとして、幕末維新史を描き直している。

三谷博は、遠山茂樹の『明治維新』を評して、次のように述べている。

着目する政治主体を事実上、長州の倒幕派一本に絞ったことは、その後の研究にかなりの偏りを遺した。その最も著しいものは、維新の敗者であった徳川将軍家と譜代大名の研究がなおざりにされたことである。〔……〕福井を始めとする「公議」派の役割を軽視したことも、政治史の理解を浅くした。[57]

三谷は、「公議」「公論」の主唱者として、徳川慶喜や土佐・越前・宇和島などの諸藩に着目する。薩摩・長州の「王政復古」とは別の、「公議輿論」の流れにスポットを当て、それが、その後の自由民権運動や今日の民主主義の源流と見ている。三谷は、「「公議」「公論」は政治参加を肯定し、専制を批判する言葉という意味では一貫して用いられた。幕末に発見されたこの課題は、明治の立憲君主制を経て、今日のリベラル・デモクラシーに繋がっている[58]」と述べる。

柄谷行人の「徳川憲法」論

思想家の柄谷行人は、徳川時代の「国制」と戦後の「日本国憲法」には共通性があるという議論を展開している。江戸時代には、平和主義や天皇の象徴的地位といった国是があり、実質的に「憲法」として機能していたというのだ。柄谷は次のように述べる。

徳川の体制は、さまざまな点で、第二次大戦後の日本の体制と類似する点があります。第一に象徴天皇制です。〔……〕第二に、全般的な非軍事化です。〔……〕戦後憲法一条と九条の先行形態として見いだすべきものは、明治憲法ではなく、徳川の国制（憲法）です。〔……〕ある意味で明治以前のものへの回帰なのです。[59]

戦後の日本人は無意識のうちに、明治維新から七七年の戦争の歴史を悔恨し、「徳川の平和」へと回帰したというのだ。江戸時代には、なるほど成文憲法はなかったが、全般的な非軍事化や、天皇に政治権力はないがしかし敬う、といった「国是」があり、まぎれもなく「憲法」として機能してきたのだというのである。

明仁上皇の歴史認識

柄谷行人と同様な認識をしているのが、他ならぬ明仁上皇である。明仁上皇は天皇時代の二〇〇九年四月八日の天皇・皇后結婚五〇周年の際に、次のような発言をしている。

顧みますと、私どもの結婚したころは、日本が、多大な戦禍を受け、三一〇万人の命が失われた先の戦争から、日本国憲法の下、自由と平和を大切にする国として立ち上がり、国際連合に加盟し、産業を発展させて、国民生活が向上し始めた時期でありました。〔……〕なお大日本帝国憲法下の天皇の在り方と日本国憲法下の天皇の在り方を比べれば、日本国憲法下の天皇の在り方の方が天皇の長い歴史で見た場合、伝統的な天皇の在り方に沿うものと思います。

（宮内庁ホームページより）

明仁上皇は「天皇を主権者」と規定する「大日本帝国憲法」は、日本の長い歴史と伝統のなかで異質なものであり、その異質な体制の下で三一〇万人もの命が失われる戦争の惨禍がもたらされたこと、「天皇を象徴」とする日本国憲法の方が、日本の歴史のなかの天皇制の伝統に合致するものであると認識している。

おわりに

本章では、江戸時代における議会論の発生から日本国憲法の成立までに連続性があることを、駆け足で確認してきた。第二次大戦後の講座派マルクス主義史学は幕末の議会論は列強の外交官に入れ知恵された封建制の再建策であると断じていたが、大正期に渋沢栄一は、幕末に発生した議会論は単なる西洋思想の模倣ではないのだと論じていた。また現在の政府与党は現行の日本国憲法をアメリカから押し付けられたものと断じているが、日本国憲法の骨格をGHQに提案していた鈴木安蔵は、それを自由民権運動期の精神を継承したものと語っていた。どうも日本の左派と右派のマインドには、日本独自の内発的なリベラリズムを軽視しようとする点で、共通性がありはしないだろうか。

次章では、「慶応年間の憲法構想」が、はたして封建制の再建策という程度の水準のものだったか否か、さらに検討を加えていきたい。

また、以下に「補論」として、本章のより深い理解のために「明治維新研究の諸系統」と「講座派理論の来歴」について、やや詳しく述べてみたが、ご興味のない方は読み飛ばして第2章に進んでいただきたい。

補論(1)——明治維新研究の諸系統

歴史学者の大久保利謙が、既存の明治維新観をどのように分類していたのか確認してみたい。表1-3は、大久保の作成した「明治維新研究の発展系統図」を簡略化してまとめたものである。★60

大久保は、戦前における明治維新の「国定的解釈」を、「王政復古史観」と呼んでいる。大久保によれば、王政復古史観とは、日本は王政が本来のあるべき姿であり、明治維新は、武家政権という「変態」を廃して、正しい「国体」を回復したものであるという歴史観である。「王政復古史観」の明治維新研究は、いくつかの系統に分かれ、「太政官系」「宮内省系」「旧藩系」、そして「藩閥系」となる。

ややこしいのが「旧藩系」と「藩閥系」の違いである。大久保は、「旧藩系」を大名家中心、「藩閥系」は各藩の下級武士中心という視点の違いで分けている。明治二二年(一八八九)に発足した「史談会」は、薩摩の島津家を中心に旧大名家が集まって設立されたものであるから、「旧藩系」の明治維新研究となる。

では「藩閥系」の明治維新研究は何かと言えば、大久保によれば、明治四四年（一九一一）に発足した文部省の維新史料編纂会に他ならないという。というのも同会は、元老で長州閥の井上馨と山縣有朋、薩摩閥の大山巖と松方正義、土佐閥の田中光顕と土方久元らが協議して結成したもので、藩閥均衡の明治維新研究の色彩が濃厚であった。彼らはもともと下級士族の出身であるから、大名家中心の旧藩系の研究とは別系統に属することになる。

王政復古史観とは異なる独自性を持つものとして、「旧幕府系」の研究がある。渋沢栄一の『徳川慶喜公伝』もここに位置付けられる。大久保は、旧彦根系や旧会津系の歴史研究も、「旧幕府系」に含めている。

さらに在野から「民間派系」の明治維新研究が登場する。「民間派系」のなかには、自由民権運動のなかから出てきた「立志社系」、ジャーナリストとして精力的に歴史研究を行なった徳富蘇峰を中心とする「民友社系」など、いくつかの先駆的な流れがある。さらに尾佐竹猛が開拓した「憲政史派」、そして「唯物史観系」が続いて登場した。

もっとも、これらの諸系統には人脈の重複があり、明確に分かれているわけではない。戦前には「藩閥系」であったはずの文部省の維新史料編纂課にいた遠山茂樹や井上清が、戦後は唯物史観史学を牽引する歴史学者となったのが典型であろう。マルクス主義者の遠山茂樹や井上清（高知出身）が、長州・薩摩・土佐を中心とする明治維新観を確立したのも、所以（ゆえん）があるわけだ。

大久保は、「唯物史観系」の明治維新研究を開拓した最初の論文として、社会主義運動の先駆者であった堺利彦が、大正一〇年に雑誌『解放』に書いた「ブルジョアの維新」を挙げる。[★61]のちに堺利彦は、講座派と袂を分かって労農派陣営に属するが、堺の論文は、明治維新を「ブルジョア革命」と見る研究の草分けとなった。それでは堺が、既存の明治維新研究の系列から独立して研究を始めたかというと、そうではなかった。社会主義運動家の堺利彦は、意外なことに、長州藩閥系の明治維新研究の集大成である『防長回天史』の編纂に従事していた経歴を持つ。堺の明治維新観は、『防長回天史』編纂の経験によってつ

表1－3　明治維新研究の発展系統

系列		代表作
太政官系		明治5年　『復古記』 明治9～18年　『明治史要』
宮内省系		明治39年　『孝明天皇紀』 明治39年　『岩倉公実記』 大正4～昭和8年　『明治天皇紀』
旧藩	史談会系	明治25年～昭和13年　『史談会速記録』
藩閥	維新史料編纂会	昭和12年～14年　『維新史料綱要』 昭和14年～16年　『維新史』
	藩閥傍系	明治27年～28年　勝田孫弥著『西郷隆盛伝』 明治44年～大正9年　末松謙澄著『防長回天史』 大正元年　坂崎斌著『維新土佐勤王史』
旧幕府系	旧幕臣系	明治25年　福地源一郎著『幕府衰亡論』 大正7～8年　渋沢栄一編『徳川慶喜公伝』
	旧彦根系	明治21年　島田三郎著『開国始末』 明治42年　中村勝麻呂著『井伊大老と開港』
	旧会津系	明治30年　山川浩著『京都守護職始末』 昭和8年　『会津戊辰戦史』
民間派系	立志社系	明治25年～26年　指原安三著『明治政史』
	民友社系	明治19年　徳富蘇峰著『将来之日本』 明治24～25年　竹越与三郎著『新日本史』 明治41年　山路愛山著『現代金権史』
	憲政史派	大正14年　尾佐竹猛著『維新前後における立憲思想』 昭和5年　尾佐竹猛著『日本憲政史』
	唯物史観系	大正10年　堺利彦著「ブルジョアの維新」 昭和5年　野呂栄太郎著『日本資本主義発達史』 昭和7～8年　『日本資本主義発達史講座』

（出典）大久保利謙『大久保利謙歴史著作集7 日本近代史学の成立』（吉川弘文館、2007年、375頁）の図を簡略化して作表。

ちかわれた。そして「民友社系」ジャーナリストの山路愛山も、『防長回天史』の編纂に従事していた経験を有する。

戦後の唯物史観史学やジャーナリスト出身の司馬遼太郎などが、明治維新を長州中心に描いたのも、戦前における唯物史観系やジャーナリズム系の明治維新研究が、長州藩閥による『防長回天史』の編纂事業から出立していることを考えれば、必然性があったと言えよう。

同じ「民間派系」であっても、尾佐竹猛の憲政史研究は、「旧幕府系」である渋沢栄一の『徳川慶喜公伝』の問題意識を継承している。遠山茂樹が、尾佐竹の明治文化研究に出席していながら馴染めなかった理由、「憲政史派」と「唯物史観系」の歴史学の回路がつながらなかった理由は、このあたりにもあろう。

補論(2)――講座派理論の来歴

日本の唯物史観史学（マルクス主義史学）のなかには、明治維新を不徹底な「ブルジョア革命」であったと見る「労農派」と、封建遺制が残存した「絶対主義国家」への移行であったと見る「講座派」の対立があった。

「講座派」とは、岩波書店から一九三二～三三年に全七巻シリーズとして刊行された『日本資本主義発達史講座』に参集した、経済学者の野呂栄太郎や山田盛太郎、歴史学者の服部之総や羽仁五郎らを中心とする、マルクス主義理論家のグループをさす。「講座派」という名は、この書名に由来する。

「講座派」は、そもそもソ連政府の支援によって結成されたコミンテルン（第三インターナショナル）が日本共産党に与えた「三二年テーゼ」（日本における情勢と日本共産党の任務に関するテーゼ）を支持するグループであった。「三二年テーゼ」は、明治維新は封建制から「封建遺制」の残存する絶対主義国家への移行であったと認識したうえで、日本はまず天皇制絶対主義を打倒するブルジョア民主主義革命を起こし、その次の段階でプロレタリア革命を起こして社会主義を実現すべきという、「二段階革命論」を唱えていた。

明治維新を、不徹底ながらもブルジョア革命であったと考え、コミンテルンからの干渉に同調しなかった、堺利彦、山川均、荒畑寒村らは雑誌『労農』を創刊し、共産党と袂を分かって講座派と論戦をくり広げた。彼らは「労農派」と呼ばれるようになり、戦後における社会党左派の流れとなる。しかし歴史研究においては労農派より講座派が圧倒的に優勢であった。

一九一七年のロシア革命は、二月革命と一〇月革命の二回にわたって発生した。二月革命は、ロマノフ王朝という「絶対主義体制」を倒して議会制民主主義を構築しようとした革命であった。その新議会で、わずかな議席しか占めていなかったレーニン率いるボリシェヴィキ(のちのソ連共産党)が、「すべての権力をソヴィエトへ」というスローガンの下、議会を解散させ、競合する他の諸政党を排除・弾圧して、ボリシェヴィキの一党独裁体制を確立したのが一〇月革命だった。ボリシェヴィキは、ロマノフ朝の「絶対主義」を打倒するというところまでは他の諸政党の協力を仰ぎつつ、用済みになったら、公然と他政党の弾圧に踏みきった。薩摩・長州も顔負けの「陰謀術策」である。そのボリシェヴィキが設立したコミンテルンは、ロシア革命モデルを日本にも適用しようとしたのである。

日本共産党以外の民主的改革を求める諸政党から見れば、民主主義革命までは共産党と協力しても、それが終わったら「狡兎死して走狗烹らる」とばかりに粛清されることになる。そう予測されるのであれば、誰が共産党と協力しようなどと思うのだろうか? 現在の日本共産党が、自分たちは護憲政党であり、あくまで憲法の枠内で議会に依拠した民主的改革のみを追求し、その後の「一〇月革命」は考えていないと言うのであれば、まずは誤解の原因となる講座派理論を見直すべきではなかろうか。

［第2章］
慶応年間の憲法構想――ジョセフ・ヒコ、赤松小三郎、津田真道、松平乗謨、西周、山本覚馬

はじめに

第1章で見てきたように、戦後歴史学の明治維新研究の旗手として活躍した遠山茂樹は、「幕末」の議会論は「列藩会議論」であって、封建的秩序を再建していくための手段として用いられたと断じた。[★1]それが事実であれば、「幕末議会論」の延長線上に近代社会は到来しないことになる。戦後歴史学においては、遠山流の評価が主流となった。例えば、憲政史を専門的に研究した歴史学者の坂野潤治の見解を紹介しておく。坂野は、「幕末議会論」を「封建議会論」[★2]と規定し、次のように述べている。

「大政奉還」前後の二院制論には、「政府」の権限と選出方法についての記述がまったくない。〔……〕それらには議会権限についての記述も、まったくなかった。「政府」についても「議会」についても、明確な規定のなかった幕末の「公議会」論には、新政治体制を創設する力がなかったのは当然であろう。「新政府」の性格は、旧幕府軍と薩長軍が鳥羽・伏見で一戦してみて決めるしかなかったのである。[★3]

慶応年間（一八六五～六八）の議会論は、未熟な「封建議会論」でしかなく、近代的な新政府を創出する力はなかったので、薩長が戊辰戦争で「幕府」を粉砕するしかなかったというのである。

それに対して大正期の尾佐竹猛は、前章で紹介した通り、戦後歴史学の定説とは真逆の主張をしていた。彼は江戸末期の議会論の先進性を評価し、薩長が武力討幕に踏み切らず、鳥羽伏見の戦いがなければ、平和裏に議会政治に移行していたはずであったと論じた。先に引いたように、尾佐竹によれば、そもそも「議会設置と大政奉還とは不可分の条件」[★4]であったが、薩長が「武力討伐を為さんと」したがため、ついに戦争の勃発にいたり、「砲烟、鳥羽伏見の窓を蔽ふて議会論は烟の如く消へ去つた」[★5]のである。

はたして、これら相反する歴史観の、どちらが正しいのであろうか。慶応年間の二院制議会論に議会権限や政府の選出方法についての記述がなかったというのは、本当なのだろうか？　具体的に検討していこう。

慶応年間の建白書

慶応年間には、日本の政体改革を求める建白書が多数提出されている。主なものを提出の順番に挙げれば表２－１のようになる。

この図表で、ジョセフ・ヒコ（濱田彦蔵）、赤松小三郎、津田真道、松平乗謨（のりかた）、西周、山本覚馬の六人の建白書は、「憲法草案」と言ってよい内容を持つ。しかしながら、比較的に研究蓄積があるのは西周の「議題草案」のみで、他の五つは、総じて軽視されてきた。

尾佐竹猛は、『維新前後に於ける立憲思想』とそれに続く『日本憲政史大綱』『明治維新』という一連の著作のなかで、西周、赤松小三郎、松平乗謨、津田真道の建白書を順次紹介している。[★6]しかし史料的に紹介するのみで、それらを比較しつつ、それぞれの特徴を検討するという作業はしていない。また、江戸時代の議会論の史料の発掘・収集に命懸けと言える情熱を傾けていた尾佐竹ですら、ジョセフ・ヒコや山本覚馬の建白書はノーマークであった。

この表2−1のなかで、アーネスト・サトウの『英国策論』は、明治維新の方向性を規定したと言って過言ではない、大きな影響力を持ったパンフレットである。しかし、これは議会政治を求めるものではなく、サトウ本人は、日本に近代的な立憲政体を導入することに反対意見を持っていた。サトウの『英国策論』は、明治維新への影響力は大きかったが、それは議会政治に向かう流れを妨害したという意味においてである、と筆者は考える。そこでサトウの議論については、次の第3章で別途に検討したい。

この表のなかに、（ ）を付けて、慶応二年（一八六六）一〇月に出版された福沢諭吉の『西洋事情』（初編）も含めておいた。福沢の『西洋事情』は、アメリカ、オランダ、イギリスの歴史と政治制度、二院制議会の機能や権限をわかりやすい翻訳語で紹介した啓蒙書で、大ベストセラーとなった。ただし当時の福沢本人は、アメリカやイギリス流の政治体制を、ただちに日本で実現できるとは思っていなかった。福沢は、同じく慶応二年の書簡で「大君のモナルキに無之候〔これなくそうろう〕て

表2−1　慶応年間の政体改革を求める建白書

提出時期	作成者	文書名
慶応元年3月	ジョセフ・ヒコ（濱田彦蔵）	「国体草案」
慶応2年1月〜3月	アーネスト・サトウ	『英国策論』
同年10月	（福沢諭吉）	（『西洋事情』）
慶応3年5月17日	赤松小三郎	「御改正之一二端奉申上候口上書」
同年6月24日	後藤象二郎ら	薩土盟約「約定書」
同年9月	津田真道	「日本国総制度・関東領制度」
同年10月3日	山内容堂、後藤象二郎ら	土佐藩「大政奉還建白書」
同年10月18日	松平乗謨	「病夫譫語」
同年11月	西周	「議題草案」
同年11月	坂本龍馬	「新政府綱領八策」
慶応4年6月	山本覚馬	「管見」

（出典）筆者作成。

は、唯々大名同士のカジリアイにて我国の文明開化は進み不申（もうさず）」と記している。つまり、大名同士がいがみあって国がまとまらない状態では文明開化など進まないから、当面は「大君のモナルキ」、つまり徳川大君による専制君主体制で上からの近代化を進めるしか、選択肢はないというのである。そのためには、攘夷派の長州藩を徹底的に武力で討伐すべきであるという提言もしていた。[★8] 福沢は、『西洋事情』において、あくまで西洋の政治事情を紹介したのであって、日本に議会政治を提言したわけではない。しかしながら福沢の『西洋事情』は、その後、さまざまな形態の二院制議会論が提案される際に大いに参考にされた。その意味で、当時の議会論に広範な影響を与えた重要な出版物であった。それゆえ、直接日本の政体改革を求める文書ではないが表に含めた。

表２－１で有名なのは、坂本龍馬の「新政府綱領八策」や、土佐藩の山内容堂が徳川慶喜に提出した、後世に「大政奉還建白書」と呼ばれる文書であろう。土佐藩の建白書の現物は実際には無題であり、「大政奉還」という文言は使われていないが、明治になってから大政委任論の〝物語〟にもとづいて、こう呼ばれるようになった。戦後歴史学の定説では、政権返上にいたる政局の流れとして、まず慶応三年（一八六七）六月の坂本龍馬の「船中八策」があり、それを起点とし、同月に土佐藩と薩摩藩で結ばれた薩土盟約の「約定書」に結実し、その盟約から薩摩が離脱したが、土佐藩は単独で「大政奉還建白書」を提出し、徳川慶喜はそれを受け入れた、と説明されてきた。土佐・薩摩中心の叙述である。この〝物語〟のなかに、冒頭に挙げた六人の建白書＝初期憲法構想が位置付けられる余地はなかった。

しかし近年の研究によって、坂本龍馬が政権返上前の六月の段階で書いたとされる「船中八策」という文書は存在せず、後世の創作であることが明らかにされている。[★9] 坂本龍馬が確かに書いた文書として、慶応三年一一月の「新政府綱領八策」があるが、これは政権返上の後に書かれたものであって、その前に書かれて、影響を与えたという事実はない。薩長土肥の西南雄藩中心の歴史観が、さまざまな虚構を生んできたと言って過言ではない。

この六人の初期憲法構想は、主として「佐幕派」とされてきた側から出されたものである。封建制度に執着していたと考えられてきた「佐幕派」の側の憲法草案のなかに、近代的立憲政体の萌芽が育まれていたとしたら、西南雄藩中心の明治維新観は修正を迫られることになろう。

筆者は、前著『赤松小三郎ともう一つの明治維新』で赤松小三郎の国家構想を紹介したが、慶応年間のその他の憲法草案については検討できなかった。本章は、この六つの憲法構想をそれぞれ読み解いたうえで、比較検討したい。以下に見ていく通り、それぞれの構想には差異があり、目指す国の形は異なっている。それらを読み解くことにより、明治維新で実現された体制とは異なる、オルタナティヴな近代日本が、いく通りもあり得たことが明らかになるだろう。

西周の「議題草案」をめぐる論争

これまで慶応年間の議会論のなかで焦点が当てられてきたのは、西周の「議題草案」であった。戦後歴史学は、西の「議題草案」を、徳川慶喜の方針そのものと考えてきた。そのため、徳川慶喜の目指した政体は、西の建白書を読み解くことで明らかになるとされたのだ。しかしながら、実際には徳川慶喜が西の考えに賛同し、その実現を目指していたという証拠はない。西の構想は、数多く出された慶応年間の議会論の一つに過ぎない。

西の「議題草案」を、徳川慶喜の構想そのものと誤解したうえで、激しい論争を繰り広げたのは、ともに明治維新研究の権威だった原口清（名城大学教授）と石井孝（東北大学教授や津田塾大学教授を歴任）であった。まず原口清は、西の「議題草案」が、大名の封建的領有権をそのまま追認していること、諸藩の軍事権も当面そのままであることなどを根拠として、西の構想する議会は封建議会であり、その権力の性格は「列藩同盟権力」であるとした。[★10] 徳川政権の議会論は、「封建制度の再建策」であるという遠山の考えを踏襲しつつ、発展させた議論である。

石井孝は、講座派の主流とは異なり、西のプランを、封建制から脱却し「徳川の絶対主義体制」を目指すものと考えた。西の構想では、徳川家が世襲で行政府の長である大君となり、大君は上院の議長も兼任し、下院の解散権を持つなど強大な権限を有する。徳川慶喜は、大君が行政府と立法府の双方を掌握する「絶対主義体制」を目指したと考えたのである。[★11] 石井は、薩長の武力倒幕がなくとも、徳川政権が自らの意志で絶対主義体制へ向かっていた、と考えた。では、なぜ絶対主義を目指したにもかかわらず、徳川が敗れたのかと言えば、「幕府の絶対主義への傾斜の速度が薩長のそれよりも立ちおくれていた」[★12]からと説明している。

このように激しく火花を散らした二人であったが、原口も石井も、絶対主義が封建制に勝つのは必然と見ており、同じ絶対主義同士の戦いであれば、より絶対主義化の度合いが高かった方が勝つと考えている点は共通していた。原口と石井の学説は対極的に見えるものの、封建制から絶対主義体制への移行を必然的なものと見る点で、講座派史学の土俵の上で議論していたのであった。

大久保利謙は、講座派の議論を尻目に、それとは一線を画した議論を展開していた。津田真道と西周の研究をライフワークとした大久保は、彼ら二人がオランダ留学から持ち帰った学問が「最初から国策の源泉たる性格を持ち、実践的色彩が濃厚である」とし、津田の「日本国総制度・関東領制度」と西の「議題草案」を、「両者ともわが国政の基本を考案した憲法私案とも言うべきもの」[★13]と評価している。

大久保健晴も、西の「議題草案」に積極的な評価を与えている。西の構想における大君の強大な権限は、立法権の肥大化を抑制するためのものであり、オランダの立憲君主制を模したものであるとした。[★14] 他方で西は、立法府からも大臣を選出し、立法権が行政権力を抑制する提案もしている。すなわち、西の構想は「行政権と立法権の制度的均衡抑制関係の構築によって、徳川家と列藩諸侯勢力との協調体制」を創出し、漸次的近代化を促そうとしたものであると論じた。[★15]

このように、西周の「議題草案」については、封建制の再建案、徳川絶対主義体制構築案、漸次的近代化案と、見解は大きく分かれている。しかし「幕末議会論」というと、西の案を代表的なものと考え、それ以外の憲法構想は軽視されてきたという点は、一貫してきたと言えよう。

西と津田の憲法草案の先進性を高く評価する大久保利謙にしても、明らかにこの二人より先進的な構想を提示している赤松小三郎について言及したことはない。大久保利謙ですら、赤松小三郎を扱わなかったのである。大久保の師匠の尾佐竹が、赤松を評価し、著書のなかで紹介しているのだから、奇妙である。大久保の場合、赤松について研究すると、彼の祖父の闇に踏み込まざるを得ないと予感し、躊躇した可能性も否めない。

六つの憲法草案が提出された背景

六つの憲法草案が提出された背景を概観したい。大まかに言うと、ジョセフ・ヒコの建白書は、在野の立場から徳川政権を近代化させようという意図で書かれており、津田・西・松平の三つは、徳川政権の内部からの改革案として書かれている。赤松と山本の建白書は、薩摩に対し武力討幕に向けた拳を降ろさせよう、薩摩と徳川を和解させ、内戦を回避させつつ平和裏に天皇の下での統一国家に移行させよう、という意図で書かれている。そのため赤松の建白書は、薩摩藩と徳川政権の双方に提出されており、山本のものは薩摩藩に提出されている。以下、それぞれ詳しく見ていこう。

ジョセフ・ヒコ（濱田彦蔵）

ジョセフ・ヒコは、播磨国加古郡古宮（こみや）村の百姓の子で、幼名を彦太郎といった。自作地を持たないので、いわゆる「水呑百姓」と呼ばれる階層に属するが、古宮村は漁業や海運業の盛んな地域で、ヒコの養父も兄も船乗りであり、家が貧しかった様子はない。ヒコの母は教育熱心で、ヒコを寺子屋でみっちり勉強させたうえで大坂の商館に就職させようと考えていた[★16]。「水呑百姓」の子でも、識字能力はしっかりと身についていたわけである。

ところが、ヒコが一三歳のとき、江戸見物に行った帰路で乗っていた船が暴風で遭難してしまい、彼の運命は激変した。船は五〇日間の漂流のすえ、アメリカ船に拾われて、九死に一生を得た。そのままアメリカに残る決心をし、その聡明さから学費の出資者も現われ、現地で教育を受けることができた。キリスト教にも改宗し、洗礼名ジョセフを授かり、米国籍を取得して「ジョセフ・ヒコ」となったのである。[★17]

ヒコは、横浜開港後に日本に帰国し、アメリカ領事官の通訳などを務めたが、職を辞して、元治元年（一八六四）に、岸田吟香（ぎんこう）（明治維新後、東京の初の近代新聞『東京日日新聞』主筆として活躍）とともに『新聞誌』（のち『海外新聞』と改題）を発刊した。[★18] これが日本で最初の本格的な新聞とされる。ヒコが日本における「新聞の父」と呼ばれる所以である。帰国後は濱田彦蔵と名乗っていたが、日本に帰化法がなかったために、終生アメリカ国籍のままであった。

図２－１　ジョセフ・ヒコ（濱田彦蔵、1837～97）
播磨の酒井家領の百姓の家に生まれる。漂流民としてアメリカに渡って教育を受け、米国籍を取得。日米修好通商条約の締結後日本に戻り、アメリカ領事官の通訳などを務めた。領事館を辞し、日本初の本格的な新聞である『海外新聞』を発刊。そのかたわら、慶応元年に米国憲法を模範とする日本の憲法草案を作成した。
（写真出典　『アメリカ彦蔵自叙伝――開国逸史』明治文化研究会編、ぐろりあそさえて、1932年）

ヒコの「国体草案」は、『海外新聞』を発行していた時期の慶応元年（一八六五）に書かれたようである。奥書として、「西暦一八六五年五月」、「外国奉行阿部越前守」（阿部正外（まさとう）。元外国奉行であるが、元治元年に老中に昇進していた）に提出したが、「当時之形勢にては何分難相用趣（あいもちいがたきおもむき）」として、返却されたと記されている。[★19] 阿部正外に宛てて提出したが、残念ながら政権には受け取ってもらえなかったというのだ。確認できるかぎり、これが日本で最初に起草された私擬憲法草案ということになろう。

ヒコは「国体」を、「constitution」（憲法）の訳語として用いている。全三二条からなる堂々たる憲法草案で、百姓や町人にも参政権があり、基本的人権の確立もうたわれている、じつに開明的な内容であった。それもそのはず、ヒコの憲法草案は、アメリカ合衆国憲法を参考に、その条文と構成をそのままアレンジして日本に適用しようとしたものだったのだ。アメリカ大統領を徳川の大君に置き換え、老中や奉行などの徳川の行政機構をそのまま継承しつつ、それとは独立して「評定所」（議会）と「調所」（裁判所）を設置し、三権を分立させようというのだ。何ら革命をすることもなく、世襲制の大君と徳川の行政機構をそのまま温存させながら、なおかつアメリカ流の三権分立と庶民の政治参加を実現させようとする、驚くべき着想であった。

しかし、『海外新聞』の経営はうまくいかず、ヒコは職を求めて慶応三年（一八六七）には佐賀藩の招きで長崎に赴き、高島炭鉱の経営について佐賀藩とグラバー商会の間を取り持つ活動を行なった。その六月、長州藩の桂小五郎（木戸孝允（たかよし））と伊藤俊輔（博文）の来訪を受けたヒコは、アメリカの政治制度や憲法について二人に説明している。[★20]おそらくヒコは、自らが起草した「国体草案」の内容も二人に説明したことだろう。桂（木戸）は「アメリカ合衆国の憲法について大いに興味を覚えた」「まったく耳新しいことだ」と、ヒコに感想を述べたそうである。[★21]「五箇条の御誓文」の起草や明治八年（一八七五）の「漸次立憲政体樹立の詔（みことのり）」の布告を促した木戸、そして大日本帝国憲法を起草した伊藤に、憲法の何たるかを最初に教えた人物は、どうやらヒコなのだ。その意味でも、ヒコの「国体草案」の影響力は、これまで知られていなかっただけで、想像以上に大きいものと思われる。なおヒコはその縁で在長崎の長州藩代理人としても活躍した。

「国体草案」の原本は、ヒコ未亡人の濱田銀子（ちょうこ）が所有していたが、第三高等学校で教鞭を執っていたP・D・パーキンズの手に渡り、最終的にニューヨーク州のシラキュース大学が購入し、「ヒコ・コレクション」として保管されている。[★22]原本がアメリカに渡ってしまったこともあり、この史料は日本の研究者には注目されることのないまま埋もれてきたが、一九八六年に、歴史学者の佐藤孝によって日本に翻刻紹介され、知られるようになった。[★23]その佐藤は、一九九一年に以下のように記している。

極めて民主主義的な内容を持つ憲法草案がヒコ旧蔵資料の中から見出されたことは、極めて重い事実として私達の眼前に突きつけられているのである。ヒコを含め、これまで漂流民としてしか評価されてこなかった、海外世界を体験してきた日本人が幕末維新の変革期に果たした歴史的役割は、今日私達が考える以上に大きく、かつ大きな未発の可能性を秘めているように思えてならない。本文書を研究の俎上にのせることで、その糸口が開かれることを願ってやまない。[★24]

佐藤がこう書いてから三〇年が経過したが、いまだにヒコの憲法草案は充分に研究されていないし、それが持つ「未発の可能性」も検討されていない。日本の憲政史のなかに、ヒコの憲法草案をいかに位置付けていくのかは、今後の課題と言ってよい。

ヒコ「国体草案」は、佐藤孝の紹介文とともに、以下の文献に全文が翻刻され収録されており、本章ではこれを利用する（田中彰編『日本近代思想体系１ 開国』岩波書店、一九九一年、三二九～三四〇頁）。

赤松小三郎

赤松小三郎は、信州上田藩士であり、慶応元年（一八六五）に一八六二年版の最新式のイギリス陸軍の軍隊訓練の教本（*Field Exercises and Evolutions of Infantry*）を、加賀藩士の浅津富之助とともに訳出し、『英国歩兵練法』として出版。英国式兵学の第一人者として知られるようになった。[★25]慶応二年（一八六六）一〇月には薩摩藩に招かれ、同藩の京都藩邸で英国式兵学を教授した。門人には、野津道貫（みちつら）、野津鎮雄、篠原国幹（くにもと）、樺山資紀（すけのり）、東郷平八郎、上村彦之丞など後年の日本陸海軍の主だった指導者たちが含まれていた。同時に赤松は、会津藩の山本覚馬が京都に設立した会津洋学校の顧問も務めた。

赤松は、倒幕派と佐幕派の双方にまたがる人脈を最大限に活かし、慶応三年（一八六七）五月に建白書を起草し、越前・薩摩・徳川政権など各方面に提出した。[★26]赤松は、特定の藩に肩入れしない自由な立場で動き、対立する双方の陣営に同じ建白書を出し、互いを和解させ、挙国一致で議会政治を実現しようと考えていたのだ。

薩摩藩は、赤松が建白書を出した翌六月に土佐と約定を結び（薩土盟約）、平和的に政権を移行させたうえで、議会政治の実現を目指す可能性を模索しはじめた。これは赤松の提案した方向性と合致する。しかるに八月になって薩摩首脳は方針転換をし、土佐との盟約を破棄し、長州と組んで武力討幕に向かう。赤松は、西郷隆盛に武力討幕を思いとどまらせようと、文字通り最後まで「必死」の説得に努めたが、薩摩藩の武力討幕派である中村半次郎ら五名の刺客団によって暗殺されてしまったのであった。[★27] 暗殺団の背後には、武力討幕の決断をした西郷隆盛と大久保利通がいたものと思われる。[★28]

近年、赤松小三郎の建白書は注目されるようになっている。歴史学者の青山忠正は、政権返上にいたる政局を分析するなかで、薩摩と土佐が平和的に政権を徳川から朝廷に移管させようという慶応三年六月の薩土盟約の構想に、赤松小三郎の建白書が影響を与えた可能性を指摘している。[★29] 岩下哲典は、赤松構想の「民主的」「民生的」側面を評価し、佐幕派も倒幕派も取り込んだ「オールジャパンの国家構想」であったと評価している。[★30]

憲政史を研究する奥田晴樹は、もし赤松構想が実施されれば、「結果として領主支配と身分秩序の解体へと連動する

図2－2　赤松小三郎（1831～67）

上田藩出身の兵学者。内田弥太郎に数学を学び、のちに勝海舟の従者として長崎海軍伝習所に学ぶ。長崎ではオランダの兵書を翻訳出版し、さらに英語を学び、慶応元年に日本初のイギリスの兵書の翻訳書である『英国歩兵練法』を出版した。慶応2年に薩摩藩に招聘され、イギリス式の戦闘方法を伝授。同時期に、内戦の危機を回避せんと、挙国一致の議会政治を唱え、薩摩・越前・徳川にそれぞれ建白する。しかし上田に帰国しようとしたところを、薩摩藩士の中村半次郎らに暗殺された。

（上田市立博物館蔵）

可能性を内包」していたとし、「ここに、「公議政体論」の、一つの到達点を見出すことができよう」としている。[★31] 赤松の構想に封建体制を崩す可能性を見出している点、幕末議会論は封建制の再建策とする定説とは異なる、一歩踏み込んだ評価であった。

赤松小三郎の建白書は、越前藩の松平春嶽に提出したものが「御改正之一二端奉申上候口上書」、島津久光と徳川政権へと提出したものが「数件御改正之儀奉申上候口上書」と題され、略せばいずれも「御改正口上書」となる。[★32] また赤松が、徳川政権にも同様な建白書を提出していたことは、盛岡藩の史料のなかから二〇一六年に発見された新事実であり、こちらもその写本が近年翻刻された。[★33] 本章では、「御改正口上書」が収録されている薩摩の『玉里島津家史料』と越前の『続再夢紀事』の公刊史料をそれぞれ利用する（『鹿児島県史料 玉里島津家史料(五)』鹿児島県歴史資料センター黎明館、一九九六年、一九四～一九八頁。『続再夢紀事(六)』、東京大学出版会、一九七七年復刻、二四五～二五二頁）。

津田真道と西周

津田真道と西周の二人については、その行動の軌跡が重なるので一緒に紹介したい。津山出身の津田と、津和野出身の西は、それぞれその才能を認められて開成所の教授手伝並に取り立てられ、文久二年（一八六二）から慶応元年（一八六五）まで、徳川政権の派遣留学生としてオランダで学んだ。現地でライデン大学のシモン・フィッセリング教授から、自然法・国際公法学・国法学・経済学・統計学の五科を教授された。[★34]

二人は、慶応元年（一八六五）一二月にオランダ留学を終えて江戸に戻り、慶応二年四月にフィッセリング教授の講義録の訳述を命じられた。津田は、フィッセリング講義のなかの国法学を担当し日本初の西洋法学の専門書となる『泰西国法論』の訳述に、西は、国際公法学を担当し『万国公法』の訳述に、それぞれ取り組んだ。しかし、二人がこれらを出版することができたのは、徳川政権終焉後の慶応四年（一九

図２－３　徳川政権派遣の文久オランダ留学生
前列右端が西周（1829～97）で後列右端が津田真道（1829～1903）。
西は津和野藩、津田は津山藩出身の洋学者でいずれも公儀蕃書調所に入所し、オランダに留学。二人はライデン大学のフィッセリング教授の下で体系的に西洋の政治学と経済学を学ぶ。帰国後、オランダでの講義ノートを元に西は『万国公法』、津田は『泰西国法論』を執筆。そのかたわら、それぞれが憲法草案を起草した。
（「津田真道関係文書」国立国会図書館蔵）

六八）のことになってしまった。[★35]

それに先立つ慶応二年九月、津田と西の二人は、京都で政務を執っていた徳川慶喜から呼び出された。西は京都に留め置かれたが、慶喜にフランス語を教える他、あまり重要な仕事は与えられなかった。津田の方は、当面は用なしとされ、江戸に戻ることになった。

大久保利謙は、津田と西の二人を徳川慶喜に推薦したのは、旗本の大久保忠寛（一翁）であっただろうと推測している。[★36]大久保忠寛は、文久二年（一八六二）から政権返上と議会政治を唱えていた人物であり、津田と西の洋学知識を高く評価しており、二人に憲法案を起草させたのも、やはり大久保忠寛だろうというのだ。[★37]

津田は、江戸に戻って訳業のかたわら、慶応三年（一八六七）九月に「日本国総制度・関東領制度」を起草した。西は、政権返上の翌月の一一月に、徳川慶喜の諮問を受けて「議題草案」を提出した。[★38] 津田の「日本国総制度・関東領制度」は、確かに慶応三年九月に起草され、その草稿は津田家から見つかったものの、徳川政権に提出されたか否か裏付ける史料が見つかっていない。[★39]

津田と西の憲法草案については、大久保利謙編集の『津田真道全集』と『西周全集』にそれぞれ全文が収録されているので、これを利用する（津田真道「日本国総制度・関東領制度」、大久保利謙・桑原伸介・川崎勝編『津田真道全集(上)』みすず書房、二〇〇一年、二五三～二六六頁／西周「議題草案」、大久保利謙編『西周全集』第二巻、宗高書房、一九六二年、一六七～一八三頁）。

松平乗謨（大給恒）

図２－４　松平乗謨（大給恒、1839～1910）
三河奥殿と信州田野口に分散した領地を持つ１万6000石の小大名。文久３年に本拠を奥殿から田野口に移し、西洋式の五稜郭である龍岡城を築城した。慶応２年に陸軍総裁、さらに老中格に就任。大政奉還直後、廃藩を志向する中央集権的な憲法構想を建白した。明治維新後に大給恒と改名し、日本赤十字社の設立などに尽力した。
（写真出典 『幕末・明治・大正回顧八十年史 第６輯』東洋文化協会、1935年）

松平縫殿頭乗謨（のちの大給恒）は、三河・奥殿と信州・佐久の龍岡に分散した領地を持ち、合わせても一万六〇〇〇石という小大名であった。松平は、ペリー来航直後の嘉永六年（一八五四）には、いち早く領内に農兵制度を設けた。農兵の導入という点では、長州の奇兵隊よりも九年早い。文久三年（一八六三）には、本拠と定めた佐久の龍岡に西洋式の五稜郭（竜岡城）を築城するなど、西洋式の近代化を追求した人物である。[★40] 慶応元年（一八六五）五月に陸軍奉行に就任し、公儀陸軍にフランス式兵制の導入を進めた。フランス公使のロッシュとは通訳なしで会話できるほど、フランス語に堪能であった。

松平乗謨は、本来は老中になれる家格ではないにもかかわらず、その能力の高さゆえに大抜擢を受ける。松平は、慶応二年六月には二七歳の若さで老中格となり、さらに一二月に陸軍総裁に任命された。

翌年に政権返上の報を受けると、江戸にいた松平乗謨は、老中の稲葉正邦とともにただちに上京し、徳川慶喜に対し、政権返上と引き換えに議会政治を導入しようという政体改革構想を建白した。政権返上から四日後の慶応三年一〇月一八日のことであった。この松平乗謨の建白書は、「病夫譫語（せんご）」と題されている。この建白書は、廃藩による封建制の廃止と中央集権化を目指す内容であった。

明治維新直後の明治二年（一八六九）六月、松平乗謨は所領である龍岡藩において、他藩に率先して議会に相当する「駁議職（はくぎしょく）」を設置し、一二名の議員を「入札」で選出するという藩政改革を行なった。[★41] 慶応年間からの持論である議会政治構想を、維新直後に全国に先駆けて自藩で実践に移した。彼の議会論が、口先でなかったことを実証するものであろう。廃藩置県後の松平乗謨は、大給松平家の出身であるため大給恒と改名し、日本赤十字社の設立にも尽力した。

松平乗謨の「病夫譫語」については、『大日本維新史料稿本』にある写本を利用した（松平乗謨「病夫譫語」、『大日本維新史料稿本（２９９９）慶応三年十月十七日ノ二』東京大学史料編纂所、九八〜一〇七頁）。

山本覚馬

会津藩士の山本覚馬は、藩主の松平容保（かたもり）が京都守護職に任命されると、容保とともに入京し、公務のかたわら洋学研究にも没頭した。慶応二年、西周が京都で開塾すると、西の塾に入門して国際法を学んでいる。そして同年、門戸を広く開いた洋学教育機関として京都に会津洋学校を開設し、その顧問として赤松小三郎と西周を招請した。[★42] 山本は、西周の主著となる『百一新論』の草稿を、西から預かって大事に保管し続け、のちの明治七年（一八七四）になって出版している。[★43] 西の代表作を世に送り出したのは山本であった。山本覚馬、西周、赤松小三郎は、このように当時から互いに交友関係を深めていた。[★44]

山本と赤松は、内戦の勃発を回避しようと、ともに活動していた。山本は、薩摩藩の軍事教官であった赤松に依頼し、慶応三年六月、小松帯刀（たてわき）および西郷隆盛と交渉してもらい、会津との和解を働きかけ、いったん小松と西郷も「同意」したと証言している。[★45] 六月は、薩摩藩が薩土盟約の議会政治路線に転換した月であるから、この転換の背後に山本や赤松の周旋もあったことがうかがわれる。

しかし薩摩は、再度、武力討幕に舵を切ってしまい、鳥羽伏見の戦いが勃発。山本は敵として薩摩藩に捕縛され、薩摩藩邸内の牢に閉じ込められてしまった。以前から目を悪くしていた山本は、獄中で完全に失明してしまう。獄中の山本が、何ら参考文献も手にすることができないなか、目が見えない状態で口述筆記させたものが「管見」である。

こうした経緯から「管見」は、充分に洗練されていない粗削りな記述であることは否めない。しかしながら、議会政治、三権分立、学校建設、殖産興業、通貨改革といった先進的な提言や、肉食が奨励されるなど、これらはいずれも赤松小三郎の建白書と重なる。さらに「管見」に特徴的なのは、女子教育、製鉄、衣食、太陽暦への転換、醸造、公衆衛生、生命保険、医療などへの提言があり、多方面にわたる近代化政策のマスタープランとしての内容も盛り込まれていることである。産業政策や公衆衛生等への提言は、他の五つの建白書にはないもので、たいへんに重要ではある。しかし、これら産業政策は、憲法論の枠を超えるので、本章では割愛する。

山本覚馬も、従来の明治維新研究のなかではほとんど注目されない人物であったが、二〇一三年にＮＨＫ大河ドラマ『八重の桜』が放送された際、主人公の新島八重の兄として

図２－５　山本覚馬（1828-92）

会津藩の砲術家の家に生まれる。京都で会津洋学所を開設し、赤松小三郎や西周を顧問に招聘した。鳥羽伏見の戦いが勃発すると薩摩藩に捕らえられ、投獄される。獄中で視力を失いながらも、三権分立や近代産業の振興を唱えた「管見」を口述筆記する。明治維新後に京都府の顧問、さらに初代の京都府議会議長となった。

（写真出典　同志社大学編『新島襄生誕150年記念写真集 新島襄――時代と生涯』同志社大学、1993年）

山本覚馬も注目され、研究が進むようになった。そうしたなか、山本と赤松に親交があったことも明らかになり、覚馬の「管見」と赤松の建白書の類似性・共通性も指摘されるようになった。[★46]

山本覚馬の「管見」は、公刊史料では青山霞村の『山本覚馬伝』に翻刻・収録されている。しかし青山版の「管見」は、二三項目のうちの「撰吏」の項目が欠落しているなど不備がある。「管見」の原本は長らく知られていなかったが、二〇一九年になって防衛省防衛研究所の軍務官関係資料のなかから発見された。[★47]この原本は、国立公文書館アジア歴史資料センターでデジタル化されて公開されている。[★48]本書では、青山霞村版の「管見」と、近年発見された原本のデジタル版を照合しつつ、引用する（青山霞村『増補改訂山本覚馬伝』京都ライトハウス刊、一九七六年、二一二～二二八頁／国立公文書館アジア歴史資料センターのデジタル資料[★49]）。

六つの憲法草案の比較

さて、六つの建白書の比較検討に入りたい。本章では、憲法上重要である、天皇、議会の権限、議員の選出方法、内閣と行政、国民の権利と義務、地方自治、軍事という、七つの項目に絞って、それぞれの論者の論点を比較検討する。表2－2は、比較結果をまとめたものである。

「天皇」について

ジョセフ・ヒコ「国体草案」（以下、ヒコ案）

国家元首は徳川大君であり、天皇についての言及は一切ない。

赤松小三郎「御改正口上書」（以下、赤松案）

天皇は「天子」と呼ばれ、行政府の長である。天子を補佐するため、「大閣老」以下六人の「宰相」を議会が選出して内閣を組織、これを「朝廷」（＝行政府）と定義している。天皇の下で、実質的な行政は内閣が担うことが想定されている。また天皇に議会決議への拒否権はない。

津田真道「日本国総制度」（以下、津田案）

天皇は「禁裡」と呼ばれ、通常は政治に参画しないが、「極重大之事件は禁裡之勅許を要す」とされる。ただし、「極重大事件」がどのような事案をさすのか具体的な規定はない。

松平乗謨「病夫譫語」（以下、松平案）

天皇は「主上」と呼ばれ、国家元首である。しかし議会の決議事項について、「決議之事ハ、容易ニ主上モ御議論不被為在候（あらせられずそうろう）様」「右之通王制御施行」と規定されている。つまり議会の立法や決議について、天皇が異議を差し挟むことはできず、それを承認し、施行しなければならない。

西周「議題草案」（以下、西案）

天皇は「禁裏」と呼ばれ、以下の権利を持つ。

- 「欽定之権」　議会で可決した法案を欽定する権利。ただし法案への拒否権はない。
- 「紀元之権」　改元の権利。ただし災害等を理由に改元してはいけない。
- 「尺度量衡之権」　長さや重量の単位を定める権利。ただし改正には議会承認が必要。
- 「神仏両道之長たる権」
- 「叙爵之権」
- 「高割兵衛ヲ被為置候（なされおきそうろう）権」　各大名から一万石につき二名の兵卒を徴する権利。
- 「大名より貢献之奉被為受候権」　大名からの贈り物を受け取る権利。

松平乗謨	西周	山本覚馬	起草者名
陸軍総裁・老中格	公儀目付、徳川慶喜側近	会津藩公用人	建白当時の肩書
奥殿藩・竜岡藩	津和野藩	会津藩	出身藩
病夫譫語	議題草案	管見	建白書名
慶応3年10月	慶応3年11月	慶応4年6月	提出時期
徳川慶喜	徳川慶喜	薩摩藩	提出先
権限は十分に明記されず。議会決議に拒否権はなし。	改元、暦法、叙爵、神仏両道の長。議会決議に拒否権なし。	叙爵、度量の制定、神仏儒の長。	天皇
上院：諸大名から10名を選出。 下院：大名・小名の中から30名を選出。	上院は各藩の藩主。 下院は各藩が藩士を1人選出。	上院：公卿と諸侯より。 下院：藩士より選出。1万石で0.5人、5万石で1人、10万石で2人、20万石で3人の割合。	議会
下院に直属して外務や財務の行政が行われる。議会統治制度。	徳川家当主が世襲で大君職を継承し、行政府の長となる。大君は5人の大臣を任命する。	記載なし。	内閣と行政
記載なし。	記載なし。	職業選択の自由。均分相続。身分・財産を不問に平等に教育を受ける権利。女子教育の振興。平等に課税するが、遊芸・遊郭などの税は重く、生活必需財への税は軽く。	国民の権利・義務
藩に代わって州郡を設置。州ごとに地方議会を設置。	藩はそのまま。	封建制と郡県制の中間を模索。	地方自治
諸藩の軍をなくし、大君が国軍の軍事指揮権を一元的に掌握。	当面、従前通り、軍は徳川と諸藩がそれぞれ持つ。	藩士は禄に応じて一家に1人ないし0.5人を兵士として出す。徴兵制。	軍

表２－２　六つの憲法構想の比較

起草者名	ジョセフ・ヒコ（濱田彦蔵）	赤松小三郎	津田真道
建白当時の肩書	『海外新聞』発行人	上田藩士 薩摩藩の兵学教授 会津洋学校顧問	開成所教授
出身藩	播磨（姫路藩内）の百姓	上田藩	津山藩
建白書名	国体草案	御改正之一二端奉申上候口上書	日本国総制度
提出時期	慶応元年３月	慶応３年５月	慶応３年９月
提出先	徳川政権（ただし受理されず）	松平春嶽 島津久光 徳川政権	不明
天皇	記載なし。	行政府の長。議会決議に拒否権なし。	通常は政治に参加せず。「極重大事件」のみ勅許を下す。
議会	第一院：国持大名と御三家。 第二院：すべての譜代大名。 第三院：大百姓・大商人より選出。	上院：公卿・諸侯・旗本より30人を入札で選出。 下院：国をいくつか束ねた選挙区より入札で130人を選出。	上院：各藩の藩主。 下院：国民10万人につき１人の議員を「推挙」。
内閣と行政	徳川政権の行政機構をそのまま継承。	天皇の下に内閣を組織。「大閣老」など６人の大臣と高官を議会が選出。議院内閣制。	連邦政府の「大頭領」を選出。６人の大臣は大頭領が任命。
国民の権利・義務	信教の自由。言論・出版・集会・請願の自由。	法の下の平等。個性の尊重。職業選択の自由。勤労の義務。義務教育。納税の義務と課税の平等化。ただし遊楽業への税は重くする。	記載なし。
地方自治	藩はそのまま。ただし年貢収入の１割を国に上納。	記載なし。	藩はそのままで連邦制。
軍	陸海軍の軍事指揮権は徳川大君。諸藩の軍もすべて大君の指揮下に入る。	最新鋭の兵器を備え、平時は軍人の数を少なく。常備軍は陸軍２万8000人、海軍3000人。日頃軍事訓練し、戦時は国中の男女が民兵。	大頭領が全国軍務の長官。ただし徳川家の支配する関東領の陸軍はそのまま。

さらに「禁令」として「公卿殿上人は山城国より外出不叶」とある。皇族と公卿は山城国から出てはいけないというのだ。天皇は、祭祀と儀礼に特化した存在である。

山本覚馬「管見」(以下、山本案)

天皇は「王」とされ、「官爵の権、度重の権、神儒仏の権、議事院の吏長を黜(しりぞけ)る権」の権利を有する。西案に似ているが、議会の議長を罷免する権利が追加されている。

六案の比較

天皇の職務を祭祀、叙爵、改元、暦法などとしている点で、西案と山本案は似ている。天皇を基本的に行政に関与させないようにしており、江戸時代の天皇の権限を成文化しようとしたものと言えよう。まさに象徴天皇制と言える。

津田案も、天皇は「極重大事件」に勅許を下す以外は政治に関与しない存在である。

赤松案と松平案は、天皇を名目的に行政府の長としているが、天皇は議会の決議事項には従わねばならず、拒否権を行使してはならないと規定している点で共通する。

いずれも、天皇に政治的な大権を持たせようという発想は見られず、「君臨すれども統治せず」の線に沿っている。これは、江戸時代の知識人の標準的な発想であったと言えるだろう。政権を掌握した薩摩・長州は、天皇を神格化し、軍の統帥権など強大な権力も付与したが、彼らの思想は江戸時代の人々の平均的な感性からは乖離していたのだ。

「議会の権限」について

ヒコ案

議会は「大評定所」と呼ばれ、三院制である。「第一之詰所」と呼ばれるものが国持大名からなる第一院であり、「第二之詰所」が二〇歳以上のすべての譜代大名からなる第二院である。そして「第三之詰所」として百姓と町人からなる第三院がある。大評定所は、立法、課税額の決定、条約の締結、教育、国防、貨幣の鋳造などの権限を持つ。しかし課税についての事柄のみ、百姓・町人から成る第三院が、他の二院に優越して制度の原案を定めることができる。税制のみ庶民の第三院に優越権を与えているのは、特記すべき特徴であろう。

赤松案

議会は「議政局」と呼ばれ、上局と下局に分けられる。「此両局ニて総而（そうじて）国事を議し、決議」とされ、議会は国権の最高機関であることが明確に規定されている。議会権限としては、「旧例之失を改め、万国普通之法律を立、并（ならび）ニ諸官之人撰を司り、万国交際、財貨出入、富国強兵、人才教育、人気一和之法律を立候を司り候」とされた。万国に通用する普遍的な立法、条約の締結、予算の策定、国防と教育、さらに行政の諸官吏を人選する権利まで含まれている。官吏の人選は、現行の日本国憲法にもない議会権限であり、赤松案のユニークな点だ。

津田案

議会は「制法上下両院」と呼ばれる。立法権については、「制法之大権は、制法上下両院と総政府の分掌」と規定されている。すなわち立法権は、議会が行政府と分担して持つ。また議会の役割として「日本全国政令之監視」が挙げられる。行政府を監視する機能である。

松平案

議会は「議事院」と呼ばれ、上院と下院がある。「法御国政都而（ほうここくせいすべて）、右両所之議ヲ経而、然ル後、御奏聞」とされ、「法」も「国政」も、すべて上下の議会が決めたうえで、天皇に奏聞するとしている。つまり、立法権も行政権も議会に帰属する。「下院ニ会計、外国、曲直裁断之職ヲ分」と述べられ、下院のなかに「会計」（財務）や「外国」（外交）などの行政機能も設けられる。また「曲直裁断」は裁判をさし、司法機能をも下院に直属させようとしている。松平案は、三権分立ではない。議会が行政も裁判も執り行なう、議会統治制度である。

西案

議会は「議定院」と呼ばれる。「是ニ立法之権あり」とされ、立法権は議会に帰属する。他の権限として、「公府高割税入之多寡」（租税の税額の決定）、「内外征伐和睦、臨時之大評議」（開戦・終戦を決議する臨時の議会）、「外邦交際之大法」（条約の締結）等が挙げられている。さらに議会は、宰相（大臣）候補として議員のなかから三人を推薦し、大臣は行政府の長たる大君が任命するが、五人の大臣の少なくとも一人を、議会が推薦した三人のなかから選ばねばならない、とされる。また議会は、大君の大臣人事を承認する権限を持つ。

山本案

議会は「議事院」と呼ばれ、上下に分かれる。また立法権は議会に帰属し、三権分立が規定されている。

六案の比較

津田案のみ議会と政府が立法権を分担して持つ、としている。他の五案は議会に立法権が帰属している。各案のユニークな点を抽出すると、赤松案は議会が行政府の諸官の人選をも行なうとしている点、ヒコ案は課税額という庶民生活に直結する部分の決定について百姓・町人の第三院に優越権を与えている点、松平案は行政も司法も議会に直属する議会統治制度を採用している点、などが挙げられる。

上院と下院の議員選出方法

ヒコ案

第一院は、外様の国持大名と徳川御三家が議員となる。議長は、御三家から交代で出す。藩主が幼少のときは、重臣が代わりになることができる。第二院は、二〇歳以上のすべての譜代大名が議員となる。第三院は、百姓と町人から成るが、百姓は三〇～五〇石以上の農地を所有する者、町人は千金以上の財産を持つ者と財産制限が付いている。この有資格者のなかから、国ごとに三万人に一人の割合で議員を「選出」する。

赤松案

上院議員は、公卿・諸侯・旗本のなかから三〇人を「入札」（選挙）で選出する。

下院議員の選出は、「下局ハ国之大小ニ応して、諸国より数人ツヽ、道理ニ明なる人を自国及隣国之入札ニ而撰抽し、凡（おおよそ）百三十人」とされる。すなわち、国をいくつか束ねた大きな選挙区より数人ずつ、「入札」で一三〇人を選出する。さらに「其両局人撰之法ハ、門閥貴賤ニ拘らす、道理を明弁し、私無く且人望之帰する人を公平ニ撰むへし」と明記されている。議員の選出は、藩の枠組みを超えた大きな選挙区から、家柄や財産は不問とし、私欲のない人物を「公平」に選ばねばならないとしており、普通選挙を志向していることは明らかである。

津田案

「制法上院は万石以上たるべきこと」とされている。つまり上院について、一万石以上の大名が自動的に議員となる。当時、万石以上の大名は三〇〇人ほどいたから、議員数も三〇〇名となる。

下院議員は、「日本全国民の総代にして、国民十万人に付壱人ヅ、推挙すべき」と記されている。すなわち藩の枠組みを超えて、国民一〇万人につき一人の議員を「推挙」せよという。「国民」という表現を使用していることから、被選挙者は武士のみならず庶民まで含めていることがわかる。もっとも選挙権に財産制限があるのか否かについては言及されていない。また「推挙」とは、「選挙」の意味で使っていると思われる。当時の日本の総人口は三〇〇〇万人ほどであったから、国民一〇万人につき一人の議員を選べば、下院の議員定数も三〇〇人ほどとなる。

松平案

上院議員は、「上院議事官十名、諸大名之内ニ而人選」とあるので、諸大名のなかから一〇名を選出する。「御当家ニ而ハ、上院議事之上位」と規定され、上院議長は徳川大君が世襲で就任する。

下院議員は、「大名小名無差別人選」とあり、石高を問わず、大名、小名〔旗本〕から三〇名を選出する。

松平案では上下両院の議員数は非常に少なく、また議員資格は、上院は諸侯のみで、下院は諸侯〔大名〕と旗本〔小名〕にのみに与えられる。

西案

上院議員について、「上院は、万石以上大名列席」とあり、すべての大名が自動的に上院議員となる。「下院は、藩士壱藩壱人」とあり、各藩の代表として藩士を一人ずつ選出する。庶民の被選挙権については、「百姓町人も未タ文盲之時ニは」として、識字能力の欠如を理由に参政権を退けている。西案の上院議員は藩主、下院議員はその家臣ということである。

山本案

上院議員は「縉紳（しんしん）〔身分の高い人〕家又ハ諸侯」とあるので、公卿ないし諸侯より上院議員を選出する。

下院議員については、諸藩の藩士から選出されるとされ、一万石で〇・五人、一〇万石で二人、二〇万石で三人の割合で議員を選ぶ。庶民の参政権については、「文明政事開ニ従テ、四民より出べし、然れども方今人材非士はなし、故に王臣又は藩士より出べし」としている。すなわち下院議員は、文明開化が進んで人材教育がゆき届けば庶民の参政権を認めるべきではあるが、教育が行き届いていない当面は藩士に限定するということである。

六案の比較

庶民にまで参政権を認めているのが、ヒコ案と赤松案と津田案である。ただしヒコ案には、財産制限がある。赤松案の下院は、身分・財産制限なく「入札」で選出すると規定しているので、普通選挙である。津田案も、庶民を含めた「国民」から選挙によって議員を選出しようとしていた。ヒコも赤松も津田も、藩の枠組みを超えた広域的な選挙区から国民代表を選ぼうとしており、いずれも「列藩会議論」には該当しない。

西案と山本案は、教育の不足を理由に、当面は庶民に参政権を与えるべきでないとしている。西は、庶民を「文盲」と呼んでいるが、彼は農村部の実情をよく知らなかったようだ。ヒコ、赤松、津田は、庶民の識字率の高さを知っており、庶民の参政権は充分に可能と考えたのであろう。

実際のところはどうなのだろう。当時の公儀直轄の農村部などにおいて、名主など村役人を「入札」、すなわち選挙で選出する慣行は普通に行なわれていた。通常、自作地を持つ本百姓には選挙権があり、一戸に一票が与えられていた。世帯主が女性の場合、女性が投票することもあった。日本の近世教育史を研究するリチャード・ルビンジャーは、駿河の三宿村の現存する入札の投票用紙の分析から、投票権のあった本百姓の世帯主は、七～九割の世帯主が漢字を交えて候補者の名前を記入し、投票できていたとしている。[★50]街道ぞいの開けた村の事例であるが、本百姓の世帯主の少なくとも七割は、人の名前を記述して投票できるだけの識字能力があった。近代民主主義や男女同権への備えは、武家社会よりも、自治の伝統を有する百姓や町人の方が高かったと言えるだろう。「水呑百姓」出身のヒコが、アメリカ流の民主主義に順応し、日本でもそれを実現可能と考えたことは、その事実を雄弁に物語っている。

赤松が建白書で用いた「入札」は、西洋の政治用語の翻訳でなく、江戸期の農村に広く見られた村方役人選挙をさす和語である。赤松はそうした「入札」慣行を見聞していたからこそ、これを使用したのであろう。

次に松平案について見ておこう。松平案は、諸侯と旗本にのみ議員資格を与えるものなので民主的ではないが、「列藩会議論」とは異なるユニークな内容である。松平案は、議会に行政機能も裁判機能も帰属させる議会統治制度であり、これは徳川政権の慣行を継承しようとしたものである。おそらく松平は、上院を徳川政権の老中と若年寄を合わせたもの、下院は勘定奉行・外国奉行・寺社奉行・町奉行などを包括し、行政機能と裁判機能も合わせ持つものと考えていたのだろう。[★51] 松平案は、西洋の模倣ではなく、江戸の制度を延長した日本独自の近代化を志向していた点で独創性がある。ちなみに松平乗謨も、後述するように、地方議員の選出については「入札」の導入を提案している。

総じて、「列藩会議論」に該当しそうなのは西案のみである。戦後歴史学が、西案のみを「幕府」側の構想として論じてきたのは、彼らの構築した〝物語〟に合致しそうなのが、西案のみだったからなのかもしれない。

余談になるが、後年の明治七年（一八七四）になって、国会開設と庶民の参政権を求める「民撰議院設立建白書」が出された。その際、『明六雑誌』の誌上で、津田は賛成論、西は時期尚早論を唱えた。津田は「人民をして国事に干与（かんよ）せしむるなり」「民撰議院を創（はじ）むるに如（し）くはなし」として、納税額の制限を付けることを「やむを得ざるの策」として消極的に承認しつつも、納税要件を満たすすべての男子に参政権を付与することに賛成した。[★52] 一方の西は、「真の民選議員なるものは、この半開化の国にありて、にわかに行うべからざる」ことと論じ、日本を「半開化」と断じて、庶民の参政権を退け、まずは官選議会で議会運営の経験を積んだのち、後日を期すべきと唱えた。[★53] 慶応三年（一八六七）の津田と西の主張の差異は、そのまま明治七年にまで引き継がれていることがわかる。民選議員論争は、じつは慶応三年にはじまっていたのである。津田と西は、オランダ留学で同じ学問を身に付けて帰国したにもかかわらず、日本の庶民の知性を信頼しているか否かで、根本的な認識の相違があった。

「内閣と行政」について

ヒコ案

行政機構は、基本的に従来の徳川政権のそれをそのまま継承する。行政府の長は徳川大君であり、世襲される。老中・若年寄などの役職もそのままである。ただし徳川の行政機構は司法・立法機能も担っていたが、立法権は「大評定所」へ、司法権は「調所」（裁判所）へ移管される。

赤松案

「天子」を補佐する六人の「宰相」（大臣）で内閣を組織する。宰相は、大君・公卿・諸侯・旗本のなかから選ばれ、「大閣老」（首相）、「銭貨出納」（財務）、「外国交際」（外務）、「海陸軍」、「刑法」、「租税」をそれぞれ担当する。議会権限に「諸官之人選」があることから、六人の宰相はおもに公卿・諸侯・旗本からなる上院のなかから、宰相を支える次官級の諸官は、下院のなかから選出することを想定していたのであろう。これは議院内閣制である。

津田案

総政府（連邦政府）のなかに、「国内事務、外国事務、海軍、司法、寺社、財用・貨幣鋳造・会計」の六局を設け、その「参与」（大臣）は「大頭領」が任命するとされた。さらに「大頭領は、兼て日本全国軍務の長官たるべき」とされ、大頭領が国軍司令官も兼任するとされている。しかし、肝心の「大頭領」の選出方法は記載されていない。

松平案

先に述べたように、下院のなかに行政機能も存在するので、議会から独立した内閣は存在しない。

西案

「大君は行法之権之元首」とあり、徳川家当主が世襲で大君職を継承し、行政府の長となる。大君は「全国事務府」、「外国事務府」、「国益事務府」（道路、鉄道、鉱山開発、海運など）、「度支事務府」（財務）、「寺社事務府」という五人の「宰相」（大臣）を任命し、行政を行なう。また「大君」は上院議長も兼ね、議会の解散権も持つ。大君の権限が非常に強い一方で、五人の「宰相」の任命には議会の承認が必要で、「宰相」のなかの少なくとも一人は、議員が推薦した三人の現役議員のなかから選ばねばならない。議会の権限もそれなりに強い。行政と議会が相互に権力を抑制しようという仕組みになっている。

山本案

行政機構の説明が欠落している。山本案は前述のように、獄中で参考文献なしに口述されたものであるから、不備があるのもやむを得ないだろう。

六案の比較

ヒコ案は、徳川の行政機構を基本的に引き継ごうとしているのに対し、赤松・津田・西は、新たに五人ないし六人の大臣からなる内閣を組織して行政機構を運営しようとしている。赤松案は、議会が大臣以下の行政諸官を任命する議院内閣制である。

西案では、内閣は大君が任命するものの、大臣の少なくとも一人は現役議員でなければならず、その他の大臣も議会の承認を必要とするので、議会から超然とした内閣は成立し得ない仕組みになっている。西案の問題点は、徳川家の大君が行政府の長であると同時に、上院議長も兼ねるという点にあろう。世襲君主に過大な権限と実務負担を負わせすぎなのだ。世襲君主は能力のない人物が就任することも避けられないから、過大な権限と実務負担を強いれば、国家の危機を招きかねない。

津田案は、関東領で世襲される「大君」と「総政府」（連邦政府）の「大頭領」を分離している。おそらく津田は、大君と大頭領は同一人物がなることも可能であるが、別人でもよいと想定していたのだろう。世襲制の大君では、器量がともなわない場合、連邦政府の大頭領を兼任するのは荷が重い。ゆえに、「大君」と別に「大頭領」という職務を設置したのであろう。大君に充分な能力があれば大頭領を兼任することも可能だが、そうでなければ大頭領は有能な人物を別に選ぶこともできる。しかしながら津田は、肝心の「大頭領」をどのように選出するのかについて規定をしていない。この点について結論にいたらなかったのであろう。

「国民の権利と義務」について

国民の権利と義務についての規定があるのは、ヒコ案・赤松案・山本案の三つである。津田・松平・西という徳川政権の内部から出てきた建白書には、国民の権利や義務についての記載はない。

ヒコ案

国民の権利の規定は明確である。第一九条には「評定所にては、宗旨之法立又は宗旨を学ぶ者を差止る法等は、決して致す事無之候」とある。議会が、信仰を規制するような法律を制定してはならないという意味で、信教の自由の規定である。続く第二〇条には「万民に於ては、自由に説話いたし、又は新聞に書載候事、太平之世には之を指留（さしとめ）る事無之候。又は人民聚合（しゅうごう）致し候ても之を指留る事不相成事。尤其聚合之訳は、悲哀の事有之候に付、政府え歎願致し候為めなり」とある。「聚合」とは集会のことであり、これは言論・出版・集会・結社の自由の規定である。

先進的な規定であるが、それもそのはずで、これはアメリカ合衆国憲法修正第一条「Congress shall make no law respecting an establishment of religion, or prohibiting the free exercise thereof; or abridging the freedom of speech, or of the press; or the right of the people peaceably to assemble, and to petition the government for a redress of grievances」（連邦議会は、国教を樹立し、若しくは信教上の自由な行為を禁止する法律を制定してはならない。また、言論若しくは出版の自由、又は人民が平穏に集会し、また苦痛の救済を求めるため政府に請願する権利を侵す法律を制定してはならない」）を、二つに分割して、翻訳したものなのだ。

ただし修正があって、合衆国憲法においては、無条件で信教・言論・出版・集会の自由が認められているのに対し、ヒコ案では信教の自由は無条件であるが、言論・出版・集会の自由には「太平之世には」という付帯条件が付けられている。ヒコは、戦時など非常時に、これらが制限されるのもやむを得ないと考えていた。

赤松案

「国中之人民平等ニ御撫育相成、人々其性（そのさが）ニ準て充分を尽させ候事」とある。「国中之人民平等ニ御撫育」とは簡潔な表現ではあるが、すべての国民一人ひとりを平等に扱って育め（はぐくめ）ということなので、近代憲法の根幹である法の下の平等を含意しよう。「人々其性に準て充分を尽させ」とは、人間一人ひとりの個性や適性に合わせ、各々自分のやりたい仕事を存分に尽くすべきということなので、国民が個人として尊重され、職業選択の自由もあることを含意している。

赤松案は、納税の義務について、「百姓之年貢掛り米を減し、諸民諸物ニ運上を賦し、遊楽不要ニ関り候諸業諸品ハ運上之割合を強くし、諸民平等ニ職務ニ尽力」とする。百姓に対して重すぎる税率を引き下げ、あらゆる職種へ平等に課税せよということである。ただし「遊楽」関連の業種については、例外として税率を高くせよ、という。

教育については「漸々諸学校を増し、国中之人民を文明ニ育候儀、治国之基礎」とする。すべての国民に教育を与えて文明人とすることが国を治める基本というのだから、義務教育の規定である。

山本案

「国体」の項目で、「人を束縛せず、其所好（このむところ）をなし、長技を尽くさしむ可し」とある。諸個人が束縛されず、その長所を伸ばすようにすべきということであり、これも個性の尊重や職業選択の自由を含意していると言えるだろう。さらに「従来上下隔絶の弊を止メ、貴賤混淆学術技芸を磨しめ、官ニ当るは貴賤等級を不論（ろんぜず）」とある。つまり、身分制度をなくし、「貴賤」で差別することなく、誰でも学芸を磨き、官吏の採用にも出自を問うてはならないとする。「国体」の項目で人権を規定している点も重要である。山本は天皇よりも国民中心の「国体」を考えていた。

教育については、「女学」の項目をわざわざ設けて、女子も男子と同様の教育を受けるべきであること、さらに「才女は猶学ハすべし」として、女子にも高等教育を受けさせる必要性を唱えている。山本が女子教育を強調した点は、他の建白書には見られず、特筆されてよいだろう。

納税については、「四民ともに賦を平均するを善とす」とし、課税の平等化を唱えつつ、「遊芸其外遊女屋等、益なき者にハ多分賦を収しめ」とする。つまり遊郭などの産業は「益なき」とし、例外的に税を重くすることを唱えている。また、「平均法」という項目のなかで、財産について長子相続から均分相続への転換を唱えている。

三案の比較

三案を比較してみよう。アメリカ帰りのヒコ案はアメリカ流の人権規定であるが、海外経験のない赤松案・山本案がそれに比べ劣っているとは言えない。ヒコ案は諸個人の自由を侵害しないよう国家の行動に足かせをはめるというものであるのに対し、赤松案と山本案は諸個人の個性・長所が持つ可能性を開花させるべく国家は教育などでサポートすべきという発想に立っている。国家に単にマイナス行為をさせないだけでなく、プラス行為をするように命令しているもので、西洋の人権概念の模倣ではない、江戸時代の儒教の影響を受けた内発的な人権概念であると思われる。これについては第6章と終章でも論じたい。また、赤松案と山本案は課税に関する考え方もそっくりであり、親交のある二人が日頃こうした問題を討議していた可能性をうかがわせるものである。

海外経験のない赤松と山本の案は、個人の権利を全面に出したヒコ案とは異なる表現であるが、国民の平等と諸個人の個性を尊重することが強調されている。課税の平等化と、例外として賭博や遊郭などへの税率の引き上げが唱えられているのは、二人に共通する。

これまで、「幕末」の議会論は領主支配や身分秩序を解体するヴィジョンまで提起していない、と考えられてきた。赤松の構想を評価した、憲政史を研究する奥田晴樹であっても、赤松の建白書に「国中之人民平等ニ御撫育」とあることについて、この「平等」は貢租負担の平等化のみをさすものであるとし、赤松案の上院議員が「公卿・諸侯・旗本」から選出されることをもって、領主権力や身分秩序の解体にまで踏み込んでいないと論じている。[★54]

しかし赤松が、議員の選出や官吏の人選について、「門閥」や「貴賤」を基準にしてはならないとくり返し述べていることを見ても、「国中之人民平等」の規定は、課税に限定したものではなく、身分にとらわれず、国民一人ひとりが平等に個人として尊重されることを謳ったものであろう。赤松案で、上院議員が「公卿・諸侯・旗本」に限定されているのは確かであるが、これは建白した時点で与件として存在した身分制度に規定されているのであって、その身分をそのまま永続させようと考えてのことではない。それをもって封建制の存続だと言うのであれば、近代資本主義の最先端であったイギリスも、貴族しか上院議員になれないのだから、封建制とされねばならない。当時のイギリスは下院議員にも財産制限があったが、赤松は財産制限を否定していたから、少なくともイギリスより先進的なのである。

武力革命でないかぎり、何の立法過程も経ることなく、既存の身分秩序を廃止できまい。武力討幕を否定していた赤松は、ひとまず現行の身分秩序を前提として議会を設立するが、ひとたび議会が設立されれば、その後の立法措置によって、旧来の身分秩序や領主権力を改革できると考えていたのであろう。それは赤松が、議会の主務として「人気一和之法律を立」と論じている通りである。「人気一和」とは、すべての国民が平等になるための立法措置を含意している。

ちなみに赤松が、慶応二年（一八六六）に上田藩主の松平忠礼（ただなり）に宛てた別の建白書には、「上下隔絶の儀御廃止、下輩に至る迄言路貫通仕り候様御改正遊ばされ、人才御撰抽の儀は門地格禄に毫（ごう）も拘泥せず、其の人々の学術智略御撰用相成り候儀緊要に候」★55と記されている。領内において上下を隔てる身分制度を廃止し、身分の低い者であっても自由に意見を述べる権利を与えるよう制度を改正すべきこと、さらに、人材を選ぶ際、門閥や家禄は一切不問にして、その人物の「学術」と「智略」を基準にすべきことが提起されていた。山本案にある「上下隔絶の弊を止メ……」と文言もよく似ており、二人がこの点でも同じ考えを持っていたことがわかる。

「地方自治」について

地方自治に関して、ヒコ案・赤松案・津田案・西案・山本案は、藩の存続を当面の前提としている。西案では、上院も下院も藩を単位に議員を選出させるので、藩の枠組みが強固なものになる。それに対し、ヒコ案・赤松案・津田案・山本案は、藩の力を弱めようとしている。赤松と津田は、下院議員選出の母体を藩から切り離し、より大きな選挙区から選出することとし、議員を藩の拘束から解放しようとしている。ヒコ案は、各藩の年貢収入の一割を大君政府に拠出させ、中央の権力を強化しようとしている。山本案も、「封建と郡県との間の制度を立つべし」としており、藩は当面の存続を許容しつつ、中央政府の権限を大きくして、藩を近代的自治体へと移行させせようとしている。

特筆すべきは松平乗謨の案で、明確に藩の廃止を目指している。松平案では、各藩の領地の三分の二を召し上げ、「州郡」を設置し、州郡議会を上・下に分け、藩主は州郡の上院議員に、藩士は「入札」で下院議員になる。これは廃藩置州構想と呼び得るもので、封建制から近代的な中央集権体制に移行させせようとしている。

もっとも、松平案を実行に移そうとした場合、外様の西南諸藩（薩長土肥）は激しく抵抗していたであろう。松平も、これに抵抗する諸侯は、断然武力で討伐せよと主張しているので、内戦の勃発は避けられなかっただろう。松平構想は、明治維新の逆ヴァージョンで、その内戦に徳川が勝利し、諸侯の力を削いで、「廃藩置州」を断行するというシナリオであった。従来、明治維新政府であったからこそ廃藩置県を断行できたと考えられてきたが、松平案は、徳川政権であっても廃藩置県を断行した可能性を示している。

歴史学者の三谷博は、松平乗謨の建白書を評して、「狙いの方向としては明治政府が実行した改革と変わりがなかった」[★56]としている。しかしながら、中央集権という点では共通していても、松平案は天皇が神格化されていないので、より世俗的で近代性が高いと言えよう。

「軍事」について

ヒコ案

陸軍・海軍の大将は、大君であるとされる。諸大名の家来も大君の下知に従わねばならないとされ、藩はそのままであっても、軍事指揮権は大君に一元化される。また陸海軍の建設費用については、諸大名の年貢収入の一割を大君政府に上納し、軍備に充てるとされた。

赤松案

平時において「兵ハ数寡(すくな)くして、利器を備へ熟練せるを上とす」とあり、最新鋭の兵器を備えることを前提に必要最小限の軍備を訴えている。国軍の常備軍は志願兵制であり、陸軍二万八〇〇〇人、海軍三〇〇〇人、合わせて三万一〇〇〇人。必要最小限の兵力であった。常備軍は、当初こそ武士から選抜するが、徐々に庶民に門戸を広げた志願兵制に切り替える。

しかし外国から攻められた場合、この兵力では到底足りないであろう。そこで戦時になったら、松平春嶽宛の建白書では「乱世ニハ国中之男女尽(ことごと)く兵ニ用立」とある。戦時には国中の男女がすべて民兵として防衛に当たるというのだ。そのため「諸民皆其土地へ教師を出して平常操練せしめ」とある。戦時に備え、全国民が軍事訓練を受けよということである。これは徴兵制ではない。ふだんは各々の仕事をしながら、その土地ごとに、定期的に軍事訓練を受けるという構想だ。

ただし、赤松も現実の壁の前に妥協を強いられた。「国中之男女」と書いて、それが批判を受けた模様である。越前藩に続いて薩摩藩の島津久光に宛てに出した建白書では「国中之男女尽く兵ニ用立」という部分を「国中之男子……」と書き換えてしまっていたのだ。[★57]

津田案

海軍は総政府（連邦政府）の所管、陸軍は旧徳川領である関東領の所管とされている。そして連邦政府の「大頭領」が「全国軍務の長官」となる。陸軍を徳川家が掌握し続けるというのは、徳川の権力を温存させるための幕臣としての苦心の案であろう。

松平案

「諸大名私家の兵卒留置候ニ不及義ニ御制度御定」とある。各大名の個別の軍事力は廃止せよということである。さらに「御当家御始諸大名尽く、高三分之二ヲ上納」、「御国之海陸軍御設、各地要所ニ屯営」、「全国守護之兵と仕候」、「御当家ニ而、全国守護兵之惣御指揮」とする。すなわち、徳川家も各大名も領地の三分の二を上納し、それを財源に国軍（全国守護之兵）を建設し、全国各地に駐屯させ国土の防衛に当たらせる。そして、徳川大君は国軍の総司令官となるべきという。

西案

「兵馬戦艦の権は公儀御領は御領限り、諸大名封境内は境内限」とあり、当面は従来通り徳川領も各藩の領内も、それぞれ自前の軍事力で防衛することになっており、国軍の創設は将来の課題となっている。

山本案

武士は禄に応じて、一家族から〇・五〜一人を兵役に出すと規定された。これは武士に限定した徴兵制である。ただし、学術技芸を志す者は、代人を立てることができるとされた。これを実行した場合、国軍の兵力は二〇万人規模になろう。

六案の比較

ヒコ案・赤松案・津田案・松平案は、各藩の独自の軍事指揮権をなくして国軍に一元化しようとしている。山本案は藩の軍事力はそのままに、別途、国軍も創設しようということである。西案は、各藩の軍事権は当面はそのままで、以前と変わらない。松平案と山本案は大きな国軍兵力を志向しているが、赤松案は必要最小限の軍隊を唱えている。

特筆すべきは、赤松案であろう。赤松は、職業軍人は志願兵制に切り替え、武士身分そのものを解体しようとしている。平時は最小の防衛力とする一方、戦時にはすべての男女が防衛義務を負う。これは近代民主国家の国民軍の構想である。赤松においては、国防の義務と国民の政治参加の権利はセットと考えられていたはずである。防衛義務が男女平等に課されるということは、赤松は女性参政権も認める立場だったと思われる。ジェンダー平等の思想が拡大した近年、二〇一五年にはノルウェーで、二〇一八年にはスウェーデンで女性の徴兵制が始まったが、赤松は一五〇年前からそれを訴えていたのである。ただし赤松案は徴兵制でなく在地の軍事訓練のみなので、現代の視点でもユニークな制度を構想していた。

六つの憲法草案の実現可能性

慶応年間、日本で最初の憲法草案作成の波があった。徳川政権の側から出された憲法草案としては、津田と松平と西の三つの構想があり、徳川自らが議会を設置しようと動いていたことを示すものである。仮に明治維新がなく、徳川が自らの政体を近代化させていったとしても、薩長政権よりも早く議会を誕生させ、立憲政体に移行していたであろう。

もっとも、徳川側から出された三つの憲法構想の内容は大きく異なっている。徳川政権が自らを近代化させていったとしても、三つの案のいずれが選択されるかで、その後の国の形は大きく変わってきたはずである。西案は従来の藩制度をベースにしたもので、松平案はそれと正反対な中央集権化、津田案は西案と松平案の中間と言える連邦制国家のプランであった。

西案は、従来の藩の枠組みを維持しつつ、諸藩代表で構成される議会に立法権を帰属させようというものであった。一方で、徳川大君は、上院の議長職を兼任し議会の解散権を持つ、という強い権限で立法権を抑制する。

松平案は、諸侯の封土の三分の二を上納させ、廃藩置州を断行しようという中央集権化プランであった。これを断行すれば、西南諸藩の激しい反発を生み、内戦が勃発していたであろう。陸軍総裁であった松平乗謨は、自らフランス式陸軍を率いて断固たる決意で決戦に臨むつもりであった。ここで徳川軍が勝利すれば、廃藩置州を断行し、安定政権が実現していた可能性はあっただろう。松平案は、藩の廃止と中央集権化という点で、明治維新が実現した体制に近いが、天皇が神格化されていない分だけ、王権神授説の大日本帝国より近代的な国になっていたであろう。

津田案は、上院こそ藩主であるが、下院は藩の垣根を越えて国民代表を選び、封建制から近代的な連邦制国家へと移行させようとしていた。津田の念頭にあったのはドイツ連邦であろう。津田がこれを起草した当時、まだドイツ統一は完成していなかったが、プロイセンを中心に北ドイツ連邦が形成されていた。北ドイツ連邦は、連邦を構成する諸領邦の代表からなる連邦参議院と、国民代表からなる帝国議会を持つ二院制で、帝国議会は男子二五歳以上の普通選挙が導入されていた。津田案における上院はドイツ連邦参議院に相当し、藩の垣根を越えて選挙で国民代表を選ぶ下院はドイツ帝国議会に対応する。津田案の上院は封建的であっても、下院は近代的である。津田のプランを「封建議会論」と規定する論者は、ドイツ連邦も封建的とせねばなるまい。

以上の三案は、いずれも実現可能性があったが、大なり小なり徳川家が持つ特別な権力を温存させようとしているため、西南諸藩との軋轢（あつれき）は避けられなかったであろう。松平案は内戦の可能性が高いであろうし、西案でも西南諸藩の大きな反発を招いたであろう。比較的穏健なのは津田案であるが、陸軍を連邦政府の所管ではなく、徳川の所管としている点など、反発を生む要素がある。

その点、赤松案と山本案は、親徳川の立場に立つものではない。徳川も外様諸藩も対等な立場で、天皇の下での挙国一致の新政権に参加する内容であった。特定勢力に偏向していないので、対立する諸勢力を和解させ、近代国民国家にソフトランディングさせる可能性があったと言えよう。

ヒコ案は、徳川の行政機構はそのままなので、それだけを見ると保守的であり、西案や津田案以上の親徳川にすら見えるが、同時に庶民代表も含む議会と裁判所を設立し、三権分立を実現しようという点はラディカルである。非常にユニークな近代化プランであった。

おわりに

六つの憲法構想のすべてに共通する点として、まず強調せねばならないのは、天皇の影の薄さである。

いずれも天皇の権限を、「君臨すれども統治せず」の線に留めている。江戸時代の天皇の象徴的な地位を継続しながら近代化しようというもので、いずれの案であっても、明治維新が生んだ天皇を神格化する祭政教一致体制とは、大きく異なる近代国家を生んだはずであった。講座派が述べる「天皇制絶対主義体制」なるものに、歴史の必然性などなかったのである。

もっとも、六つの構想が目指した方向性は、それぞれ大きく異なるものであった。図２－６は、縦軸に中央集権化の度合い、横軸には参政権の範囲をとって、それぞれの構想を位置付けたものである。中央集権化の度合いを見ると、廃藩置州構想の松平乗謨案が一番上にくる。他の案は、いずれも藩を当面維持させようとしている。もっとも上・下両院が藩の拘束を受けず、議会と中央政府が藩から独立して大きな権限を持っている赤松案は比較的上に位置付けられ、他の四つの案は上院ないし両院ともに藩の拘束を受けるため、やや下方に位置付けられよう。藩の枠組みが、軍事権も含めて従来のまま存続する西案がもっとも下になろう。

図２－６　六つの憲法構想のパースペクティヴ

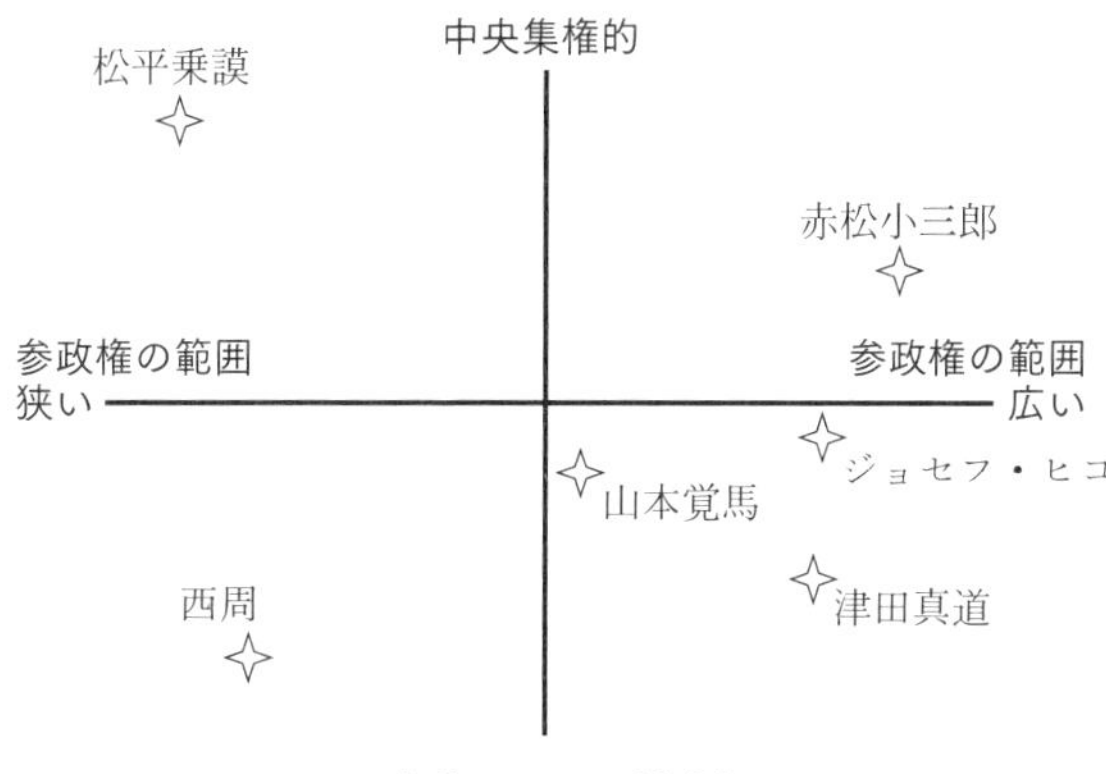

横軸の〝参政権〟の範囲を見ると、身分と財産による制限のない普通選挙を目指している赤松案が最も右に位置する。ヒコ案は庶民に議員資格があるものの、財産制限を付している分、赤松案より左に位置する。津田案も庶民に参政権を広げようとしているので右に位置しよう。山本案は、当面は藩士のみだが、開化にそって庶民にも参政権を広げようという志向性が見られるので中央付近である。西

と松平は、庶民の参政権はなく、議員資格は藩士までなので（松平案で藩士が議員になれるのは、州議会のみ）、もっとも左に位置することとなろう。

一口に「幕末議会論」と言っても、それがもたらす近代日本のパースペクティヴは、このように広範囲であった。「幕末議会論」は、「列藩会議論」「封建議会論」などと主張されてきたが、それに該当しそうなのは西周の案のみである。その西案も、諸侯に付与した立法権を大君の行政権によって抑制させながら漸次的な近代化を目指すもので、封建制のままとは言い難い。

アメリカ憲法をアレンジして江戸日本に適用しようとしたヒコ案、イギリスを念頭に日本の国柄に合わせイギリスより参政権の範囲を広げようとした赤松案、ドイツ連邦を念頭に近代的な連邦国家を建設しようとした津田案、徳川の行政機構を継承しつつ封建制の廃止を志向していた松平案、「封建と郡県の間」を目指した山本案、いずれも「列藩会議論」ではない。慶応年間の憲法構想は、それぞれ差異はありつつも、近代的な立憲政体を志向していた。

憲政史の専門家の坂野潤治は、本章の冒頭で前述したように「「政府」についても「議会」についても、明確な規定のなかった幕末の「公議会」論には、新政治体制を創設する力がなかった[★58]」と述べ、それゆえ薩長軍が鳥羽伏見で幕府軍を叩く必要であったと論じたが、誤りである。慶応年間の憲法草案には、議会権限や行政機構についての明確な規定があり、いずれにも「新政治体制を創設する力」はあった。

結論として、「幕末議会論」は封建的なものであり、日本を近代化させる力はなかったから武力討幕が必要であったという解釈は、修正されなければならないのである。

[第３章] サトウとグラバーが王政復古をもたらした

はじめに

第2章で慶応年間（一八六五〜六八）の六つの憲法草案を検証して明らかになったことは、日本は江戸時代の「象徴」的な天皇制を継承しつつ、議会制度を創設し、近代化していく道を進んでいたということだ。なぜその道は断たれ、薩摩と長州の武力討幕が成功し、天皇を神格化する祭政教一致体制という、伝統と異なる「国体」が誕生してしまったのだろうか。

講座派史学は、長州や薩摩が勝ったという結果から逆算して、歴史の発展法則に照らして、長州や薩摩が「絶対主義」に向かう進歩的な勢力だったからだという、後付けの解釈をした。講座派の衰退後に興隆した、「日本会議」に代表される右派の歴史観もまた、「絶対主義」という言葉は使わないが、封建制を倒して王政復古を成し遂げた薩長を正義と見るという「物語」の大枠で、左派と大差はなかった。

客観的な条件を見れば、長州藩の攘夷派は、下関海峡での外国船の無差別砲撃、それに続く禁門の変での京都御所襲撃など、無謀なテロの数々によって自滅の途をたどっていた。長州の尊攘派も、基本的には、水戸の尊攘派である天狗党の後を追う形で滅びるはずであった。それにもかかわらず、長州尊攘派は蘇生し、政権を奪取するにいたった。これは歴史の必然ではない。覇権国の介入によってもたらされた偶発的なものだったのだ。

アーネスト・サトウの『英国策論』

「倒幕」と王政復古への世論形成に大きな宣伝効果をあげたパンフレットとして、在日本イギリス大使館の通訳官であったアーネスト・サトウの『英国策論』が挙げられる。サトウの『英国策論』とは、横浜で発行されていた英字紙の『ジャパン・タイムズ（*The Japan Times*）』紙上で、一八六六年三月一六日（慶応二年一月三〇日）から五月一九日にかけて三回にわたって掲載された匿名の論説記事であり、また、それが邦訳されて出版されたパンフレットである。

イギリス本国政府は、公式の立場として、日本の内政に対して中立を維持せよと指示していた。しかしサトウは、英国公使館の一通訳官の立場ながら独断で、日本に対して「根本的な変革（radical change）を厳粛かつ真剣に提唱する」★1と訴える内政干渉の論説記事を公表した。サトウが匿名にしたのは、外交官の立場でこのような論説を発表すること自体、本国政府の中立指令に反するからである。執筆者がサトウであることはすぐに知られることとなったが、サトウは何ら処罰を受けていない。

『英国策論』の骨子を述べたい。サトウの立論の大前提としてあるのは、徳川の大君とは、日本のなかで最大の領土を持つ諸侯の首席に過ぎないのであって、日本全体を代表する存在ではないというものである。それゆえ、大君と結んだ通商条約

図３－１　アーネスト・サトウ（1843～1929）

在日本イギリス大使館の通訳官。日本名で「薩道愛之助」を名乗って辣腕をふるった。本国政府の中立方針を無視し、薩摩・長州に積極的に接近して「革命」を鼓舞した。

は日本全体に及ばず、個々の大名領では効力を持たない。よって、新たに天皇の下で諸侯連合を組織し、「日本の連合諸大名（the Confederate *Daimios* of Japan）との条約をもって、現行の条約を補足するか、または、かの条約をもって現在の条約にかえるべき[★2]」というものである。条約問題を口実として、ミカドの下での諸侯連合政府への変革を促したのである。

サトウは、徳川政権との条約が、ただちに日本全体との条約というわけではないと考えていたのに対し、英国政府の公式の立場は、あくまでも条約は日本と結んだものであって、徳川政権は日本全体を代表する政府であるというものであった。サトウは一外交官の立場でありながら、個人の逸脱行動として、政府の公式見解に反する私見を新聞紙上で公表し、日本の体制変革を促したわけである。このスタンドプレーが、倒幕に大いに貢献することになった。

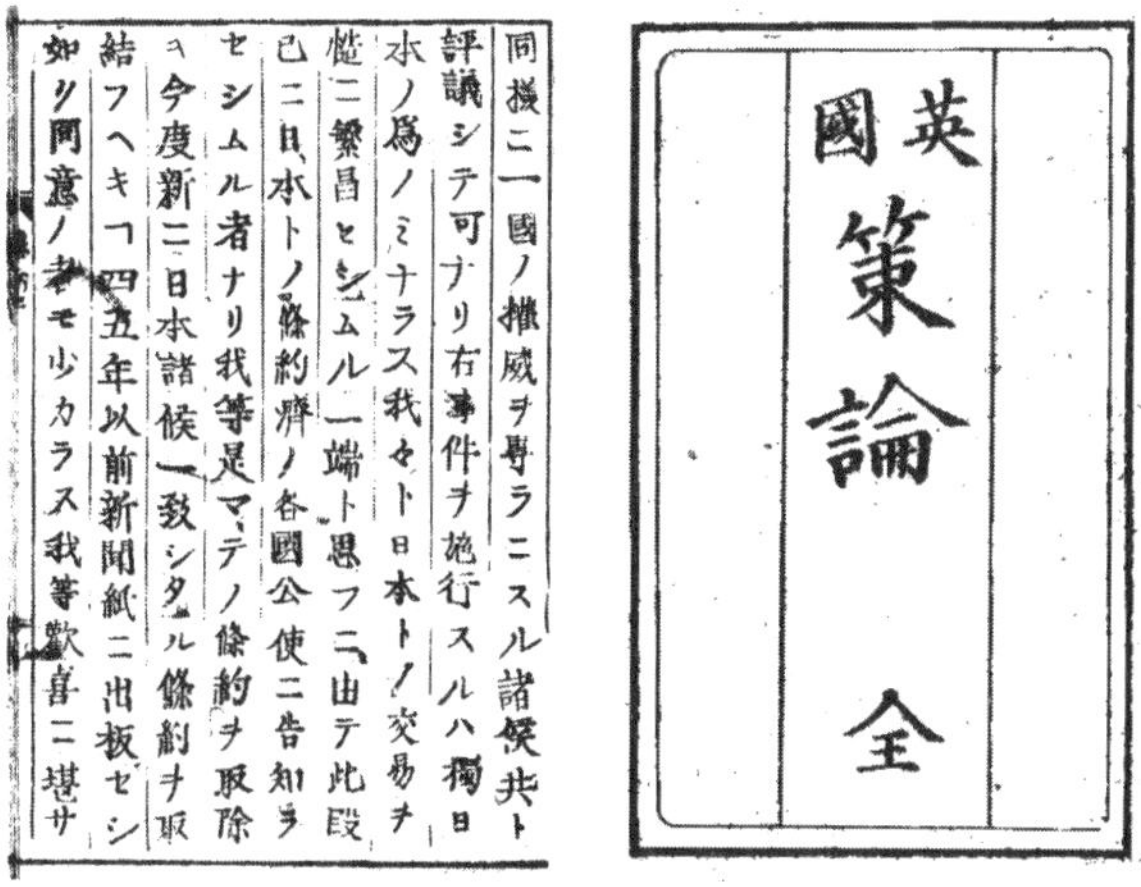

英國策論　全

同様ニ一國ノ權威ヲ専ラニスル諸侯共ト
評議シテ可ナリ右事件ヲ施行スルハ獨日
本ノ為ノミナラス我々ト日本トノ交易ヲ
盛ニ繁昌セシムル一端ト思フニ由テ此段
已ニ日本トノ條約濟ノ各國公使ニ告知ラ
セシムル者ナリ我等是マテノ條約ヲ取除
キ今度新ニ日本諸侯一致シタル條約ヲ取
結フヘキ「四五年以前新聞紙ニ出板セシ
如ク同意ノ者モ少カラス我等歡喜ニ堪サ

図３－２　サトウの『英国策論』（国立国会図書館蔵）
サトウが慶応２年に『ジャパン・タイムス』に寄稿した論説記事の日本語訳。図は扉と本文の11頁。左から４行目に「我等是マテノ条約ヲ取除キ」とある。「ミカド」の下で諸侯連合政府と新条約を結ぶべきと論じ、倒幕への世論を喚起した。出版詳細不明の謎の多いパンフレットであったが、京都・大坂の書店に並べられて飛ぶように売れた。

サトウは、彼に日本語を教えていた「阿波侯の家臣沼田寅三郎」の協力を得て、英語の原文を和訳し、阿波侯（蜂須賀斉裕）に読んでもらったところ、それが『英国策論』という表題で、出版元不明の小冊子となって、印刷されて書店に並べられた。ついには「大坂や京都のすべての書店で発売されるようになった[★3]」という。

日本語訳された『英国策論』は、「諸侯共ト評議シテ」、「我等是マテノ条約ヲ取除キ、今度新ニ日本諸侯一致シタル条約ヲ取結フヘキ」[★4]と明言されていた。これまでの条約を廃棄し、全国の諸侯が一致して同意した新しい条約を締結しなおそうというのだ。西国の外様大名の家臣たちはこぞってこれを読み、『英国策論』という書名から、これをイギリス政府の公式見解と認識するようになった。西南「雄藩」の諸藩士は、これを読んで反徳川の意識を高めるとともに、イギリスは自分たちの味方であるという認識を強めていった。

サトウの案は、あくまで諸侯会議の設立を促すものであって、国民の参政権は考慮されていない。ゆえに近代的な議会政治の提案ではない。つまり遠山茂樹ら講座派の、幕末議会論は「列藩会議論」ないし「封建議会論」に過ぎないという評価は、前章で見た日本人の憲法草案に対してではなく、サトウの案にこそ該当するものであった。

サトウは、日本国民に広く参政権を与えることには反対であった。あくまでも徳川の権力を削いで、ミカドの下での雄藩の連合政権を構築するという改革案だった。雄藩の連合政権とは、サトウにおいては、薩摩と長州を中心とする政権に他ならない。薩長はこのプランに乗ったのだ。前章で見たように、徳川の方が近代的な立憲政体に向かって歩んでいたのであり、「列藩会議論」を志向していたのは、むしろサトウの案に賛同した薩長であった。

サトウの武力討幕支援

アーネスト・サトウは、一貫して、薩摩や長州に武装蜂起を働きかけていた。一方、一八六七年（慶応三年）三月二五日（陰暦四月二九日）、イギリス公使のパークスは徳川慶喜に謁見し、パークスが慶喜を気に入って、徳川政権と接近した（パークスとサトウの考えは異なっていた）。それを心配した西郷らは、サトウのもとに訪れたが、サトウは次のように述べている。

彼ら〔西郷ら〕は、われわれと将軍との接近について、大いに不満であった。私は革命の機会がなくなったわけではないことを、それとなく西郷に言った。しかし、兵庫が一たん開港されるとなると、その時こそ、大名は革命の好機を逸することになるだろう。[★5]

サトウは、慶喜が兵庫開港に成功して権力基盤を確立してからでは、時すでに遅くなるので、その前に革命の蹶起をすべき、と西郷に促したのである。

ちなみにサトウは、自らの姓を漢字で「薩道」と表記していた。普通は「佐藤」を当てそうなものであるが、「薩道」などという奇妙な漢字を選んだことは、薩摩に肩入れする姿勢の強烈なアピールであった。これが薩摩藩士たちをして、イギリスに強いシンパシーを抱かせたことは想像に難くない。

イギリス本国政府は、日本の政治に対しては中立を要請し、公使のパークスはそれに従っていた。イギリスの外務大臣のクラレンドンは、一八六六年四月九日〔慶応二年二月二四日〕のパークス宛の訓令において、「いかなる内紛にさいしても、英国政府の役割は、中立を維持することにある」[★6]と命じていた。サトウのやっていたことは、本国からの訓令に違反する行為であり、外交官の立場から逸脱した行為だった。

サトウは、その卓越した日本語能力を駆使して、薩摩・長州に肩入れし、各方面に武力蹶起を促していた。本国政府の方針に逆らう内容の『英国策論』も、サトウはかまわず公表し、西国の外様諸藩の世論を倒幕に傾けていった。こうした個人の逸脱行動が、歴史を大きく転換させてしまうことがある。これが「バタフライ効果」と呼ばれるものであり、第5章で詳述したい。

サトウは、自分の個人的見解が、日本人の間でイギリス政府を代表する考えと誤解されていたことについて、「そんなことは、もちろん私の関知するところではなかった」[★7]と、そしらぬ顔をしていた。

体制変革は日本人が成し遂げた印象を持たせる必要がある

イギリスの外務次官で、極東政策の総責任者であったハモンドは、一八六六年四月二六日〔慶応二年三月一二日〕、正規の外交文書ではないパークス個人宛ての私信において、次のような意味深な記述もしている。

体制転換についていえば、もし〔日本の〕体制が転換されるのであれば、ただ日本人のなかからそれが成されたように見えなければならない。それは私たちが望まないやり方でもたらされるかもしれないが、それが真に永続的で有益なものであるためには、完全に日本的な特徴をもって成されたという印象を持つものでなければならない。★8

イギリス外務省の正式な外交文書では、中立を要請していたが、外務次官のハモンドがパークス個人に宛てた非公式の文書においては、体制転換そのものを否定してはいないことが注目される。ただし、条件が付いていて、体制転換がされるのであれば、日本人自らの力でそれを成し遂げた、という「印象」を与えるように配慮しなければならないというのだ。イギリス政府はあくまでも中立であるから、イギリスが体制転換をバックアップしたという印象を与えては困るということである。逆に言えば、その配慮さえすれば、体制転換の工作をしてもよいという意味にも取れよう。

サトウは、まさにこの方針をやってのけようとしていたと言えないだろうか。つまり、薩摩・長州・土佐に武力蹶起を促すという舞台裏での工作を行ない、彼らに武器も売却して、彼ら自身の力で変革を成し遂げたような印象を持たせようということだ。

赤松構想と薩土盟約

サトウの『英国策論』とは異なり、日本側から出てきた〝議会論〟は、近代的な立憲政体を志向していた。赤松小三郎は、「御改正口上書」をもって、薩摩と徳川の双方に働きかけ、内戦の勃発を回避させようとしていた。赤松は、組織のしがらみに囚われない自由な立場で動き、敵対する薩摩と会津の双方で教えるという危険な行動をあえて行ない、両者を和解させようとしていた。赤松は、薩摩の軍事教官としての影響力があり、教え子の薩摩藩士のなかには赤松構想を支持する者も多かった。すなわち赤松は、彼の議会政治構想を実現するための軍事的背景すらも持っていたのだ。

実際、慶応三年（一八六七）九月下旬の段階で、土佐が薩摩の内情を探索した報告によれば、薩摩の京都邸内でも「薩摩の二大隊計（ばかり）は既に西郷の命令に背き、若（も）し西郷事を発せば却って吾内を討たんとするの勢」であったという。[★9] 赤松小三郎の教え子でもある在京の薩摩軍の二大隊は、西郷の挙兵計画に反対であり、もし挙兵計画を実行に移せば、逆に西郷を討とうとしていた、というのである。

赤松小三郎は、薩摩・長州 vs. 徳川・会津で戦端が開かれるのを回避しようと、薩摩首脳を懸命に説得していた。前章でも紹介した通り、会津藩の山本覚馬は、会津と薩摩が和解できるように、赤松小三郎に依頼して小松帯刀と西郷隆盛と交渉してもらっていた。[★10] 赤松と山本は、挙国一致の議会政治で内戦を回避する、という同じ志を持って活動していたのであった。

小松も西郷も、武力討幕に反対する藩内世論を無視できなかったのか、一度は平和的な政権返上という路線に傾いた。慶応三年六月二二日、小松帯刀・西郷隆盛・大久保利通ら薩摩首脳は、土佐藩の後藤象二郎・福岡孝弟（たかちか）らと会談し、平和裏に政権を返上させ議会政治を開始しようという「薩土盟約」に合意した。

薩土盟約の「約定書」は、土佐藩の後藤象二郎が中心になって起草したものであった。「議事院上下ヲ分チ、議事官ハ上公卿ヨリ、下陪臣庶民ニ至ルマデ、正義純粋ノ者ヲ撰挙[★11]」（議会は上下両院に分け、上院議員は公卿より、下院議員は藩士から庶民に至るまで正義で純粋な者を選挙する）と明記されていた。全国民に参政権を与えたうえで、議会政治に移行しようというのである。また、「地球上ニ愧（はじ）サルノ国本ヲ建ン[★12]」とも宣言されている。この「国本」が憲法を意味している。地球のどこに行っても恥じるところのない人類普遍の憲法を制定しようという、地球規模にまで視野を広げた決意表明だった。薩土盟約の「約定書」は、行政機構についての規定が欠落するなど、まだ憲法草案と言うほどの体系的な内容にはなっていなかった。しかし、庶民にも参政権を与えて議会政治を行なおうとしている点、大枠として赤松小三郎の「御改正口上書」の主旨と同様である。歴史学者の青山忠正は、薩土盟約の構想に赤松小三郎の建白書が影響を与えた可能性を以下のように指摘している。

> この赤松建言を、薩摩・越前が、どのように受容したか、また土佐・芸州・尾張などに情報として提供したか、などは判断の直接の手がかりがないが、全く伝えなかったとは考えにくい。土佐側にしても、政体構想の参考に供した可能性が大きい。★13

薩摩藩がいったん土佐と組んで平和的な政権返上路線に転換した背景には、赤松が小松帯刀や西郷隆盛に懸命な説得を行なった効果もあったろうと思われる。薩摩がこの路線を堅持していれば、内戦の勃発を回避しつつ、立憲政体に移行できたはずなのである。

しかし、薩摩藩は九月になって薩土盟約から離脱してしまう。土佐藩の後藤象二郎、前藩主の山内容堂は、やむを得ず単独でこれを徳川政権に提出することにした。土佐藩の建白書の内容は、薩土盟約の「約定書」から、徳川慶喜の将軍職辞職要求を取り除き、代わって教育と軍事についての項目を入れたものであった。その他の条項は薩土盟約の内容をそのまま引き継いでいた。

土佐藩の建白書で新しく加筆された教育の項目は、主要都市に大学を設置せよ、という赤松案と同様な内容であった。軍事の項目は、赤松構想ほどの具体性はないものの、国軍の建設を訴えている。土佐の建白書の内容は、教育と軍事の項目を入れたことにより、薩土盟約よりも赤松の構想に近づいている。赤松構想を参考にして記述した可能性があろう。

赤松小三郎の建白書は写本がかなり流布した様子である。盛岡藩は赤松が徳川政権に提出した建白書の写本を作成していた（本書六五頁）。また鳥取藩は赤松が薩摩藩に提出した建白書の写本を慶応三年（一八六七）九月一七日に独自に入手しており、[★14]一〇月三日に土佐藩の山内容堂が政権返上を求める建白書を提出すると藩の日誌に「過日之赤松小三郎之建白書ニ相似たる処も有之候事」[★15]と記している。山内容堂の政権返上の建白書は、赤松建白書と内容的に似ているという評価であった。同時代から、赤松と土佐の建白書は関連するものと認識されていたことの一つの傍証である。

徳川慶喜の真意

徳川慶喜は、土佐藩が単独で提出した政権返上を求める建白書を受け入れた。そのときの心境について、後年、以下のように回想している。

予が政権返上の意を決したるは早くよりの事なれど、さりとていかにして王政復古の実を挙ぐべきかということは成案なかりき。如何となれば、公卿・堂上の力にては事ゆかず、諸大名とても同様なり。さりとて諸藩士にてはまた治まるべしとも思われず、これ予が苦心のあるところなりしが、要するに、朝幕ともに有力者は下にありて上になければ、その下にある有力者の説によりて、百事公論に決せば可ならんと思いしかど、その方法に至りては、いまだ何等の定見なかりしなり。松平容堂の建白書出ずるに及び、そのうちに上院・下院の制を設くべしとあるを見て、これはいかにも良き考えなり、上院に公卿・諸大名、下院に諸藩士を選補し、公論によりて事を行わば、王政復古の実を挙ぐるを得べしと思い、これに勇気と自信とを得て、遂にこれを断行するに至りたり。[★16]

慶喜本人の談によれば、彼は早くから「政権返上」の意志を決めていたものの、公卿にも諸大名にも充分な人材はおらず、とても政権の受け皿にはなり得ない、と躊躇していたというのだ。慶喜は、人材は上におらず、下にいる、と考えていた。

そこに山内容堂の建白書が出て、上・下両院による議会政治の提言を読み、渡りに船とばかりに「勇気と自信とを得て」、政権返上を断行するにいたったというのである。この回想に記憶違いがなければ、徳川慶喜は、身内の松平乗謨や西周などから提出された案ではなく、より開明的な内容の土佐藩の建白書の線にそって議会政治を開始しようとしていた、ということになる。

惜しまれるのは、徳川慶喜の調整力の不足であろう。慶応三年に出されていた憲法構想の、いずれのプランを採用するにせよ、慶喜は、具体的な構想を禁裏側に提示し、それを実現させることを禁裏側に同意させ、主だった諸藩にも根回しをして、具体的な道筋を付けたうえで、政権を返上すべきだった。それをしないまま政権を放棄してしまったことが、王政復古クーデターと戊辰戦争の一因になってしまった。

国民議会論は狂気？

アーネスト・サトウは、薩摩が薩土盟約を結んで議会政治路線に転換した際、それを反故にして武力討幕に踏み切るべきだと西郷に促している。この問題は前著（『赤松小三郎ともう一つの明治維新』）でも論じたが、再論させていただきたい。薩土盟約の翌月の七月二七日と二八日、サトウは二回にわたって西郷と会談している。サトウによれば、この会談で、西郷は「国民議会」の構想を熱心に論じたそうである。

西郷は、現在の大君（タイクーン）政府の代わりに国民議会（parliament of the whole nation）を設立すべきであると言って、大いに論じた。私は友人の松根青年から、反大君派の間ではこうした議論はきわめて一般的になっていると聞いていたが、これは私には狂気じみた考え（mad idea）のように思われた。★17

西郷はこのとき、薩土盟約における「国民議会」樹立の方針をサトウに伝えたのだ。サトウの原文は

「parliament of the whole nation」であり、「すべての国民からなる議会」であるから、「国民議会」が適訳と言えよう。西郷は、武士のみならず庶民も含めた議会を設立しようという薩土盟約の構想を、サトウに告げたのだ。七月末時点の西郷は、武力討幕ではなく、平和的に議会政治への移行を目指す薩土盟約の路線を堅持していたことがわかる。西郷は、サトウなら自分たちの構想に賛同してくれるものと期待して、それを告げたのであろう。ところが意外にもサトウは、それを「マッド・アイディア」（狂気じみた考え）として否定し、その考えを放棄し武力討幕するよう西郷に促したのであった。

『英国策論』でのサトウの構想は、「諸大名の連合政権」であり、彼は国民の参政権など論外と考えていた。そしてサトウにとっての「諸大名の連合」とは、実質的に薩摩と長州を中心とする政権のことであった。サトウは、日本で普通選挙による議会政治を実現するなど、あってはならないことだと考えたのだ。当時のイギリス本国は、貴族・大地主・資本家にしか選挙権を与えていなかった。イギリスで男子普通選挙が実現したのは半世紀後の一九一八年、男女普通選挙が実現したのは一九二八年のことである。

西郷が大久保利通に送った手紙によれば、サトウは、フランス人が薩長二藩を滅ぼしたいと考えていると、西郷に述べた。[★18] さらにサトウは、「両三年の内、金を集め機械を備え、仏の応援を頼み戦いを始め候所存」、すなわち徳川はフランスの支援で薩長を滅ぼすつもりであるから、薩長は武力で対抗すべきであり、「其の節は英国において同じく軍兵を押し出し、守護致すべし（そうなればイギリスも援軍を出し、薩長を守る）」と主張したという。[★19] これに対し、西郷は、外国に助けてもらっては日本の面目が立たない、とサトウに伝えたと書いている。[★20]

サトウは、フランスに薩摩討伐計画があるというフェイク情報を並べて、西郷の危機感を煽って武力蹶起を促していた。「イギリスも援軍を出し、薩長を守る」という発言も、イギリス本国が中立方針であるのだから、ハッタリである。血の気の多いサトウと西郷は、この会談において、互いに売り言葉に買い言葉で挑発しあって、武力討幕への戦意を高揚させていったのだ。このサトウ＝西郷会談が、日本の運命を変える一つの契機だったと思われる。西郷が、薩土盟約を破棄し、武力討幕の方針を固めたのは、サトウとの会談の直後のことだった。

「国民議会」と「憲法」

二〇二一年に講談社学術文庫から出版されたサトウの『一外交官の見た明治維新』の新訳では、前掲の西郷の「parliament of the whole nation」を「全国にまたがる議会」と訳出している。[★21] 庶民を含めた「全国民」という意味ではなく、地理的に「全国にまたがる」という意味に変えてしまっている。これはかなり重要な誤訳なので指摘しておきたい。西郷の構想を聞いた慶応三年（一八六七）七月二八日のサトウの日記には、「かれらが考えているものは、イギリス風の議会（Parliament）というよりも、むしろアメリカ風の議会（Congress）というべきであろう」と記されている。[★22] イギリスには庶民の参政権はなかったが、アメリカにはあったから、日本人の考えはアメリカの「コングレス」のようだと記したのである。薩土盟約には、はっきりと庶民にも参政権を与えると書かれており、西郷もそのつもりでいた。仮に西郷が地理的な意味での「全国にまたがる議会」という趣旨のことをサトウに述べたのだとすれば、「諸大名の連合」という自分のプランと矛盾はないのだから、サトウはそれを「マッド・アイディア」とは言わなかったはずである。当時の人々の政治意識を過小評価してきた講座派史観のバイアスは今でも尾を引いているようだ。

慶応三年八月になると、サトウは、土佐に赴いて山内容堂と後藤象二郎と会談した。その際、容堂と後藤はイギリスの国会や憲法についてさかんに質問し、サトウないし同行のミットフォード（イギリス公使館の二等書記官）に対し、「ミカドに仕えて日本の議会設立に力を貸してもらいたい」とまで要請したという。[★23] サトウは容堂と後藤との会談の感想として、「彼らの心底には明らかに、イギリスの憲法に似たものを制定しようという考えが深く根をおろしていた」[★24] と記している。

ちなみに講談社版の新訳では、この箇所について、「憲法」とは訳さずに、カタカナで「コンスティテューション」と表記している。これは「憲法」の意味ではなく「国家体系」[★25] といった意味の可能性があると注記したうえで、カタカナ表記にしているのである。これも容堂と後藤にずいぶん失礼な話である。慶応三年当時に、容堂や後藤は憲法草案を作成しようという段階にまで政治意識を高めていた。後藤らが起草した薩土盟約の「約定書」には、前述のように、「地球上のどこにいっても恥ずかしくない国本（＝憲法）を制定しよう」と宣言されていた。そして山内容堂はそれに賛同した。容堂と後藤が、政権返上後に構想していた憲法制定と議会の設立について、イギリスにも協力してほしいと相談を持ちかけるのは自然な流れである。

このとき、イギリスにその気があれば、容堂と後藤の要請を受諾し、平和裏に議会を開設し、憲法制定に協力するという選択も可能であったはずである。しかし、サトウにとっては、「平和革命」の路線こそが「マッド・アイディア」なのであった。彼は何としてでもそれを阻止し、薩摩と長州、そして可能なら土佐にも武力を発動させ、内戦を引き起こそうと、執拗な工作を続けたのであった。

サトウは、容堂との会見後の感想として、「容堂の意見から判断すると、彼は偏見にとらわれず、その政治的見解もけっして保守的なものではなかった。しかし、薩摩や長州と共にあくまで変革の方向に進んでいく用意があったかと言うと、それはどうも疑わしかった」と述べている。[★26]この記述からも、サトウが容堂に対して、憲法の制定ではなく、武力での蹶起を促していたこと、そして容堂はその挑発に乗らなかったという様子が明らかであろう。

平和と議会は、老婆の理屈？

サトウは、土佐で山内容堂と後藤象二郎と会談したのち、坂本龍馬らと長崎に赴き、八月一二日には長州の桂小五郎（木戸孝允）と伊藤俊輔（博文）と会い、やはり武力蹶起を促している。

このとき、サトウが桂小五郎に何と言ったか、自伝では述べていないが、桂が坂本龍馬に宛てた手紙によれば、サトウは桂に対し、「諸侯から「建言」された「公論」〔薩土盟約をさす〕は、実行不可能であり

（被行串間敷）、西洋の古くからの諺にある「老婆之理屈」〔old wives' tale＝老婆のつくり話〕のようなものだ。男子は好まない」と述べたそうである。[★27]平和的な議会政治への移行を唱えた薩土盟約など「老婆の理屈」で、男らしくないから武力蹶起すべきと、桂を煽ったのだ。サトウからこのように挑発された桂小五郎は、頭に血がのぼった様子で、龍馬に対し、外国人からこんなことを言われてしまっては「神州男子之大恥辱」と記している。[★28]

この後、サトウは、長崎で久留米藩士の一行と宴会をした際、「内政問題に関し諸大名の意見が互いに一致していないのだから、何らかの形で戦争が行なわれなければ問題は解決できるとは思われぬ」と、内戦をけしかけている。これを聞いた久留米藩士のナガタは激高して「京都を攻撃してはならん。幕府を倒せ」と怒鳴ったという。[★29]

このように、サトウはいたるところで過激派「志士」たちを挑発し、武力討幕への蹶起を促してまわっていた。サトウは、平和裏に議会政治に移行させようという薩土盟約の内容を否定し、あくまで日本を内戦状態に陥らせようと、工作して回っていたのである。

こうまでしてサトウが内戦を欲した理由は、何であろうか。日本で内戦が起こってくれれば、武器の売却でイギリス資本が大儲けできる、内戦が長引いて日本が弱体化すれば、ますますイギリスの言いなりになってくれる――これがサトウの思惑だったことは想像に難くない。

赤松小三郎の暗殺

西郷隆盛は、サトウとの会談の半月後の慶応三年八月一四日、長州藩との間で具体的な挙兵計画の約定を結んでいる。この挙兵計画では、赤松小三郎が英国式で調練してきた、在京の薩摩兵一〇〇〇人を三つの部隊に分け、御所の守衛を襲撃し、天皇を拉致して京都南部の男山に移し、会津邸と幕兵屯所を同時に焼き討ちし、そのうえで「討将軍」の布告を出し、大坂城を急襲してこれを奪い、大坂湾の幕府艦隊を粉砕するという計画であった。

薩摩藩と長州藩が武力討幕計画を策定してから、三日後の八月一七日、赤松小三郎は兄の芦田柔太郎に宛てた手紙において、以下のように述べている。

> 小生は幕薩一和の端を開き候に懸り、西郷吉之助え談合し、幕の方は会津藩公用人にて談じ始め居り申し候。小生は梅沢孫太郎〔幕府目付〕、永井玄蕃公〔尚志〕え説く。少しは成り申すべき見込みに候。[★30]

赤松は、薩摩が武力討幕路線を固めた段階にあっても、「幕府」と薩摩を和解させようと必死の交渉をしていた。薩摩の西郷、「幕府」の永井尚志(なおゆき)などと交渉を続け、内戦回避の可能性に賭けていたのである。「少しは成り申すべき見込み」とあるように、この時点でまだ希望を捨てていなかった。

おそらく赤松は、八月一七日から二〇日のどこかの時点で、西郷の出兵計画の具体的な内容とその決意が固いことを知り、もはやこれまでと、西郷の説得を断念したものと思われる。八月二〇日にふたたび兄に手紙を書き、帰国の決意を固めたことを報告し、「実に天下興廃の機に候処〔そうろうところ〕、右〔帰国すること〕の次第残念の至りに御座候〔ござそうろう〕[★31]」と無念の胸中が綴られている。

九月三日、帰国準備の最中だった赤松小三郎は、京都の五条東洞院通を下がったところで、薩摩の武力討幕派である中村半次郎と田代五郎左衛門に襲撃され、殺害された。そして赤松の暗殺から四日後の九月七日、西郷は土佐の後藤象二郎に対して、薩土盟約の破棄を通告したのである。

長州藩を救った大英帝国

薩摩と長州が挙兵を選択したところで、徳川と戦えるだけの武力がなければ、勝利することは不可能であった。その武力はどのようにして手に入れたのだろう。

長州藩は、元治元年（一八六四）七月の禁門の変で、京都御所に攻め込んだが、御所を守った会津藩・桑名藩・薩摩藩・大垣藩などの活躍によって撃退されていた。その翌月、英・仏・蘭・米の四か国連合艦隊が、その前年に長州が実行した外国船無差別砲撃事件に対する報復として、下関に攻め込んだ（下関戦争）。長州藩は、四か国連合艦隊と交戦したが、わずか三日で下関砲台を占領され、完敗した。

続いて同年一一月から徳川軍の第一次長州征伐が行なわれたが、長州軍にはすでに戦う余力はなく、禁門の変の首謀者である、益田弾正（親施）、国司信濃（親相）、福原越後（元僴）の三家老を切腹させ、首を差し出して降伏した。

長州攘夷派は、滅亡の淵にあった。本来であればここから復活することは不可能であったろう。しかし英国は、滅亡寸前の長州藩を蘇生させてしまうのであった。下関戦争の賠償金三〇〇万ドルは、本来は長州藩が支払うべきものであったが、英国は、その賠償金を徳川政権に課すことにしたのである。長州の賠償金を免除したうえ、英国商人のトーマス・グラバーは長州藩に大量のミニエー銃を売却して、その軍事力を強化したのである。

図3-3は、横浜に滞在していた画家のチャールズ・ワーグマンが発行していた外国人居留者向けの木版刷りの漫画雑誌『ジャパン・パンチ（*JAPAN PUNCH*）』の一八六六年二月号に掲載された風刺絵である。「英国はタイクーンを出血させた」（Britania bleedeth the Tycoon）という表題とともに、英国が徳川家茂の右手を切って、三〇〇万ドルの出血を強いている様子が描かれる。英国の足元では、オランダとフランスが賠償金の分け前にあずかろうとし、その背後で長州軍が下関で「ハハハハ」と高笑いをしているという構図だ。下関戦争で負けたはずの長州藩が、英国の寛大な処置によって救われ、まるで勝者のように意気軒昂になってしまったというのが、ワーグマンの見立てであった。

英国公使のパークスは、徳川政権への賠償金請求をきっかけとして、賠償金の減免と引き換えに、日本の関税率削減などを要求した。そして慶応二年（一八六六）、ついに関税率は従価税の二〇％から従量税で五％に引き下げさせられ、税率も固定化されてしまった（改税約書）。これが実質的な意味での日本の関税自主権喪失であった。英国は、長州藩が起こしたテロへの報復戦争を利用して、徳川政権から関税自主権を奪うことに成功したのである。日本は、慶応元年（一八六五）には、年間二四〇万ドル程度に達していた潤沢な関税収入のほとんどを失ってしまうことになった。[★32] 関税収入を失って、徳川政権は財政的に立ち行かなくなっていったのである。

サトウは『英国策論』において、徳川大君との旧条約を破棄し、ミカドの下での諸侯連合政府と新しく条約を結びなおすと論じていた。しかるに、徳川政権との間で改税約書が結ばれるや、手のひらを返し、薩長が新政権を樹立して条約改正を要求しても、イギリスはけっして交渉の席に着こうとしなかった。矛盾するようだが、イギリスの「新しい条約」とは、日本の関税自主権を剝奪すること（＝関税率の引き下げと固定化）に主眼があったのだと考えれば納得できよう。徳川政権が設定した日本に有利な関税率の引き下げが達成されてしまえば、後は新政府が何を言おうが拒絶することがイギリスの国益となる。

図３－３　『JAPAN PUNCH』（1866 年２月号）の風刺画
「イギリスは大君を出血させた（Britania bleedeth the Tycoon)」とあり、イギリスが長州藩を助ける一方、徳川に賠償金 300 万ドルを請求している様子を風刺している。
（図版出典　『JAPAN PUNCH』（復刻版）雄松堂、第１巻、165 ページ）

グラバーの武器密輸

禁門の変と第一次長州征伐戦争の敗戦という、絶体絶命の危機から長州藩が巻き返し、第二次征長戦争で勝利できたのは、イギリス人商人のトーマス・グラバーから大量のミニエー銃を密輸入できたという理由も大きい。賠償を免除された長州藩において、イギリス留学帰りの伊藤俊輔（博文）と井上聞多（馨）は下関戦争の講和談判を契機にサトウと懇意になっていた。そして下関戦争から一年後の慶応元年（一八六五）九月、伊藤と井上は長崎に派遣され、グラバー商会から四三〇〇挺のミニエー銃を購入したのである。[★33]

日英修好通商条約によれば、そもそもイギリス商人は、軍用品を日本政府以外に販売してはならないはずであった。[★34]のちに輸入された武器を、役人の立ち合いの下に、大名が購入することを許すようになったが、あくまで許可が必要であった。この条項を平然と破って、秘密裏に薩摩と長州に大量の武器を密売していたのがグラバーであった。イギリスは、自国に都合のよい部分については、徳川政権に対して条約遵守を求めたが、自国に不都合な条項を自国商人が破っても、真剣に取り締まろうとはしなかった。

長崎貿易を研究した重藤威夫によれば、「グラバーが武器の輸入について圧倒的な勢力をもっていた」。[★35]統計が残る慶応二年（一八六六）一〜七月および翌三年（一八六七）に、長崎に輸入され販売された小銃は、あわせて三万三八七五挺であったが、その約四〇％に当たる一万二八二五挺はグラバー商会から購入していたという。[★36]坂本龍馬の亀山社中は、薩摩名義でグラバーから購入した小銃を、薩摩船の胡蝶丸で長州へと運んだ。坂本龍馬は、イギリスの軍事戦略の掌中で踊らされていた側面が強いのだ。戊辰戦争が勃発した慶応四年／明治元年（一八六八）になると、薩摩藩は長崎にあるミニエー銃のすべてを、グラバー商会を通じて買い占めた。[★37]

アーネスト・サトウは、『一外交官の見た明治維新』のなかで、グラバーについてあまり多くを語っていないが、二人は盟友であった。外交官のサトウは日本側に対して条約遵守を訴え続けていた。その裏で、条約違反の武器密売を行なうグラバーと親密であったという事実は、著書のなかで堂々と書けるようなことではなかったのだろう。

英国公使館の二等書記官で、サトウの上司であったミットフォードは、イギリスが薩長の勝ち馬に乗ることができたのは、「パークス公使の側近にはサトウという非凡な才能を持った男が控えていた」[★38]からだと述べる。さらに「もう一人の男は、長崎に住んでいた商人トーマス・グラバー氏で、今まであまり認められていなかったが、同じ意味で大いなる協力者であった」[★39]と評価する。すなわちミットフォードの評価では、イギリス外交が徳川を支援したフランスに優ることができたのは、サトウとグラバーの二人の功績だという。そのミットフォードにしても、グラバーの功績がどのようなものであったのかについて、著書のなかで具体的には語っていない。条約違反の武器密輸の功績とは、やはり書けなかったのだ。

赤松小三郎の軍事技術

ミニエー銃は、射程距離がゲベール銃の三倍あり、ミニエー銃で武装すればゲベール銃の軍隊に対し、半分以下の兵力でなお勝利し得る。しかし武器の優秀さは、勝利の必要条件であっても、十分条件ではないだろう。優秀な武器で武装していても、その兵器に対応する戦術に習熟していなければ、勝利はおぼつかない。鳥羽伏見の戦いで、薩長軍は、徳川軍の三分の一の兵力で、しかも武器の優劣では両軍に大差がないにもかかわらず、なお勝利することができた。これは指揮官の能力と戦術の優位性に起因するものだろう。

じつは赤松小三郎は、この点において、知られざるキーパーソンである。鳥羽伏見で勝利した薩摩軍の軍事指揮官たちを訓練したのが、他ならぬ赤松だからである。赤松は、日本で最も早くからミニエー銃とその戦闘方法の研究に取り組んでいた人物である。図３－４は、安政四年（一八五七）、赤松小三郎が長崎で翻訳出版した『新銃射放論』の挿入図である。[★40]この本は、最新鋭のミニエー銃の性能を、その精密な分解図と共に、日本で最初に紹介した訳書であった。図の左側は、一流の射撃手を使った実測データによって、ゲベール銃、ヤーゲル銃、ミニエー銃と、銃の進化に応じて射程距離が三倍にまで伸びたことを示している。

銃身内部に施条（ライフルリング）がなく玉形弾を使うゲベール銃は、一〇〇メートル先の敵に命中させ

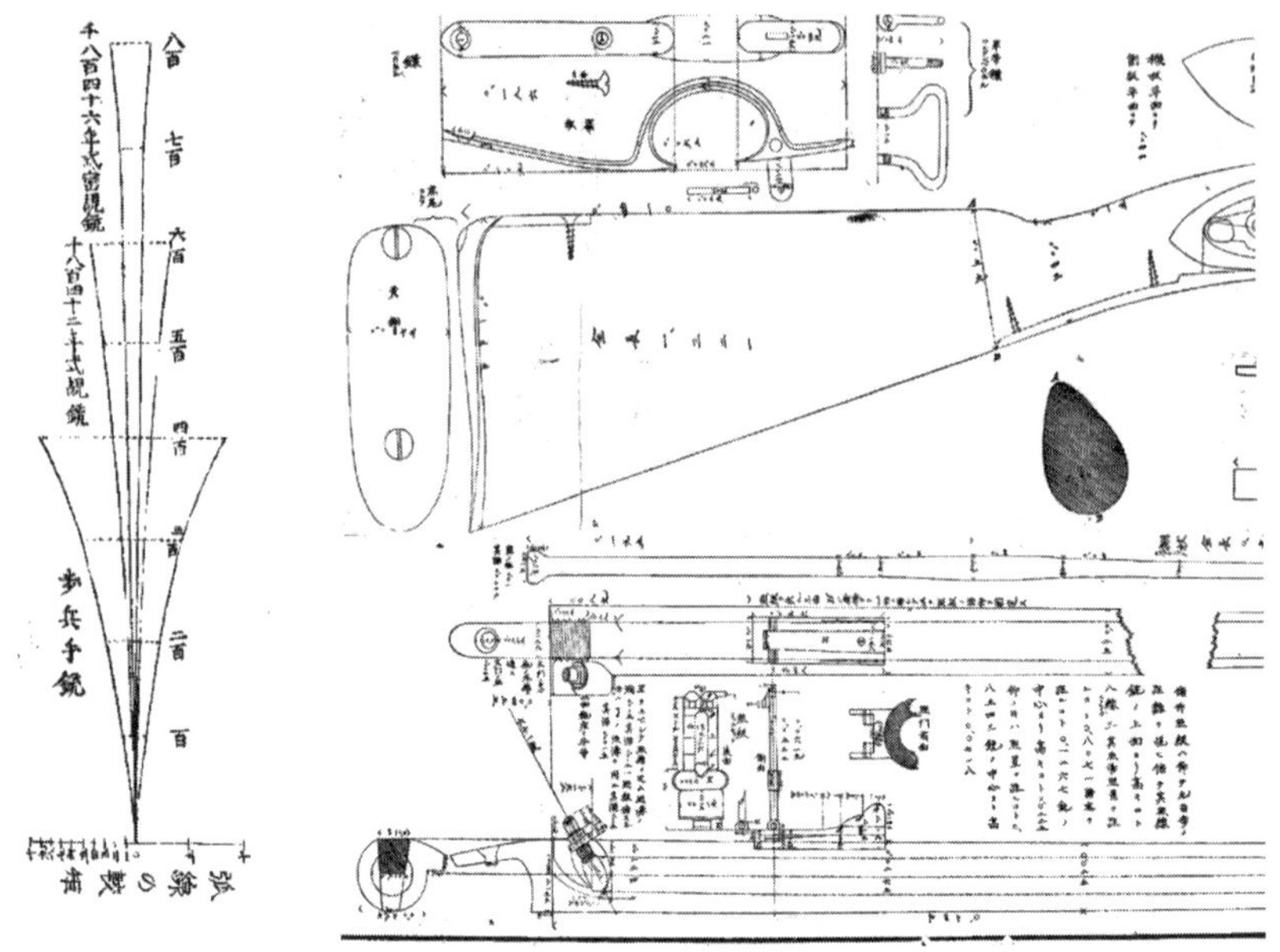

図３－４　赤松清次郎（後の小三郎）訳『新銃射放論』の挿入図
左図は、旧式のゲベール銃からミニエー銃の進化によって射程距離が３倍になったことを示している。ゲベール銃では 100 mの飛距離で横方向のズレが 23cm 程度にもなるのに対し、ミニエー銃は 100 mに対して 6cm 程度、300 mの飛距離でも 16cm 程度しかズレない。右図は、小三郎が作図したミニエー銃の分解図（部分）。こうした精密な図が 22 ページにわたって続く。
（図版出典　国文学資料館「新日本古典籍総合データベース」https://kotenseki.nijl.ac.jp/biblio/100251629/viewer/2（2023 年 11 月 18 日最終閲覧））

るのもおぼつかないが、ライフリングされ椎実（しいのみ）形の弾丸を使うミニエー銃だと、三〇〇メートル先の敵にも命中させることが可能となる。赤松は、長崎でミニエー銃の性能に瞠目し、同書で、すみやかにミニエー銃の製法を習得して、配備していくべきと訴えていた。

次に赤松が探究したのは、新銃に対応した戦闘方法である。ミニエー銃の登場によって、戦闘方法は一変した。ゲベール銃時代の戦闘方法は、歩兵の部隊が密集したまま突撃していく形態（戦列歩兵）であったが、ミニエー銃が登場すると兵を分散させる散開戦術へと進化していくことになった。火力が増大したために、密集した隊形のままでは、集中砲火を受けると壊滅的打撃を受けることになった

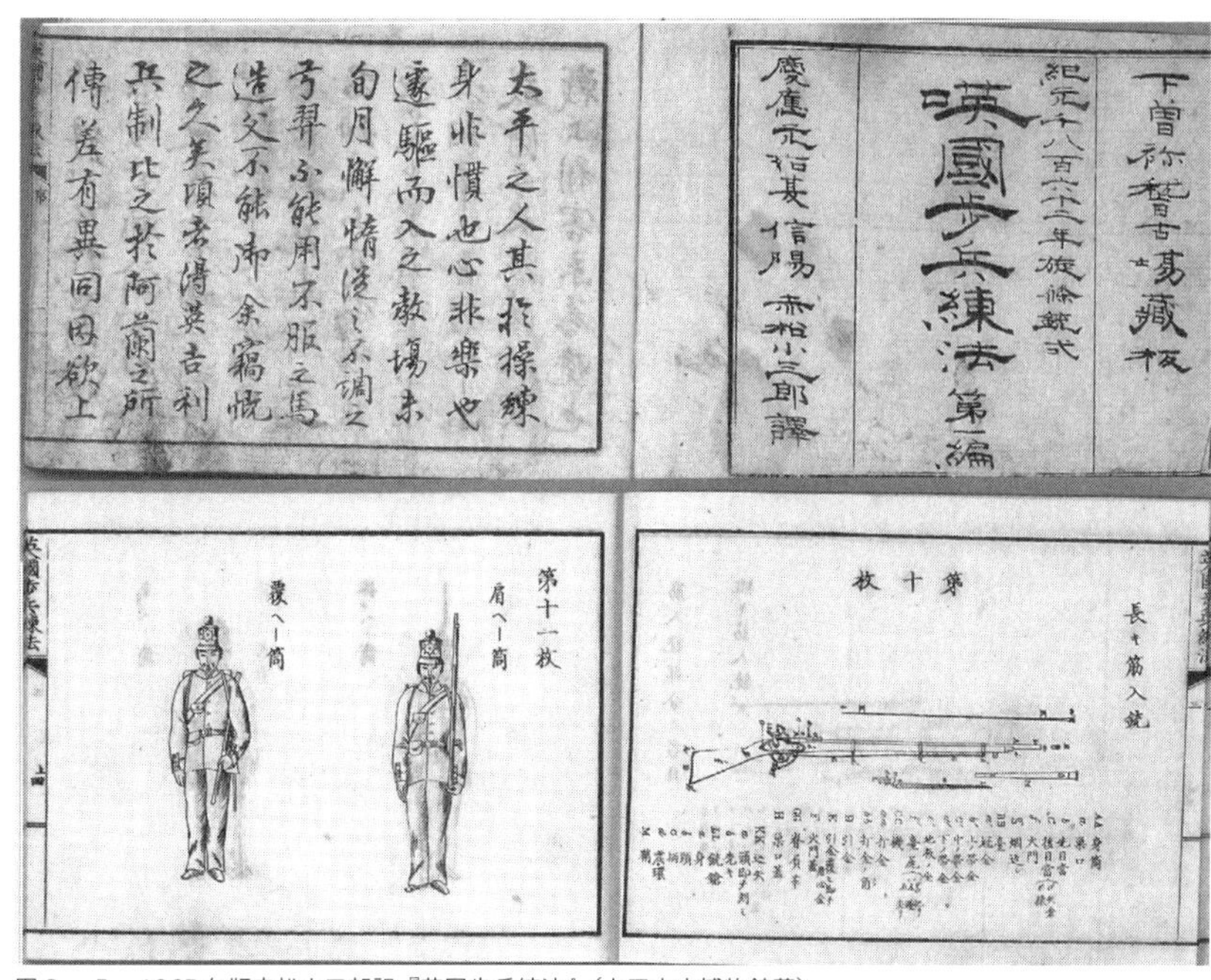

図３－５　1865年版赤松小三郎訳『英国歩兵練法』（上田市立博物館蔵）

ためである。そこで、少人数ずつ散開しながら射撃を行なう必要性が発生した。赤松小三郎はいち早く、ライフル銃に対応したイギリス式の散開戦術を身に着けた人物となった。

『新銃射放論』から七年後の慶応元年（一八六五）、赤松小三郎は横浜に駐留していたイギリス陸軍のヴィンセント・アプリン大尉から英語の指導を受けつつ、金沢藩士の浅津富之助と分担して『英国歩兵練法（*Field Exercises and Evolutions of Infantry*）』を訳出する。この本はイギリス陸軍の歩兵のための教本であり、一八六二年に英国陸軍が採用し、前装式ライフル銃に対応した、最新式の散開戦術が盛り込まれていた。赤松は、英国陸軍で正式採用されてからわずか三年後の慶応元年に、これを日本語に訳出した。これは、蘭書を介さず、英書から直接に日本語に翻訳された最初の兵書であった。赤松はこの訳本によって一躍有名になり、薩摩藩の軍事教官として招請されたのだ。

しかし、慶応元年訳出の『英国歩兵練法』は、二人の訳者である赤松と浅津の間で訳語が統一されておらず、テキストとして用いるのには不便であった。また、翻訳されたのは原著の一～五編のみであり、軍隊運用の核心的部分が記述されている六～七編が未訳だった。そこで、新たに薩摩藩から依頼され、赤松は自身の訳語で全編を統一するとともに、未訳だった部分を含めて全巻を完訳し、『重訂英国歩兵練法』としして出版した。赤松は、これをテキストに、イギリス陸軍の戦闘方法で薩摩軍を徹底的に訓練していったのである。

鳥羽伏見の戦いで大活躍した野津鎮雄

鳥羽伏見の戦いの緒戦で、鳥羽街道を密集して北上してくる徳川軍に対して、散開しながら先制の波状攻撃を加え、徳川方に死屍累々の大損害を与えたのが、野津鎮雄の率いる薩摩の小銃五番隊であった。[★41]

この野津鎮雄こそ、赤松小三郎の薩摩塾の塾頭を務めた人物である。このとき薩摩軍は、戦闘の合図に喇叭（らっぱ）を用いていたことが記録されている。[★42] 散開戦術では、分散して戦闘する各隊に瞬時に命令を伝達するために、喇叭信号が重要になったが、喇叭を薩摩軍に導入したのも赤松小三郎であったのだ。

野津鎮雄の指揮する薩摩五番隊の活躍によって、緒戦で徳川軍を圧倒すると、薩摩軍はその勢いのまま戦局を有利に展開し、鳥羽伏見の戦いは薩長軍の勝利に終わった。赤松小三郎が薩摩藩の軍事教官になっていなければ、鳥羽伏見の戦いの帰趨もまた、変わっていた可能性があろう。

おわりに

アーネスト・サトウと赤松小三郎は、武力討幕か、平和的な議会政治を目指すのか、という二つの選択肢の間で揺れ動く西郷隆盛の意志をめぐって、熾烈な綱引きを展開していた。サトウの著書に赤松の名は登場しない。はたしてサトウは、赤松小三郎の存在を知っていたのであろうか？　赤松小三郎に英語を教えたヴィンセント・アプリン大尉は、サトウの友人である。慶応三年（一八六七）三月にパークスが、ミットフォードやサトウらとともに、将軍慶喜に大坂城で謁見した際には、その護衛の任務でアプリン大尉も同行していた。アプリンは、自らが英語を指導した赤松が薩摩に雇われ、薩摩藩兵を英国陸軍式で調練していたことを知っていたであろう。アプリンが、その事実をサトウに伝えていたとすれば、サトウは赤松小三郎という人物を認識していたはずである。

武力討幕を促していたサトウからすれば、赤松が薩摩軍をイギリス式で訓練し、精強な近代陸軍に進化させるのを歓迎したであろう。しかし、その赤松が「国民議会論」をもって薩摩の藩論を旋回させようとしているという事実を知っていたとすれば、そちらは快くは思わなかったはずである。

赤松小三郎は、議会政治の実現に向けて薩摩と徳川を説得し、あと一歩のところまで漕ぎつけていたが、武力討幕の方針に決した薩摩藩の手によって葬り去られた。そして、薩摩から赤松の政治思想は消えて、赤松の軍事技術のみが残されることになった。それが、鳥羽伏見の戦いの帰趨にも決定的な影響を与えてしまったのだ。歴史とは残酷なものである。

サトウやグラバーの肩入れによって、薩長の武力討幕派が勝利したことによって、日本は大英帝国の極東の駒として、その世界戦略に組み入れられていくことになるのである。

第Ⅱ部

徹底批判〈明治維新〉史観

バタフライ史観で読み解く

左からローマの詩人ルクレティウス、若かりし頃のカール・マルクス、そして政権返上の建白を行なった山内容堂。この３人に共通するものとは？

もし原子が決して急にそれたりせずに、
運命のきずなを断ち切るような何か新しい運動を始めないなら、
とこしえに続く因果の繰り返し。
地上のあまねき生き物の自由意志の起源は何だろう
ルクレティウス

ルクレティウスは〈逸れ〉が運命の掟を打ち破ると表現しているが、これは適切な表現だ。〔……〕この〈逸れ〉はその胸のうちにあり、逆らい抗うことができるものだと語るのである
カール・マルクス

山内〔容堂〕は豪放不羈、万事を放擲して意とせず、ひとりおのれが欲するところをなし、つねに強を凌ぎ、弱を助くるをもって一大快事となし、すこぶる俠客の風ありき。ゆえにたれに向かいてもいささか忌憚なくおのれのいわんと欲するところをいう人なりき。

加藤弘之

[第４章]

〈皇国史観〉〈講座派史観〉〈司馬史観〉の愛憎劇

はじめに

本章では、第二次大戦前の皇国史観と大戦後の講座派史観、そして日本人の明治維新観に最も大きな影響を与えたであろう司馬史観の共通性について検討していきたい。それぞれの史観は、互いに差異を強調しているようにも見えるが、じつは長州・薩摩中心の倒幕を称揚する点において、本質的に共通性があるのだ。

右派と左派の維新史理解

以下の(A)と(B)は、ともに明治維新の評価をめぐるものであるが、どちらか一方は保守派（あるいは右派）、もう一方は革新派（あるいは左派）が書いたものである。どちらが保守派で、どちらが革新派か、わかるだろうか？　各自判断のうえで読んでみてもらいたい。

(A)

二百数十年の久しい間、封建専制の下に、他の文明世界からほとんどまったくきりはなされて、せまい島々にとじこめられていた日本人が、一九世紀の後半に、突如として近代諸国民の仲間入りをして、またたくまになしとげた巨大な進歩と、いたるところにあらわした民族的活力は、まことに目覚ましいかぎりであった。われわれの父祖は、当時のアジア諸民族のうちで、列強資本主義からの独立をかちとった唯一の民族となった。〔……〕

〔戊辰戦争によって〕幕府およびその勢力が決定的にうちくだかれたことが、日本を半植民地化の危機から救った。日本民族はこれによってはじめて当時の東洋における唯一の独立国家たる方向を確立することができた。〔……〕

日本民族および日本国家は、明治維新をへてはじめて形成された。〔……〕わが日本民族およびそれを基礎にした政治的統一体たる日本国民もまた、このようにして封建制をやぶるところにはじめて形成されたのである。

(B)

アジアの大帝国のあいつぐ悲劇を尻目に、日本は一国だけそこから飛び出して、対外的対応の波浪をくぐり抜けながら自己変革を達成した。〔……〕

西洋的革命ではないが、ある点で西洋のどの革命よりも明治維新の変革は体制を革〔あらた〕めるという点では徹底的であり、根源的であったといえなくはない。〔……〕

明治維新は、武士階級が自らの意志で自らの階級的特権を放棄した、世界に例のない、きわめて内発的で倫理的な体制変革であったというふうに位置付けることができるのではなかろうか。

すなわち明治二年（一八六九年）の版籍奉還、同四年の廃藩置県による封建的領有制の廃止、同六年による国民皆兵制の実施、および同九年の廃刀令の公布などがその代表的な施策であり、これによって一二世紀以来つづいてきた武家政治が終わるとともに、武士という階級的身分が消滅するに至ったのである。

両者には、共通点もあれば、相違点もある。共通点を挙げれば、(A)と(B)どちらの論者も、明治維新の変革の意義を強調し、明治維新がなければ日本は列強に侵略され、植民地化ないし半植民地化されていたであろうと考えている点である。

異なる点も大きい。(A)は、戊辰戦争によって、武力で封建勢力を打ち砕いたことが、「東洋における唯一の独立国家」たり得た主要因として、暴力の必要性を強調する。それに対する(B)は、流血を回避し、武士自ら特権を放棄したという「倫理的」で平和的な大変革だったと、非暴力を強調している。

(A)は、内乱によって強力な中央集権国家が誕生し、それが独立を維持し得た要因と強調する。しかしながら、アジアでは日本以外にタイも独立を維持しているが、タイはもっぱら王室のたくみな外交努力によって独立を維持し得た。タイの事例を検討すれば、「日本が東洋唯一の独立国家」ではないし、独立維持のためには、内乱による「政治的統一体」の形成が不可欠という認識も疑わしい。

(B)は、平和革命としての明治維新を強調する。しかしこの認識は、禁門の変から戊辰戦争を経て西南戦争にいたるまでの幾多の内乱を無視ないし軽視している。なるほど廃藩置県は無血で断行されたが、その前に戊辰戦争が、その後には士族反乱が相次いだことを考えれば、「きわめて内発的で倫理的な体制変革」と述べるのは苦しい説明である。こちらも事実として正しいとは言えない。

しかしながら両者とも、明治維新は民族の独立と近代国家建設を勝ち取った変革である、と考えているという点で共通している。一見すると、よりナショナリズム色が強く、暴力の役割を肯定的に評価する(A)が保守派（右派）で、より平和的変革を強調する(B)が革新派（左派）のようにも思える。しかしながら、答えは逆なのである。

(A)は、一九五一年に書かれた井上清『日本現代史Ⅰ 明治維新』からの抜粋である。[★1] 戦後歴史学のなかにあって、遠山茂樹の『明治維新』と並んで〝正典(キャノン)〟とされた本である。[★2] 井上は、遠山と同様、戦時中には文部省の維新史料編纂課に嘱託として勤務し、一九三九〜四一年、皇国史観にもとづく文部省『維新史』の編纂に従事した経験を持つ。敗戦後には、京都大学人文科学研究所に勤務し、助教授・教授となって、「講座派マルクス主義」の立場で日本近代史を研究する代表的な左派歴史学者として活躍した。井上は、のちに日本共産党から除名されるが、これを執筆した当時は、同党を代表する歴史学者であった。

(B)は、一九九九年にドイツ文学者の西尾幹二が著わした『国民の歴史』の一節である。[★3] 同書は、七〇万部以上のセールスを記録した大ベストセラーとなった。西尾は、「新しい歴史教科書をつくる会」（以下「つくる会」）の初代会長を務めた保守派の論客である。「つくる会」は、講座派史観の影響下で記述されている歴史教科書を全面的に刷新しよう、という強い意気込みの下で立ち上げられた保守系団体であり、従来の教科書を、日本を貶める「自虐史観」であるとして攻撃した。

一九九六年に、西尾幹二とともにタッグを組んで「つくる会」を立ち上げたのが、教育学者の藤岡信勝であり、初代副会長を務めた。藤岡は、もともと講座派マルクス主義史観の持ち主であったが、一九八九年の東欧社会主義圏の崩壊とその後の湾岸戦争の衝撃から転向し、「新しい歴史教科書をつくる会」の立ち上げにいたったという。[★4] 西尾の『国民の歴史』や藤岡の『汚辱の近現代史』は、講座派マルクス史観に対する批判を全面的に行なった著作である。講座派は、明治維新を封建遺制の残存する不徹底な改革と位置付けてきたので、彼らは、それに対する批判から、明治維新を「徹底的であり、根源的」な「革命」と強調するようになった。

しかしながら、明治維新を「大革命」と評価すると、明治以後の日本は、それまでの伝統的な日本との連続性が切れている、という評価になりかねず、伝統を重んじる保守派にとっては不都合も生じる。明治維新を賛美する保守派は、じつは日本の伝統文化に立脚していないのだという、きわどい問題をも惹起しよう。それゆえ彼らは、武士が自ら特権を放棄したという「倫理」や「内発性」を評価し、不連続な大変革であったにもかかわらず、倫理的な連続性も強調するという、なかなかアクロバティックな説明を展開する。

右派は、左派史観への対抗意識からこのような説を展開するようになったと思われるが、論理的にも実証的にも苦しい説明になっている感は否めない。明治維新政権は、神仏習合の伝統文化を否定し、全国各地で寺院や仏像を破壊する廃仏毀釈のような文化破壊を行なった。こうした明治維新の伝統文化破壊の側面は、本来の保守的価値観に即せば、許し難い蛮行であるはずだ。

(A)と(B)の二つの文章は、約半世紀という長い歳月を隔てており、思想的には左／右の対極の著作からの抜粋であるにもかかわらず、明治維新への信仰という点のみ不思議と共鳴している。井上清のように、戦前には皇国史観にもとづく文部省の『維新史』を編纂した人物が、敗戦後には講座派マルクス主義史学を牽引した。そして、講座派史観を子どもたちに伝えることを使命と考えてきた藤岡信勝のような教育学者が、そこから「決別」して〝再版皇国史観〟とも言える「つくる会」を立ち上げた。右↓左↓右と繰り返す、この数奇とも言える右派／左派の連関を踏まえれば、(A)と(B)の文章が似通っている理由も見えてくる。右派と左派の愛憎劇とも言える。憎い相手であれ、お互いどこか似た者同士なのであり、根幹的な部分で共通性もある。

司馬遼太郎の磁場

藤岡信勝は、司馬遼太郎の『坂の上の雲』を読むことによって左派史観から脱却できた、と述懐している。[★5]しかしながら、司馬遼太郎の歴史観は、マルクス主義史観とどれほどの相違があるのだろうか。

司馬の小説はフィクションであるから真面目に取り上げる必要などない、と思われるかもしれない。しかし、戦後の日本人の歴史認識がどのように形成されたのかを研究課題とした場合、司馬の小説を無視することは、それこそ学術的に公平な議論にはならない。前掲の井上清・西尾幹二・司馬遼太郎の三人を較べて、戦後の日本人が三人のなかの誰の著作を一番多く読み、誰の影響を最も強く受けているのかと問えば、答えは疑う余地なく司馬である。

〝坂の上〟のナルシシズム

それゆえ司馬遼太郎の歴史観を問題にしたい。以下の文章は、NHKの大河ドラマ『坂の上の雲』のオープニングで、俳優の渡辺謙が朗読したものであり、広く知られている。原文は、司馬の小説『坂の上の雲』の各所から、司馬史観のエッセンスとなる文章を抜粋してまとめたものである。幾多の歴史的事実の誤認がある。どこに間違いがあるか、間違い探しをしながら読んでもらいたい。筆者は五つの間違いを指摘したい。

　まことに小さな国が、開化期を迎えようとしている。

　小さな

といえば、明治初年の日本ほど、小さな国はなかったであろう。産業といえば農業しかなく、人材といえば、三百年の間、読書階級であった旧士族しかなかった。

明治維新によって日本人は初めて近代的な「国家」というものを持った。

誰もが、「国民」になった。

不慣れながら「国民」になった日本人たちは、日本史上の最初の体験者として、その新鮮さに昂揚した。この痛々しいばかりの昂揚が分からなければ、この段階の歴史は分からない。

社会のどういう階層の家の子でも、ある一定の資格を取るために必要な記憶力と根気さえあれば、博士にも、官吏にも、軍人にも、教師にもなりえた。

この時代の明るさは、こういう楽天主義から来ている。

今から思えば実に滑稽なことに、米と絹の他に主要産業のないこの国家の連中が、ヨーロッパ先進国と同じ海軍を持とうとした。陸軍も同様である。財政の成り立つはずがない。が、ともかくも近代国家をつくろうというのは、もともと維新成立の大目的であったし、維新後の新国民たちの少年のような希望であった。

この物語は、その小さな国が、ヨーロッパにおけるもっとも古い大国のひとつロシアと対決し、どのように振舞ったかという物語である。★6

誤謬と言えば、この短い文章のなかに、これほど多くの誤謬を含むものもなかったであろう。小説なのだから、いちいち目くじら立てなくともよい、と言われるかもしれない。しかし、これほど明白な誤りが、公共放送の大河ドラマのオープニングのなかで朗読され、視聴者には真実であるかのように刷り込まれたことは、看過できない。

誤謬1

「小さな／といえば、明治初年の日本ほど、小さな国はなかったであろう」。

江戸時代の日本は、小さな国ではない。アンガス・マディソンのＧＤＰの推計値を挙げれば（表４－１）、江戸時代の文化年間に当たる一八二〇年の日本のＧＤＰは、中国、インド、フランス、イギリス、ロシア、ドイツに次ぐ、世界で七位であり、アメリカやスペインのＧＤＰも上回っている。もちろん過去のＧＤＰ推計は容易なことではなく、あくまでも一つの推定であるが、少なくとも日本は小さな国などではなく、ヨーロッパの中堅国家なみの国力があったことは明らかである。

誤謬2

「人材といえば、三百年の間、読書階級であった旧士族しかなかった」。

江戸時代の後期には、藩校で教育された武士のみならず、百姓も町人も寺子屋（手習所）で学んでおり、読み書きソロバンができる者は多かった。中江藤樹、石田梅岩、安藤昌益、二宮尊徳……など百姓出身の学者も枚挙にいとまがない。明治時代に文部省が行なった調査にもとづく推計では、江戸時代の末には、全国に一万五五六〇校の寺子屋が存在し、都市部のみならず農村部でもかなり普及し、その五六%は男女共学であった。[★7] イギリスの日本学者で、江戸時代の教育制度も研究したロナルド・ドーアは、この寺子屋統計をベースに江戸時代末の就学率を推計し、男性四三%、女性一五%という数字をはじき出した。[★8] しかし統計から漏れている寺子屋もあるので、実際の就学率はこれより高かった可能性もある。[★9] 本書第2章でも紹介したが、街道沿いの開けた公儀直轄の村の事例などでは、本百姓（自作地を所持し、年貢および役の両方を負担した農民）の識字率は七〜九割はあったと推定され、村民は投票用紙に候補者の名前を書き、入札で名主を選出していた。[★10] 少なくとも公儀直轄の村々であれば、近代的な民主主義に移行できるだけの民度の高さがあったのだ。

生産活動の根幹を担う百姓・町人・職人の仕

表4－1　江戸後期1820年における世界主要国のＧＤＰと人口

		GDP（10億ドル）	世界のGDPに占める比率（%）	人口（1000人）	一人当たりGDP（ドル）
1	中国	228,600	32.9	381,000	600
2	インド	111,397	16.0	209,000	533
3	フランス	35,469	5.3	31,250	1,135
4	イギリス	36,234	5.2	21,239	1,706
5	ロシア	37,678	5.4	54,765	688
6	ドイツ	26,823	3.9	24,905	1,077
7	日本	20,739	3.0	31,000	669
8	アメリカ合州国	12,546	1.8	9,981	1,257
9	スペイン	12,301	1.8	12,203	1,008
10	オーストリア	4,103	0.6	3,369	1,218
	世界計	694,819	100.0	1,041,708	667

（出典）Angus Maddison, *The World Economy, 1-2001 AD*, 2010より筆者作表。1990年米ドル換算。購買力平価による推計値。http://www.ggdc.net/maddison/oriindex.htm

事は、識字能力がなければ務まらないものが多い。とりわけコメ以外の商品作物栽培の発達した地域では、なおのことである。非生産階級の武士にしか人材のいない国で、どうやって経済活動が営まれ、発展させることができたというのだろう。

日本が開国して間もなく、日本産の絹はその品質の高さで世界の人びとを魅了し、フランスやイタリアなどのヨーロッパの養蚕国は、日本の養蚕技術を習得するために、日本語を学び、江戸時代の日本の百姓の書いた養蚕書がフランスで翻訳出版されている。[★11]ヨーロッパ人も瞠目した日本の養蚕技術力は、士族ではなく庶民がつちかったものである。旧士族にしか人材はいなかったと、平然と言いきれる司馬の感性には、百姓・町人に対する根本的な偏見と蔑視の念があったとしか思えない。

誤謬３

「誰もが、「国民」になった」。

日本人は明治維新によって「国民」になったのではなく、天皇の「臣民」になった。天孫降臨神話を真理とし、天皇を神の子孫とする物語を信じ込むことを強制され、それに疑義をはさめば不敬罪に問われた。自立した一人ひとりの社会契約によって主権国家を形成する国民国家になったのではない。大日本帝国は、王権神授説にもとづく、ある種の宗教原理主義国家であった。近代的な立憲主義国家とは違う。

誤謬４

「米と絹の他に主要産業のないこの国家の連中が、ヨーロッパ先進国と同じ海軍を持とうとした。陸軍も同様である。財政の成り立つはずもない」。

日本には、絹という主要産業があったがゆえに、海軍も陸軍も建設し得たし、財政も成り立つはずであった。日本の生糸は、開国直後からその品質の高さによって、ヨーロッパ市場で飛ぶように売れ、連年の貿易黒字を計上した。徳川政権は自らの意志で、輸入関税率二〇％・輸出関税率五％という条件で貿易を開始し、慶応元年（一八六五）には、国家予算のおよそ三〇％程度は関税収入で賄うことが可能となっていた。[★12]百姓に重税を課さずとも、徳川政権は潤沢な関税収入を得ることができ、その財源があれば順調に近代化できたはずであった。

徳川政権の勘定奉行の小栗忠順（ただまさ）は、日本の高品質の生糸と蚕種をフランスに輸出することと引き換えに、横須賀造船所・製鉄所の建設の技術支援をフランスから取りつけた。江戸時代の絹産業の技術力があったからこそ、重工業も建設できたし、海軍力も獲得できたはずなのである。

ところが、長州藩が行なった下関戦争とその惨敗によって、日本の工業化は遅れることになった。日本の工業化を阻止せんと、日本の関税率二〇％の引き下げの機会を虎視眈々と狙っていたのが大英帝国であった。下関戦争で長州藩が敗戦すると、イギリスはこれを絶好の機会として関税率を五％に引き下げて固定することを要求し、慶応二年（一八六六）の改税約書（江戸協約）でこれに成功した。[★13]この改税約書こそ、真の意味で日本が関税自主権を喪失した事件であったのだ。こうして明治日本は、国内産業を育成する手段を失い、貿易赤字と財源不足に苦しむようになった。

近代的な製鉄業の建設計画を描いていた徳川政権の小栗忠順は、上州の中小坂鉄山に隣接して製鉄所の建設を建議していた。この中小坂製鉄所は、明治四年（一八七一）、実際に民間資本の力で建設され、明治八年（一八七五）の段階で本格操業に入り、輸入銑鉄よりも安値で銑鉄を供給できるまでに育っていた。[★14]しかるにイギリスは、日本の重工業化を阻止せんと鉄鋼のダンピング輸出攻勢をかけ、日本は関税自主権がなかったがゆえに、価格競争に対抗できなかった。[★15]その結果として、中小坂製鉄所は廃業に追い込まれ、日本で鉄鋼業が育つことはできなくなった。鉄鋼業や造船業の建設も大幅に遅れ、日露戦争時も、イギリスからの鉄や軍艦の輸入に依存し続けるという経済的従属状態に追いやられたのである。

日本における鉄鋼や造船などの重工業の本格的な発展は、日露戦争後の明治四四年（一九一一）の関税自主権の完全回復を待たねばならなかった。これが史実である。長州が攘夷戦争を実行したがために日本は関税自主権を喪失し、重工業化も遅れてしまったのだ。明治維新がなく、二〇％関税を維持したまま徳川政権が継続していれば、日本の工業化はもっと早く達成されていたであろう。

誤謬5

「ヨーロッパにおけるもっとも古い大国のひとつロシアと対決」。

ロシアは、ヨーロッパの最も古い大国ではない。そもそもロシアはモンゴル帝国によって一二四〇年から一四八〇年まで支配されたアジアの植民地だった。ロシアはモンゴル帝国の支配を脱して独立して建国された新興国家である。

産業革命以前においては、アジアの方がヨーロッパよりも経済的にも優位であった。★16 日露戦争で日本が勝ったことが、アジア人初の栄光であるかのように語る日本の右派の歴史認識の方が、ヨーロッパ中心史観に毒されている。歴史に対する根本的な無知に根ざした認識なのである。

江戸時代の日本は遅れた弱小国だったが、明治維新と、その後の血の滲むような努力を経て、一等国の地位に駆け上がったのだと宣伝し、そうしたナルシシズムを自国民に信じ込ませたのは、明治政府のプロパガンダであった。

もっとも、そうしたプロパガンダを実施するのは、前政権を軍事的に倒して権力を掌握した者であれば、当然の発想であろう。問題にせねばならないのは、その明治維新体制が一九四五年（昭和二〇）の敗戦によって崩壊したにもかかわらず、なお歴史学者や作家が、明治政府のプロパガンダをなぞるような歴史書や小説を発表してきたことにある。藤岡信勝は、司馬の『坂の上の雲』によって左翼の「自虐史観」から脱却できたと語るが、江戸時代の日本は遅れた弱小国であると見た司馬の認識こそ、自虐史観と呼ぶべきでないだろうか。

司馬遼太郎とシンクロする井上清

戦後、講座派マルクス主義史学を牽引した前述の井上清は、一九六〇年代に出版され、日本通史シリーズとして広く読まれた『日本の歴史』（中央公論社）第二〇巻の『明治維新』を執筆している。同書の付録の対談相手は、司馬遼太郎であった。[★17] 二人は、明治維新は「革命か否か」という今日にも論争の多いテーマについて熱く語りあっている。興味深い対談なので、紹介したい。

井上清のような講座派にとって、明治維新とは封建制を打倒して絶対主義権力を確立するまでは歴史の進歩であったと評価されるが、ただちにそれはブルジョア民主主義革命によって打倒されるべき専制権力として、批判の対象となる。すなわち講座派は、明治維新を評価しつつ批判するという、アンビヴァレントな認識を示している。

明治維新を「革命」と捉え、ポジティヴな歴史評価を下してきた司馬遼太郎は、講座派のこの歴史理解が不満だったようである。この点を突いて、井上に論争を仕掛けている。司馬は、井上に対し、「明治維新は革命と言ってよいのではないか」と問いかける。井上は、「明治維新では、どうも新しい階級に（権力が）すっかり移ったとはいえない」ので、「革命」ではなく「変革」という表現が妥当であると応じている。

マルクス主義者の井上にとって、「革命」とは、階級闘争を経て、階級間の権力移動が起こるものでなければならない。井上は、平和的に議会政治に移行させようとした越前や土佐の「公議政体論」については、「山内容堂なんかの公議政体論というのは、要するに支配者の交代段階にとどめておこうということでしょう」と切り捨てている。

実際のところ山内容堂は、庶民にも参政権を与え、欧米に負けない水準の憲法と議会を開設しようと考えていたことは、前章でも紹介した通りである。山内容堂が徳川慶喜に提出した政権返上を求める建白書には、「陪臣庶民に至るまで正明純良の士を撰挙[★18]」と書いてある。仮に山内容堂が武士のみの議会を主張していたのであれば、「庶民」という文言を削らせたはずであろう。容堂は「庶民」という文言をそのまま入れて徳川慶喜に提出したにもかかわらず、学者たちはその真意を必死に曲解しようと努力してきた。井上は、マルクスの階級闘争論にもとづいたバイアスによって、封建領主の提案する改革案など、封建制を覆す内容になるはずがない、という先入観で歴史を見ていたのである。徳川政権や公武合体派の側から、多様な議会論が出て、近代社会にいたる道筋が存在したにもかかわらず、講座派史観のバイアスによって、それらは一様に封建制の枠内の「封建議会論」として切り捨てられてしまった。

井上清と司馬遼太郎の歴史認識には、共通点もある。井上清は、対談のなかで長州の奇兵隊を一般民衆が積極的に参加した「階級的軍隊」として高く評価し、司馬遼太郎も「わたしも同感です。あれは単に軍事的な現象ではなく、その出現そのものが、封建制の崩壊という点で重要だと思います」と相槌を打っている。司馬も階級闘争史観を肯定していたことがわかる。

司馬と奇兵隊をめぐって意気投合しているうちに、井上も次第に加熱してくる。最後には、井上も「ほんとうの新しい政権ができないというので内乱にまでもっていった。その点でいうと、明治維新はほとんど革命といっても……」と、思わず「革命」という講座派の禁句が口から出てしまうのである。井上が口を滑らせたことにより、勝負あった、という感じになった。井上から「革命」という言葉を引き出した司馬の勝ちである。

最後に、井上は「明治維新というもので、総括的に国民が形成され、外国からの独立の基礎ができ、つまりのちの自由民権運動のようなものが出てくる条件をつくりだした」と討論をまとめている。

つまり、徳川の封建制を軍事的に倒して絶対主義権力を実現し、はじめて近代化への途が開けて、自由民権運動が発生する客観的条件が発生したという考えである。二人とも封建勢力であるはずの徳川の側が自ら近代立憲政体を確立する方向に進んでいたとは、考えようともしなかったわけだ。

平和革命と暴力革命

井上清と司馬遼太郎の歴史観は、「階級戦争」という暴力による変革の意義を強調する点でも共通する。井上は、内乱が起こらないかぎり、本当の意味での新政権は発生し得ないと考えていた。内乱によって国家を統一することがなければ、日本の独立もおぼつかなかったと考える。真の変革には流血が不可欠だ、という歴史観は、いかにもマルクス主義的である。

世界の歴史で起きた革命の事例を検討すれば、流血の内乱をともなうフランス革命のような事例もあるが、流血をともなわないイギリスの名誉革命のようなケースもある。一概に変革には流血がつきものとは言いきれない。

一九八六年、民衆が大統領宮殿を包囲し、独裁者のマルコス大統領がアメリカに亡命し、民主化が達成されたフィリピンのエドサ革命。蔣経国の国民党が戒厳令を布いて強権的に支配してきた台湾において、蔣死後の一九八八年に総統となった李登輝が、上から率先して民主化した「静かな革命」。記憶に新しいものを想起してみても、いずれも無血革命と言えよう。一九八九年の東欧革命の場合、ポーランドやハンガリーや東ドイツは無血革命であったが、ルーマニアのように流血の惨事をともなったケースもあった。平和的な変革と流血の変革のどちらがよいかと問われれば、もちろん暴力などともなわずに社会が変革される方がよい。

流血のルーマニアと、無血のポーランドやハンガリーを比べれば、明らかに無血の移行を果たした国々が、その後の社会の安定性も高い。フィリピンと台湾の民主化は、ともに無血革命とは言っても、フィリピンが大きな混乱をともなったのに対し、台湾は混乱なくスムーズに制度的な民主化を果たした。フィリピンと台湾のその後の政治の安定性や経済的パフォーマンスを比べても、混乱が少なかった台湾の方が、結果は良好である。

血塗られた暴力革命の歴史に血沸き肉躍り、それがあればこそ、その後の栄光もあると考える井上や司馬の認識は、戦争好きの男の性のようにも見える。暴力によって権力を奪取した者たちは、その後も暴力性を失わず、敵対する者たちを粛清したり、弾圧を加えたりするのが常である。フランス革命しかり、ロシア革命しかり、そして明治維新もまたしかりである。

血塗られた暴力の歴史をともなった明治維新という「原罪」があったればこそ、その後に出現した大日本帝国も暴力的で、国内の民衆運動を苛烈に弾圧し、海外侵略をくり返し、はては太平洋戦争による破滅にいたったのではないのか。明治から昭和にかけて日本で政治家や財界人の暗殺が横行したのも、彼らが、「天誅」と称するテロで政権を奪取した薩長維新志士たちを模範とし、その成功体験をくり返そうとしたからではないのか。しかし薩長の成功体験は、二度と再現されなかった。それもそのはず、薩長が権力を握れたのは、独力ではなく、イギリスからの潤沢な武器供給という他力があったからだ。

流血をともなわずに社会が変革されないかぎり、暴力と弾圧の応酬を止めるのは難しい。暴力革命を賛美するマルクス主義者たちの実践活動は、政権の暴力化と弾圧の負の連鎖を誘発させてしまったのだ。

司馬遼太郎の長州史観

司馬遼太郎は、長州藩を革命のメインストリームと見ている。司馬は「幕末」を舞台にした長編歴史小説を、全部で一一作品執筆しているが、そのなかの三作は、長州が舞台である(『十一番目の志士』『世に棲む日日』『花神』)。一一作中の三作が長州なのだから、そのウェイトは高い。司馬の「長州三部作」が書かれたのは、いずれも長州出身の佐藤栄作が首相を務めた時代であった。司馬ともあろうものが、佐藤首相に忖度したとも思えないのだが、結果として、司馬の小説は佐藤内閣による明治維新一〇〇年記念事業の成功に大いに貢献した。

『世に棲む日日』と『花神』には、「革命」という言葉が頻出する。司馬は小説を通して、当時の主流派であった講座派史学が、明治維新を「革命でない」と過小評価してきたことに反論していたのだ。もっとも、「革命」という言葉を使うか使わないかを別とすれば、長州を中心にした変革の物語を描くという点において、司馬史観と講座派史観は大きく変わるものではなかった。

司馬は、『世に棲む日日』で、革命の第一段階として、革命を鼓舞して刑死した「思想家」としての吉田松陰、そして革命の第二段階で実際に軍事的に挙兵する「革命家」としての高杉晋作を取り上げた。『花神』では、革命における「技術者」の役割をフォーカスしようと、長州藩の兵制を近代化した軍事指導者であり、日本陸軍の建設に寄与した大村益次郎を取り上げた。明治維新の「思想家」も「革命家」も「軍事技術者」も、そして最後に革命の果実を得る第三段階の「政治家」としての伊藤博文・井上馨・山縣有朋なども、すべて長州から出ている。それゆえ司馬にとって、長州は疑う余地なく「革命」のメインストリームであった。

吉田松陰と大村益次郎は、敗戦後の一時期、天皇制絶対主義ないし軍国主義の象徴と見られていた。司馬も、子どもの頃に受けた軍国主義教育のなかで、「松陰」の名を盛んに刷り込まれたことが原体験としてあり、そのネガティブな思いを吐露している。「私は学校ぎらいの子供だったから松陰という名が、毛虫のようなイメージできらいだった。長じて国家が変になってきた。松陰の名はいよいよ利用された」[19]と。

しかし司馬遼太郎は、明治維新という「革命」に真摯に向き合ったとき、「毛虫のようなイメージできらい」だったはずの吉田松陰を取り上げざるを得なくなった。長州人たちが徳川の封建体制を否定し、「民族国家的な思考のレベルへの飛翔」を可能にした、「普遍的（当時の）正義のつくり手」[20]として、松陰をフォーカスせざるを得なくなったのだ。司馬は、軍国主義の象徴としてではなく、民族国家へ飛翔する「革命」を準備した思想家という、戦後民主主義の時代にふさわしい役割を松陰に与えて再解釈し、松陰像に新たな生命を吹き込んだのである。

吉田松陰も大村益次郎も、司馬に感謝せねばならないだろう。敗戦によって彼らにまとわりついた汚名をそそぎ、松陰は革命の先駆けとなる思想家、大村は近代合理主義を体現する技術者、といったポジティヴなイメージで、戦後民主主義の時代にふさわしい地位を与えて復権させてくれたのだから。

しかしながら司馬は、一抹の不安を消し去ることはできなかった。『世に棲む日日』の「あとがき」で、次のように述べる。「いまでも松陰をかつぐ人があったりすればぞっとするし、今後、そういう人間や勢力は出ないと思うが、もし存在するとすればどうにもやりきれない[★21]」と。

この司馬の認識はあまりにも甘かった。司馬の没後すぐに、司馬の名前を都合よく利用しつつ、「松陰をかつぐ人」が続出したのである。そして「松陰をかつぐ人びと」は、「美しい国」「日本を取り戻す」といったスローガンを掲げ、政権を奪取するにいたった。「今後そういう人間や勢力は出ないと思う」という司馬の認識は、あまりにも浅はかだったのだ。司馬は草葉の陰で、自分の甘さに戦慄しているかもしれない。

長州本紀と佐幕派列伝

司馬遼太郎には、土方歳三・河井継之助・徳川慶喜・松平容保など、徳川方を扱った小説も多い。他の作家よりも、多角的な視点で明治維新を把握している。確かに司馬は、敗れ去った側にも温かい目を注いで、「明治維新」を、勝者のみではなく、敗者も含めた「国民の物語」にした。

しかしながら、司馬の幕末物を読めば、やはり物語のメインストーリーはあくまで勝者の長州が中心に置かれている。新選組や長岡藩、会津藩など敗者の物語は、サイドストーリーである。本家の司馬遷になぞらえて言えば、長州「本紀」に対し、新選組も長岡藩も会津藩も「列伝」なのだ。

司馬の代表作として、まず多くの人びとが思い浮かべるのは『竜馬がゆく』であり、これは土佐が舞台ではないかという反論もあろう。しかし『竜馬がゆく』が「土佐史観」かと問えば、そうではない。やはり長州史観で物語は叙述されている。

司馬は、「竜馬」の最大の業績を、滅亡の淵にあった長州を、薩摩と同盟させることによって救い出したことにあると見ている。『竜馬がゆく』は、第一次長州征伐と下関戦争の敗戦ののち、滅亡の淵に追い込まれ、孤立無援にあった長州を救い、薩長同盟という「奇跡」を成し遂げ、維新回天の発火点にさせたことを「竜馬」最大の功績と評価する。司馬の作中の「竜馬」が、同盟をしぶる西郷を、口説き落とした殺し文句は「長州が可哀そうではないか」であった。小説のなかでは、「竜馬」のその一言によって同盟が成るのであった。『竜馬がゆく』においても、革命のメインストリームはやはり長州なのだ。

司馬は、第二次長州征伐に先立つ長州藩の内戦を、奇兵隊という庶民軍と武士階級の藩の正規軍が衝突した階級戦争と位置付けた。『竜馬がゆく』でも、主人公の「竜馬」がその場にいないにもかかわらず、長州藩の内戦を丹念に描き出している。とくに力を込めて記述するのが、長州内戦のなかで展開された「絵堂の会戦」である。司馬はこの会戦を、日本の歴史を回転させた階級戦争と評価する。そこには以下のような一節がある

> 絵堂で、正月早々、戦争が行われた。千人と二百人の小さな戦争で、内乱である。戦争としての規模からいえばとるに足らぬ事件だが、この戦争の結果が幕末の日本史を大きく回転させることになったことをおもえば、絵堂の戦争の意義は大きい。★22

長州が舞台の司馬の小説『世に棲む日日』でも「絵堂の奇襲」は物語のクライマックスのなかで描き出され、「長州藩の内乱は、このときになってはじめて階級戦争のすがたを見せてきている★23」と叙述している。本家のマルクス主義者たちが「階級戦争」の側面を過小評価するものだから、本家に成り代わって、司馬が「階級戦争」という言葉を前面に押し出しているようにすら見える。

皇国史観と講座派史観の連続性

井上清と同じ講座派でありながら、互いにライバルとして論争しつつ、戦後歴史学を牽引したのが、第

1章でも紹介した遠山茂樹である。遠山茂樹の『明治維新』（岩波書店、一九五一年）は、戦後における明治維新研究の方向性を規定する力を持った。

先にも述べたように、遠山茂樹も井上清と同じく、戦前・戦中は文部省の維新史料編纂課に勤務し、文部省の『維新史』の編纂に従事していた。遠山や井上が、戦後歴史学を牽引することができたのは、戦前に文部省でつちかった豊富な史料の読み込みがあったればこそであった。戦前の皇国史観にもとづく歴史書の編纂を通して得られた研究成果が、戦後の唯物史観にもとづく著作に引き継がれているのだ。唯物史観にもとづく明治維新研究が、皇国史観と同じく長州と薩摩の活躍に焦点を当ててきた理由も、こうした背景を考えれば無理のないことであった。

水戸学評価の転換

もちろん戦前の皇国史観と戦後の唯物史観の違いも大きい。長州・薩摩中心に維新回天を論じる、という大枠は同じであっても、その味付けは、尊王論重視から階級闘争重視へと変わっている。また、戦前の皇国史観では、維新に果たした水戸学の役割についての評価が高かったが、戦後はそれへの評価が低くなった。

文部省の『維新史』を紐解いてみよう。『維新史』第一巻の第一編は「尊王論の発達」であり、これが二二三頁にわたって詳述される。第二編が「封建制度の分解」（三二五～三九一頁）、第三編が「鎖国政策の破綻」（三九三～六七四頁）と続く。明治維新の起点を尊王論の発達という精神的な側面に見るところが、皇国史観らしいところである。

文部省の『維新史』では、尊皇思想の系譜として「山崎闇斎（あんさい）の垂加神道」「平田篤胤（あつたね）の復古神道」などに続いて「水戸学」が位置付けられている。水戸学に続いて、「各地の尊王論」として、高山彦九郎、頼（らい）山陽（さんよう）、竹内式部、山縣大弐（やまがただいに）などが続くという構成である。戦前の文部省は、山崎闇斎、平田篤胤、水戸学を、明治維新にいたる尊皇思想を鼓舞した三大思想と認識しているわけだ。水戸学については四四頁と、第一編全体の二〇％に相当する頁数を費やしている。同書は水戸学の意義を評価して以下のように述べている。

> 惟（おも）ふに皇室を尊び、名分を重んじ、国体を明かにするは、前期水戸学の特色であったが、今や上に賢明なる斉昭（なりあき）があり、下に幽谷（ゆうこく）・正志斎（せいしさい）・東湖（とうこ）の輩出するに及んで、水戸藩の尊王攘夷論は茲（ここ）に確然として成立し、忠孝二なく、文武岐（わか）れず、学問事業其の効を殊にせずと、実践躬行（きゅうこう）は頓（とみ）に強調せられるに至り、衆思を集め、群力を宣（の）べ、以て国家無窮の恩に報ずるを期するに至った。之が即ち後期水戸学の特色である。★24

文部省の『維新史』において、前期水戸学は「皇室を尊び、名分を重んじ、国体を明らかに」したと評価された。後期水戸学は、そこからさらに進んで「国家無窮の恩に報ずる」ための実践活動を重視するようになって、維新に貢献したと評価される。

しかしながら、「国家無窮」をうたった『維新史』の第一巻が書かれてからわずか六年後、大日本帝国は敗戦によって終焉した。そして、晴れて学問の自由を獲得した遠山茂樹が、敗戦から六年後に世に問うたのが、『明治維新』である。この書において、水戸藩の位置付けは以下のように変化した。

> 水戸学的尊王攘夷論は、天保期の封建制動揺、崩壊の現実を母胎として、封建支配者の危機意識を表現する政治思想となった。そしてそれが学者の書物の上での名分論たる限界を出て、現実にかかわることが深くなればなる程、封建反動的性格を強めた。ようやく反封建を芽生えしめた現実も、それが名分論的思惟にとらえられた限り、「神州の道」の危機の現状を憤る心はいよいよかたくなる名分論の固執に走った。そして封建制の危機を鋭く知覚し、その打開が熱烈に志向されても、そこに包蔵さ

れる現状改革論が、結局尊王を実現し、攘夷を断行する目的に従属せしめられて受け取られた時、忠道徳を振起し、士気を振粛する方策に集約されることとなって、一切の政治改革論を封建制の枠内に自覚的に閉じ込める働きをなした。★25

遠山本人も編纂に携わっていた戦前の文部省の『維新史』においては、水戸学の「名分論」は、尊王論を確立したとされ、明治維新への寄与をポジティヴに評価されていた。彼が戦後に国家権力の拘束から自由になって執筆した『明治維新』では、水戸学の「名分論的思惟」は、政治改革論を「封建制の枠内」に閉じ込める役割を果たした、としてネガティヴに評価されている。水戸学のプラスの評価は消し去られ、代わって水戸学には、倒幕派が乗り越えていくべき踏み台としての封建思想という、別の役割が付与されたのである。

戦前の皇国史観の見解よりも、戦後の新しい学説の方が正しいだろうと思われる方が多いであろう。しかし、この問題に関しては、話はそう単純ではない。

遠山茂樹の長州史観

遠山の『明治維新』によれば、水戸藩の封建的尊王攘夷論が消え去ったのち、変革の原動力となったのは長州藩の倒幕派である。遠山は以下のように分析する。

〔第一次長州征伐後の〕この沈滞した政情を打ち破ったものは、尊攘派の悲境の中から、新たに興起した倒幕派の力であった。倒幕派は、尊攘派の敗退の中からのみ生まれえた。そして第一回長州征伐、四国艦隊の攻撃と、時を同じくして内外からの危機に見舞われた長州藩において、それは最も典型的に生長した。〔……〕試みに高杉晋作を、井上馨（聞多）を、伊藤博文（俊輔）を考えて見よ。〔……〕

尊王攘夷運動から倒幕運動への転回は、運動目標の上では、攘夷に代わる倒幕への集中において、運動形態の上では、豪農・豪商層をより広汎に組み入れた下級藩士勢力のヘゲモニーにおいて行われた。そして長州藩での、倒幕派の武装蹶起こそ、文久三年政変以後の停滞逆行した中央政局を展開せしめ、維新への直接的な途を切り開く発火点となったのである。[★26]

遠山によれば、水戸学の影響下にあった長州の尊攘派は、第一次長州征伐と下関戦争を経て、水戸学の名分論を乗り越えて、尊攘派から倒幕派へと脱皮した。水戸学から解放され、豪農・豪商ら民衆からの支持も取り付けることができ、長州の奇兵隊・諸隊は、維新変革の原動力として檜舞台に登場することができた。もともと尊攘派であった高杉晋作・井上馨・伊藤博文のように、人格的には同じ人物であっても、「体験の深まり」「識見の高まり」によって、「尊攘派」から「倒幕派」へと質的転換を遂げ、広範な民衆の力を組織化できた、とする。

文部省の『維新史』が、水戸から薩摩・長州へと続く尊王論の系譜で維新を論じたとすれば、講座派は、水戸学の封建的な限界を乗り越えた長州の倒幕派を主軸として維新を論じた。すなわち戦後の講座派マルクス主義史学は、戦前の皇国史観以上に、「長州史観」化していったのである。

松浦玲の回想

日本共産党の指導層のなかには、市川正一、野坂参三、宮本顕治、志賀義雄、神山茂夫……など、長州出身者が多かった。もちろん遠山茂樹は、共産党の指導層に忖度して長州藩を明治維新史のメインストリームに置いたわけではないのだろうが、結果としてそうなっているように見えるのは、長州尊攘派・倒幕派の持っていた暴力革命のエートスが、左派の感性と本質的にシンクロするからかもしれない。

歴史学者の松浦玲は、京都大学で井上清の指導も受けて明治維新史を研究した。松浦は、一九五〇年代の京都大学において学生運動に没頭し、学生のデモ隊と機動隊が衝突した荒神橋事件の首謀者とされ、京大を放学処分になっている。松浦は歴史学者となる以前に、自らが戦後学生運動史の登場人物として、歴史にその名を刻み込んでいた。その松浦は、一九七〇年（昭和四五）の著作で以下のように回想している。

これまで、長州の尊攘激派が倒幕派に転化していくコースが明治維新の主流だと考えられ、その政治の力学を理解できないものは明治維新を語る資格がないと思われる傾きが強かった。★27

戦後における講座派史学内部の雰囲気が伝わってくる。遠山以来、幕末維新史の研究は長州藩を中心に論じられるようになった。著名な明治維新の研究者のなかには、奈良本辰也や田中彰など長州出身者も多く、彼らの手による幾多の学術書・啓蒙書は、長州中心の明治維新観を強固なものにしていった。戦後歴史学は戦前以上に、明治維新を長州中心に描くようになった。

上山春平の水戸史観

講座派史学は、明治維新に果たした水戸学の影響を消し去ることによって、明治維新を近代的な社会改革と評価する〝物語〟を構築した。講座派の水戸学評価に異を唱えた人物に、哲学者の上山春平（うえやましゅんぺい）がいる。上山は、水戸学の尊王攘夷論こそが、明治維新の原動力となった革命イデオロギーであったと主張する。遠山茂樹が「長州史観」であったとすると、上山は「水戸史観」であったと言えよう。

上山春平は、敗戦後に京都大学人文科学研究所に勤務し、桑原武夫・今西錦司・中尾佐助・梅棹忠夫などとともに「新京都学派」と呼ばれるグループを形成した一人である。ちなみに、当時の京大人文研には、講座派歴史学者の井上清も在籍していた。上山と井上は、学問的立場は大きく異なるライバルであったが、同じ職場で活発に議論していたようである。いかにも当時の京大らしい知的雰囲気である。

上山は、京都帝国大学哲学科を卒業して海軍に進み、戦争末期には人間魚雷「回天」に搭乗する特攻隊員となった。二度出撃して、二度とも生還した。上山が戦後に生きて学者として活躍できたのは、奇跡以外の何ものでもない。

死を覚悟していた上山は、敗戦後も、米英が「善」で、日本が「悪」だったとは信じたくなかった。マルクス学派は、第二次世界大戦の本質を、資本主義諸国の植民地分割競争の果てにくり広げられた帝国主義戦争であると分析しており、アメリカもイギリスも日本も、帝国主義という点で同じであるという認識であった。上山は、日本だけが悪いとは思えなかったので、マルクス学派に好意を持つようになったわけである。

しかしながら上山は、講座派マルクス主義史学の明治維新の分析には、不満があった。上山は、水戸学が明治維新に果たした役割は大きかったと考えていたから、井上や遠山が水戸学の寄与を葬り去ってしまったことに、納得できなかったのである。上山は水戸学を擁護して、講座派に論戦を挑んだ。

上山は、代表的な水戸学者である藤田東湖の「正気説（せいき）」を、「革命性を帯びた日本のナショナリズム思想」として、以下のように評価する。

私が正気説に革命性をみとめるのは、正義のために死を賭する精神が強調されているからである。そして、維新変革の過程において重大な意義をもつ水戸藩の井伊直弼（なおすけ）殺害事件（桜田門外の変）、薩摩藩のイギリス人殺傷事件（生麦事件）などの下手人たちが、東湖らの「正気」の哲学の強い影響下にあったという点に着目したい。彼らが死を賭して貫こうとした正義は、「尊皇攘夷」の一言に尽き、これは、君・臣の義と華・夷の弁を説く儒教的名分論に帰着すると見ることもできなくはないが、その名分論に生命をふきこみ、危機打開のための決死の行動をかりたてた点に、正気説の独自な意義があった。それは、精神的エネルギーの無限の可能性にたいする信仰に支えられており、こうした信仰が決死の行為を可能にしたのである。〔……〕

水戸学をたんなる名分論として、すなわち封建的秩序維持の哲学としてのみとらえたならば、どうして血気さかんな青年たちが、その哲学の示す理想のために死を賭する覚悟をすることができたのか、どうしてそんな哲学が、堅固な封建的秩序を根本からくつがえした大変革の思想的原動力となりえたのか、という疑問に全く答えることができないであろう。★28

己の信じる攘夷のために死を決し、要人暗殺や外国人襲撃テロを実行する水戸学思想こそ、「大変革の思想的原動力」に他ならない、という評価である。

確かに、その思想は「大変革」の原動力であったろう。しかし、同時にその「大変革」で形成された「国体」イデオロギーは、上山本人も含めた日本の若者たちを特攻に向かわせ、三一〇万人の日本国民を死にいたらしめ、アジア太平洋地域で二〇〇〇万人とも推定される死者を生み出し、大日本帝国そのものを大破滅させる原動力となったわけだ。

上山の編著である『日本のナショナリズム』(徳間書店、一九六六年)の付録は、上山と遠山茂樹の対談となっている。上山は、水戸学の役割を否定する遠山に対して論争を挑んでいる。★29 上山は、会沢正志斎の『新論』には「現状批判のロジック」があり単なる名分論ではないこと、さらに藤田東湖の「正気説」は、「現状打破のエネルギー哲学」であり、藤田の影響を受けて生麦事件を引き起こした奈良原喜左衛門や海江田信義は、「圧倒的な力を持った外国に当たるために、すさまじいエネルギー」でぶつかろうとしたと論じ、「ただの名分論、ただの秩序感覚だけなら、若いヤツが普通のサムライコースから逸脱してエキサイトするはずがない。なぜ彼らをあれほどまでに駆り立てたか、そのへんの思想史的意義を見る必要がある」と述べている。

遠山は、それに反論して、「なにも『新論』を読んでふるい立ったのでなく、ふるい立たざるをえない要因がそれぞれあったのじゃないか。また、水戸学のなかには非常に不十分だけれども世界認識があって、攘夷派なりに世界の中で日本の位置付けをやった。それが各藩の人の目を開かせることになった。〔……〕

その行動のイデオロギーが尊王攘夷という形をとっている限り、結局は藩に戻っていく、そのイデオロギーが身分制に引戻していく役割を果たしているのじゃないか」と応じている。

つまり遠山は、水戸学の尊王攘夷の思想では、倒幕はできず、自藩中心の封建制度に帰着させる役割を果たした、と主張しているのである。しかし、なぜ尊王攘夷思想は藩に戻ってしまうと断言できるのか、納得のいく説明をしていない。実際、水戸学の尊王攘夷論は、藩の枠組みを超えて薩摩や長州などへ広まった。水戸と薩摩の攘夷派が共闘して実行した大老・井伊直弼の暗殺事件は、すでに藩の枠組みを超えた行動であり、それ以降、水戸学は藤田本人の思惑を超えて、徳川政権を転覆させるイデオロギーへと転化していった。上山と遠山の論争を読むと、軍配は上山に挙がると判断せざるを得ない。

日本思想史の研究者である尾藤正英も、遠山説を批判して、「〔水戸学は〕明治国家を支える観念体系の一部をなして、近代日本とともに生きつづけた思想であって、単に幕末の一時期だけに社会的影響力を発揮しえたとみるべき性質のものではなく、ましてこれらを専ら幕藩体制の護持をめざした「後向き」の思想であったとみることはできない」[★30]と述べている。

吉田俊純の水戸学研究

水戸学研究者の吉田俊純は、水戸学が明治維新に果たした役割についてさらに綿密な実証的研究を行なっている。吉田は、『水戸学の研究』（明石書店、二〇一六年）において、水戸学が封建制回帰の思想であり民衆運動と結びつくことはなかったという遠山の解釈に反論し、後期水戸学は、天保以降、武士のみならず、農村に深く根を張って民衆に浸透していった、という様子を明らかにしている。

商品経済の発達した水戸領の南部では、豪農層が積極的に水戸学を学び、民衆が主体的に水戸藩主の徳川斉昭の藩政改革を支えた。長州藩の奇兵隊を生み出すもととなった吉田松陰の思想も、水戸学がベースになっている、と指摘する。嘉永五年（一八五二）に吉田松陰は水戸を訪れ、会沢正志斎など高名な学者と交流し、さらに藩内をめぐり、尊王攘夷論が農村の民衆の間に根を下ろし支持されている様子を視察した。領内の小場村で、百姓たちが安政の大獄で蟄居処分を受けていた前藩主徳川斉昭の減免運動に奔走した話を聞き、吉田松陰は感銘を受けて、日本すべての「士夫」がこれら水戸の「草莽（そうもう）」のごときになれば、どれだけ力強いことかと感嘆し、「時窮（きわ）まりて草莽に豪英（ごうえい）を見る」という詩を詠んでいる。松陰は、水戸の経験を契機として、「草莽」のエネルギーを認識するようになり、のちにこれを積極的に組織化し、在野の広範な人びとの蹶起を促す「草莽崛起（くっき）論」を展開するようになった。[★31]

遠山茂樹は、水戸学は封建的名分論の限界で民衆と結びつくことはなく、水戸学の影響を振り切った長州藩は豪農・豪商と結びつき、はじめて反封建的変革の力を得たと論じたが、実証的に見れば誤りということになる。水戸藩の尊攘派は、長州より早くから豪農・豪商層と結びついていた。「変革」の主体となった長州の奇兵隊そのものが、水戸藩の取り組みに倣（なら）って草莽を組織化したものであった。水戸学を受容した吉田松陰の弟子の高杉晋作も、水戸の尊攘派を模範と仰ぎつつ、奇兵隊・諸隊を編成していったのである。

こうしたことから、吉田俊純は、明治維新とは、理念的には水戸学が主導して行なった変革に他ならないとし、以下のように結論した。[★32]

〔明治時代の日本は〕たしかに政治史的には憲法と議会をもった。経済史的には資本主義になった。しかし、文化史的には水戸学が大きな意義をもつ国家だったのである。すなわち、天皇中心の政教未分離の国家であった。近代日本は文化史的には近代国家といえないのではないか。この反省と自覚こそが、今日といえども求められているのである。[★33]

明治国家に水戸学の影響が濃厚だったという事実を自覚することは、近代日本の誤りを認識し、私たちに反省を促すものであり、その反省は今日も求められている、というのである。

明治時代の教育勅語は、水戸学の影響を受けて成立したものであるが、今日ふたたび教育現場でそれを用いようという右派の運動が盛んとなっている。であるからこそ、私たちには明治維新を反省するという視座が必要とされているのだ。

おわりに

皇国史観の文部省『維新史』では、水戸学を「皇室を尊び、名分を重んじ、国体を明らかに」し、明治維新の魁（さきがけ）となったと評価する。それに対して講座派史観や司馬史観は、「名分論」に執着した水戸藩は封建思想から脱却できず、長州藩は水戸学の影響を脱することによって、はじめて維新変革の主役となったと評価した。水戸藩の攘夷派が壊滅したのは、彼らが名分論に固執した封建的思惟から抜け出せなかったからであり、長州藩は名分論から脱して、民衆を組織しつつ倒幕論に脱皮したからこそ勝てたのである、と。

しかしながら実際には、水戸藩も草莽の力に着目し、民衆を組織化していた。水戸も長州も、藩の枠組みを超えて天皇を神格化する祭政教一致体制を志向していたという点では、イデオロギー的にも大差はなかった。勝った長州藩は、水戸学の論理を濃厚に継承していた。明治維新は水戸学の影響下で成し遂げられた変革であるというのが実態であり、その点において文部省『維新史』の解釈は、遠山の『明治維新』よりも正しいのだ。

水戸藩も長州藩も、同じように民衆と結びついていたにもかかわらず、水戸藩尊攘派は天狗党の乱を経て壊滅し、長州藩尊攘派は勝利した。遠山は水戸の敗北と長州の勝利を名分論を乗り越えたか否かというイデオロギーの差異で説明しようとしたが、それは正しくない。前章で述べた通り、当時の覇権国であった大英帝国の武器商人が長州を軍事的に支援したのに対し、水戸にはそれがなかったという点が、両者に差異が生じた最大の原因である。

講座派は、より近代的な思考をしていること、民衆を組織化していることを、封建制力に勝つための条件と考えていた。しかし、それらは勝つための十分条件ではない。考慮すべき条件は他にもあるのだ。

アフガニスタンでは、近代に背を向けたイスラム原理主義勢力が、アメリカの軍事支援を得て旧ソ連軍に勝利した。勝ったという事実はあっても、それがイデオロギー的に進歩的であったからというわけではない。民衆が積極的に運動に参加していたからといって、その運動を無前提に肯定してよいわけでもない。タリバンのイスラム原理主義政権は、バーミヤンの大仏破壊に象徴されるように数々の歴史文化遺産を破壊し、女子教育の権利も奪ってきた。

イギリスの武器商人の支援を受けて成立した明治政府もまた、神道を国教とする祭政教一致体制の実現を目指し、神仏を分離し、仏像の首を斬り落とし、寺院を破壊していく廃仏毀釈の蛮行を行ない、女子への教育は家父長に従属した良妻賢母を育成するためのものとされ、女性の政治参加をけっして許さなかった。民衆が明治政府に扇動されて廃仏毀釈の暴力に動員されてしまったとして、それを肯定することはできまい。

覇権国の軍事支援があれば、前近代は近代に勝利し得る。明治維新とはそういうことなのだ。

［第5章］
唯物史観からバタフライ史観へ

はじめに

マルクスの唯物史観（ないし史的唯物論）は、封建社会は絶対主義を経て、ブルジョア革命によって近代資本主義社会にいたり、やがてプロレタリア革命によって社会主義・共産主義に進むという歴史法則主義を展開した。唯物史観は、現実の歴史で発生した社会変化を、法則性・必然性をもって発生した事象であると考える。そのため、別の歴史変化の方向性もあり得たのではないか、という可能性の議論を封殺する作用を生み出した。

そのようにして生まれたのが、「歴史にイフはタブー」という言説であった。これは「勝てば官軍」史観と言ってもよく、勝者は勝つべくして勝ったと考えるため、「敗者」に属する人びとについての研究を遅らせる作用を生んだ。徳川政権や「佐幕派」と規定された諸藩にあった先進的な知見などは、不都合な事実として、研究の俎上に乗せないような作用すら生んだ。

唯物史観の他の弊害として、階級闘争を重視するあまり、階級的利害になど執着していない創造的個人の役割を軽視ないし否定するようになった点も挙げられよう。例えば、前章で紹介したように、講座派の井上清は、政権返上と議会政治を建白した土佐藩主の山内容堂について、「山内容堂なんかの公議政体論というのは、要するに支配者の交代段階にとどめておこうということでしょう」[★1]と、一刀両断に切り捨てている。なぜ議会政治の開始が、支配階級内の政権交代という理屈になるのか、素人には容易に理解できない。実際には、山内容堂は、庶民にも参政権を与えて議員を選ぼうとしていたのであり、武士階級のなかの政権交代と言う以上の変革を求めていたことは、すでに見てきた通りである。マルクス主義史家たちは、彼がどのような社会を志向していたのかを実証的に検証しようとする以前に、人間の意識は階級に規定されるといったドグマにもとづいて、あらかじめ結論を導き出してしまっていた。

こうした学問的態度は、「プロクルステスの寝台」と呼ばれる。ギリシャ神話に登場する強盗のプロクルステスは、捕らえた旅人を寝台の上に寝かせ、その身長が寝台に比べて短ければ旅人を引き伸ばし、逆に長ければ、その身体の一部を切り落とした。学問の世界でも、自分の信じる学説からはみ出した不都合な諸事実については、なかったかのごとく切り落としたり、逆に自分に都合がよいと思われた事実には、尾ひれがついて実態以上の過大な評価が下されたりすることが、往々にしてある。こうした態度が、「プロクルステスの寝台」である。

左派の紋切り型の歴史解釈は、歴史叙述を型にはまった平板なものにしてしまった。それに嫌気を感じる空気が大きくなっていたことも、一九九〇年代に堰を切ったように右派史観が台頭した要因の一つだろう。

バタフライ史観

創造的な人物であれば、自らの出身階級の利害になど執着せず、自分に不利な変革であっても毅然と断行することができる。人間には自由意志があるからだ。キューバの大地主階級出身のフィデル・カストロが、キューバ革命を起こし、自らの階級的利益を踏みにじる農地改革を断行したことを、マルクス主義者たちはどう説明するのだろう。カストロにそれができるのであれば、封建領主の山内容堂にも、庶民の参政権を認める国民議会の構想を提案することも可能なはずであろう。現実の歴史を創るのは、そうした逸脱行動をとることのできる主体的な人間の意志の力なのだ。

明治維新後、政体律令取調局の長官に就任した山内容堂は、加藤弘之、津田真道、神田孝平など、議会政治を唱えていた徳川政権の俊英たちを局員に迎え入れている。江戸無血開城後、静岡藩に移って『立憲政体略』を著わした加藤弘之は、明治二年（一八六九）、山内容堂に呼び出され新政府に出仕し、その年に「非人・穢多廃止」の建議をするなど、身分差別撤廃のために尽力している。その加藤は、上司であった山内について以下のように語っている。

> 山内は豪放不羈（ごうほうふき）、万事を放擲（ほうてき）して意とせず、ひとりおのれが欲するところをなし、つねに強を凌ぎ、弱を助くるをもって一大快事となし、すこぶる侠客の風ありき。ゆえにたれに向かいてもいささか忌憚なくおのれのいわんと欲するところをいう人なりき。〔……〕三条（実美）・岩倉（具視）および木戸（孝允）・大久保（利通）等の処置に過失ありと見れば、あえて忌憚なくこれを面責して措かざるなど、その心事の公明正大なること、青天白日のごときなり。★2

図５－１　山内容堂（1827～72）
土佐藩主の急死にともない分家から藩主に就任。安政の大獄で井伊直弼から謹慎を命じられたが、隠居してからも活発な政治活動を行なう。慶応３年10月には、徳川慶喜に対して、政権を天皇に返し、庶民も政治参加させた議会政治を始め、地球上で恥じることのない憲法を制定しようという建白を行なった。
（写真出典『近世名士写真 其２』近世名士写真頒布会、1935年）

この加藤の人物評を見るにつけても、山内容堂が封建領主としての階級的利害になど執着しない、自由で創造的な人物であったことは充分にうかがわれよう。

筆者が前著で歴史的実像をまとめた松平忠固の場合（『日本を開国させた男、松平忠固』）、封建領主で公儀老中でありながら、自由な商業活動が展開される世の中を目指して、開国・交易の実現に政治生命を賭して取り組んだ。しかるにマルクス主義史家たちは、封建支配階級は、その階級的本性からして商業活動の自由化など望まないはずであり、「幕府」の開国論など、しょせんは列強の軍事的圧力に追い込まれて抗しきれなくなっただけの、やむを得ざる開国論であったと、頭から決めてかかってきた。松平忠固の実像については、何ら検討することもないまま、「保守」「佐幕」といった不当なレッテルを貼り続けてきた。

本章で展開する「バタフライ史観」とは、既存のシステムに挑戦する個人の自由な意志の力による逸脱行動が、時に増幅され、歴史を分岐・生成させていくという歴史観である。

複雑系史観の台頭

マルクス主義と唯物史観の凋落は、一九八九年にはじまる社会主義諸国の連鎖的な崩壊によって決定的になった。マルクス主義の凋落は、その反作用として、政治的には右派の伸長を促し、経済政策面においては、新古典派経済学の考え方を極端に推し進め、政府の機能を極限にまで縮小させ、万物を商品化し、すべてを市場に任せようという新自由主義の台頭をもたらした。新自由主義は、マルクス主義とは正反対の立場であるが、市場にゆだねれば万事うまくいくという、もう一つの硬直した決定論のドグマを生んだ。現実を見ない新自由主義ドグマの押し付けは、世界規模での環境破壊や貧富の格差拡大を生み出している。

全体主義的な右派の国家主義と、利己主義的な新自由主義は、思想的には相反するように見えるが、じつは互いに補完しあってきた。新自由主義の波にもまれると、自己責任論が台頭し、社会的弱者を攻撃する論調が高まる。新自由主義は、協同組合や労働組合のような、人間同士が顔の見える関係で支えあっていた中間団体を、個人の自立をさまたげ、市場を歪めるものとして攻撃し、それらを衰微させる。その結果、格差は拡大し、諸個人は社会的に寄る辺のないアトムへと分解し、精神的な拠り所として国家への依存傾向を強めていく。国家は経済的弱者を救済する機能を失っていくにもかかわらず、中間団体の衰微によって社会的な「共助」の機能が失われるため、諸個人は精神的に国家に依存するしかなくなり、政治的には右傾化を推し進めてしまう。時に絶望的な感情の諸個人は戦争に活路を求めようとする。個人主義である新自由主義は、全体主義や国家主義と相互に補完的な関係にあるのである。

新自由主義の背景にある新古典派経済学の世界観は、市場システムをメカニカルで法則的な運動と把握する。新古典派は静的で、マルクス派は動的ではあるが、いずれも法則性を信奉しているという点において共通性がある。

こうしたなか、一九九〇年代後半に「複雑系」の見方が広まった。複雑系とは、決定論を否定する世界観である。さまざまな偶然や、諸個人の自由意志にもとづく主体的な選択といった、ミクロレベルの微細な変化が、マクロに影響を与えて大局の構造を変えてしまうことがあり得る、という世界観である。

複雑系の見方が広まった背景の一つには、一九八〇年代から世界の主流になった新古典派経済学のメカニカルな世界観に対する異議申し立てがあった。一九九六年にM・ミッチェル・ワールドロップの『複雑系』（新潮社）が日本でもベストセラーとなったが、同書でフォーカスされていたのは経済学者のブライアン・アーサーであった。[★3] アーサーは、新古典派経済学の言う「最適解」などは現実の経済においては往々にして得られず、初期条件でのわずかな差異が拡大され、経路依存的に、さまざまな方向に向かう発展があり得ることを示した。新古典派のモデルとは異なり、現実の市場経済においては、初期条件の状態次第では、劣った技術であっても、なお市場を独占してしまうといった不合理な事態も発生し得る。[★4]

現実の歴史において出現した事態も、必ずしも合理的な選択であったとはかぎらないことになる。であるならば、薩長の勝利による明治維新が、必然的で合理的なものであった、という信仰も揺らぐことになろう。

自然のなかのバタフライ効果

少し複雑系研究の歴史を振り返ってみたい。複雑系研究の直接的な起源は、一九六〇年代に進展したカオス研究に求められる。一九六三年、気象学者のエドワード・ローレンツは、地球大気の運動をモデル化した非線形微分方程式を考案した。その数値計算の結果、初期条件がわずかでも変化すれば、未来の状態がまったく異なったものになってしまう「カオス」と呼ばれる現象を見出した。★5

これが「北京で蝶が羽ばたけば、ニューヨークで嵐が起きる」といった比喩で広まり、「バタフライ効果」と呼ばれるようになった。数学的カオスとは、初期条件に対する鋭敏性のことである。カオスは、非線形な相互作用性のあるシステムに現われ、微分方程式で記述され、決定論的に定式化されていても、なお初期条件が蝶の羽ばたき程度の攪乱を受ければ、当初計算されていたものとはまったく異なる別の未来が出現する。蝶が羽ばたくか否かは、その蝶の気まぐれ次第であるとするならば、決定論的方程式に支配されていても、なおかつ正確な未来の状態を予測することは不可能ということになる。決定論的世界観を受け入れていた科学者も、偶然性を認めざるを得ないという、価値観の転換を生み出した。

この世界観が与えた衝撃は、徐々に社会科学にも広がっていった。これが歴史学に適用されたらどうなるだろう。人間一人ひとりがさまざまな歴史局面で意識的に行なう微細な「蝶の羽ばたき」が、歴史の流れを変える可能性があるということになる。

逸脱増幅機構

ローレンツのカオス研究と同年の一九六三年（昭和三八）、アメリカをはじめ世界の著名大学で研究を行なった丸山孫郎は、『アメリカン・サイエンティスト』誌に「セカンド・サイバネティックス」という論文を発表している。丸山が探究したのは、わずかな「逸脱」（deviation）が「正のフィードバック」によって増幅されることにより、従来の構造を破壊して新しい構造を生成させるというシステムである。

丸山孫郎は、それ以前のサイバネティックス研究は、負のフィードバックが支配するシステムばかりに目を向けてきたことを批判した。丸山は、逸脱回復機能である負のフィードバックが支配的であるシステムを「構造静態」(morphostasis)、それに対して、逸脱増幅機能である正のフィードバックが支配的なシステムを「構造生成」(morphogenesis) と呼んだ。つまりバタフライ効果が働くのは、逸脱が増幅する「構造生成過程」にあるときである。丸山は次のように言う。

　このようなシステムはいたるところに存在する。産業における資本蓄積、生命有機体の進化、種々の文化の興隆、精神病を引き起こす人間関係、国際緊張、それに厳密な意味ではなく使われる「悪循環」や「福利」のような諸過程。要するに、たいして重要でもない偶然的な最初の一蹴りが増幅するような相互因果関係のすべての過程が、システムの初期状態からの逸脱と、そこからの分岐を生み出しているのである。★6

丸山孫郎は、自然現象にも社会現象にも通底するシステム論で、逸脱の増幅による分岐を一般的に論じた。バタフライ効果が現われるのは、わずかなゆらぎが増幅するときであり、そのためには逸脱を増幅させる正のフィードバックが作用する必要がある。

日本の歴史に適用すれば、江戸時代の二五〇年間は、政治制度の安定性から見て、逸脱があっても、それを打ち消し、元の状態に回復させようとする負のフィードバックが支配する「構造静態」の過程であった。しかし外国との接触の増加によって、社会が不安定化すると、ついには逸脱が増幅する「構造生成」の過程に突入する。ペリー来航以降の「構造生成」過程では、カオスが支配し、平時であれば重要でもない些細な逸脱が、正のフィードバックで増幅し、システムの分岐を生み出していくことになった。

歴史のなかのバタフライ効果

複雑系の考え方の核心は、因果律の否定にある。歴史は決定されていない、諸個人の自由意志にもとづく実践活動が、たとえ最初は微細な逸脱であっても、それが増幅されれば、歴史に分岐をもたらし、未来を変える。未来はあらゆる方向に開かれている。

社会現象の場合、ゆらぎが偶然に左右される自然現象とは異なり、目的を持った人間の意志の力でバタフライ効果が生まれることもある。

例えば、鳥羽伏見の戦いにおいて、徳川慶喜に毅然と戦う決断力があれば徳川は勝てたのではないかといった、さまざまな〝イフ〟による逆転の可能性が想定される。歴史の分岐点はさまざまな局面に存在し、その現場に居合わせた当事者個人の主体的な決断によって、歴史の方向性は大きく変わっていくことがあり得る。こうした、人間の主体的な意志の力を重視する歴史観を「バタフライ史観」と呼んでよいだろう。

本書を執筆していた二〇二二年、NHKで『映像の世紀 バタフライエフェクト』という番組が放映された。キャッチ・コピーは「一人のささやかな営みが、ときに世界を変えることがある」というものだ。世界のさまざまな地域で発生した「バタフライ効果」を描き出す番組であり、蝶の羽ばたきのような行動が、やがて嵐を巻き起こした興味深い事例がいくつも取り上げられていた。そのバタフライ効果の事例として二つほど紹介したい。

番組の第一回は、『モハメド・アリ 勇気の連鎖』（二〇二二年四月四日放送）。ボクシングのヘビー級世界チャンピオンであったモハメド・アリは、ベトナム戦争で徴兵された際、「俺がなんでわざわざ一万マイルも離れた国まで出かけていって、白人が有色人種を支配し続けるために人殺しをし、国を焼き払うのを手助けしなきゃならないんだ？」と、敢然と徴兵を拒否した。それによってアメリカという国家を敵に回し、チャンピオンベルトを剥奪され、リングに上がれなくなるという代償を払うことになった。それでも、アリはベトナム戦争に反対し、徴兵を拒否する信念を貫いた。そのアリの行動が、人種を超えてアメリカの若者たちに勇気を与え、徴兵拒否運動が燎原の火のごとく広がるきっかけとなった。そして、ついには超大国アメリカを、ベトナムから撤退させるまでに追い込んでいく。リング上で「蝶のように舞い、蜂のように刺す」と評されたアリの羽ばたきが、徴兵拒否運動の導火線に着火する一刺しとなったのである。まさにバタフライ効果を象徴する事例であろう。

同番組の第三回は、『ベルリンの壁崩壊 宰相メルケルの誕生』（二〇二二年四月一八日放送）。世界を驚かせたベルリンの壁崩壊の最終局面で、興味深いバタフライ効果が取り上げられていた。東ドイツのライプツィヒの女子大生であるカトリン・ハッテンハウアーは、世界を旅しながら画を描きたいという夢を抱いていた。モハメド・アリのような有名人とは異なる一介の女子大生でしかない。その彼女が、一九八九年九月四日の月曜日、仲間たちとともに、教会の礼拝に集まった人びとの前で、旅行の自由化を訴えるデモを起こす。カトリンはその場で逮捕されたが、瞬く間に同調者のデモが全国に拡大。毎週月曜には東ドイツの各都市で「月曜デモ」が行なわれるようになった。

東ドイツを独裁していた社会主義統一党は、高まる市民の不安を鎮めようと、一一月九日に、「出国を認めるビザを申請すれば、翌日〔一一月一〇日〕から、誰でも国外に旅行することを認める」という決定を下すにいたった。ところが、その夜に開かれた定例記者会見で、党政治報道局長に就任したばかりのギュンター・シャボウスキーは、情報伝達の行き違いが重なって、誤った内容で発表してしまう。外国の記者に問われて、慌てて答えたため「東ドイツのすべての国民が、東ドイツの国境検問所を通って国を離れることが可能になる」と述べ、「ビザを申請すれば」さらに「翌日（一一月一〇日）から」という条件を付け忘れてしまったのである。さらに、記者に「いつからだ」と問い詰められ、「すぐに、即座だ」と断言してしまう。

その情報がニュースで伝えられると、東ベルリン市民は色めき立って、数万人が検問所に殺到した。東ベルリンの検問所の責任者であったハラルド・イエーガーは、数万の市民と対峙することになり、「流血の大惨事だけは避けたかった、もう上官の顔色をうかがうのはたくさんだ、自分で判断しよう」と、すべての人を検問なしで通してしまったのである。イエーガーの現場での独断が、その夜の〝ベルリンの壁崩壊〟という劇的な結末をもたらしたのであった。こうして、いくつものバタフライの連鎖が、ベルリンの壁を破ったのである。

天安門事件の場合

さまざまな人びとの起こすバタフライの連鎖が、歴史を動かしていく。しかし、それはよい方向にばかり作用するとはかぎらない。ベルリンの壁崩壊と同じ一九八九年には、中国で天安門事件の悲劇も発生している。こちらは、バタフライの連鎖が最悪の結果をもたらした事例として紹介する価値があろう。

一九八九年当時、中国の最高実力者の鄧小平(とうしょうへい)は、八四歳。ナンバー2の趙紫陽(ちょうしよう)総書記は、まだ六九歳であった。趙紫陽は、複数政党制の導入まで視野に入れた中国共産党内の民主改革派であった。鄧小平が寿命を迎えるのを待ったうえで、趙紫陽へと円満に政権が禅譲されていれば、中国は平和裏に民主化されていった可能性もあった。

ところが、趙と同じ改革派の胡耀邦(こようほう)前総書記が一九八九年四月一五日に死去すると、胡耀邦を慕っていた学生たちは、天安門広場に集まって追悼集会を開催する。胡耀邦は、政治局会議の最中に心臓発作で倒れ、その後に亡くなっていた。しかし、党の保守派長老たちにいびられた結果として発作を起こし、そのまま亡くなったのだという、ひどく誇張された情報が学生たちの間に広まり、学生たちの怒りを増幅させてしまっていた。[★7] それでも学生たちは、追悼集会を終えれば、デモを解散するはずであった。

しかし、改革派の趙紫陽が北朝鮮訪問のために北京を留守にしている間、保守派が巻き返しをはかり、四月二六日に中国共産党機関紙の『人民日報』に、学生運動を「陰謀」「動乱」と決めつけた社説を発表してしまった。[★8] この一本の社説が事態を暗転させた。デモは解散されるはずであったのに、学生たちは怒り、社説の撤回を求め、デモが拡大してしまったのだ。趙紫陽は、学生たちを鎮めようとして社説の撤回を求めたが、それが鄧小平の逆鱗に触れ、ついに失脚させられてしまった。趙紫陽の行動はまったくの逆効果で、事態を悪くする方向に作用した。

学生運動を「反革命動乱」と決めつけた鄧小平の烈火のごとき怒りは、彼が文化大革命の際に受けた精神的トラウマ抜きには説明できないだろう。鄧小平は、一九六六年の文化大革命の最中、学生運動の紅衛兵から「走資派」（資本主義の道を歩む実権派）と呼ばれ、糾弾され、暴行を受け、ついに失脚した経験を持つ。鄧小平の息子・鄧樸方（とうぼくほう）も紅衛兵から受けた激しい取り調べののち、四階のビルから転落し、下半身麻痺の障害を負うこととなった。失脚した鄧小平は、障害を負った息子の介護も行なうという苦しい体験をした。

この苦難を乗り越えて復活し、最高指導者の地位にまで昇りつめた鄧小平であるが、学生運動から受けたトラウマは、その後の彼の政治的意思決定を呪縛し続けた。鄧小平は、自らが後継者と位置付け、手塩にかけて育ててきた改革派の胡耀邦と趙紫陽を、学生運動に同情的という理由で相次いで失脚させてしまったのだ。こうして六月四日の軍事弾圧という血の惨劇にいたった。いくつもの〝イフ〟の連鎖が、事態を最悪な方向へと導いていったことがわかるであろう。胡耀邦の寿命が鄧小平よりも長ければ……、趙紫陽の北朝鮮訪問がなければ……、四月二六日の『人民日報』の社説がなければ……、鄧小平に学生運動から受けたトラウマがなければ……、中国は今頃、とっくに民主化されていたかもしれないのだ。

ベルリンの壁崩壊も、天安門事件も、同じ一九八九年に発生した事象であるが、東ドイツの民主化デモが参加者の意図をも超えた劇的な成功を収めたのに対し、中国のそれは参加者の意図に反して、民主的改革を葬る方向へと作用してしまった。バタフライの連鎖が、意図とは異なる最悪の方向に向かった事例であろう。同じ民主化デモであっても、人間の心のなかの複雑な感情のゆらぎが複雑に作用するなかで、劇的な効果を発揮する場合もあれば、事態を最悪な方向へと導く場合もある。

複雑系研究が歴史の〝イフ〟を解禁した

複雑系の考え方が浸透し、歴史の発展経路は、必ずしも合理的な方向にばかり向かうとはかぎらないという事実が合意されるようになると、次第に歴史研究者も「歴史に〝イフ〟はタブー」といった言説から自由になっていった。

歴史学者の三谷博は、複雑系の考え方で明治維新史を叙述する試みを早くから行なっている。★9 三谷は、徳川公儀体制が崩壊するきっかけとなった大老・井伊直弼の権力掌握と、その後の弾圧という「安政五年の政変」について研究するなかで、虚偽情報やさまざまな事実誤認が積み重なって、井伊直弼と一橋派の対立が発生し、それが悪循環となってエスカレートし、ついには弾圧と報復の連鎖に帰着して、旧来の秩序を修復不可能にまで改変してしまったとしている。三谷は、次のように述べている。

修好通商条約の勅許問題と将軍継嗣問題とが複合した紛争が、ポジティブ・フィードバック・悪循環を生み、ほんの数か月の間に徳川内外の政治主体多数を巻き込む、近世最大の政治対立に発展したのである。〔……〕

秩序が崩壊し始めたとき、将来は予測不可能になる。それは、他面では、従来は見られなかった多様な可能性が開かれることでもある。社会秩序はリセットの過程に入る。人間社会の場合、その崩壊過程の中で、直ちに新たな秩序構想が生み出される。それは、従来から存在した記号列を新たなコンテクストで読み換えたり、新たな要素を外部から導入・変形し、内部の要素と習合したりすることによってなされる。維新における前者の典型は「王政復古」、後者の典型は「公議」であろう。★10

三谷は、こうして立ち現われた「王政復古」と「公議輿論」のせめぎ合いとして明治維新にいたる過程を叙述する。「歴史には必然性がある」というテーゼを信奉する研究者にとって、明治維新を勝者である薩摩や長州の側から描くのは、自明のことであったろう。彼らは勝つべくして勝ったのだから、その理念は正しかったはずなのだ、と。しかし複雑系の見方が広まってくると、薩長が勝たなかった場合の日本はどうなっていたのだろう、より公議輿論を重視する体制になっていたのではないかという、可能性の議論ができるようになった。

野口武彦は、鳥羽伏見の戦いにおける徳川勝利の可能性を論じた『鳥羽伏見の戦い』において次のように述べている。

いつの頃からか、「歴史にイフはない」というたわごとがまかり通っている。

世にはしたり顔でそう言う人々が多いが、この言葉はどこの誰が言い出したのか出所不明なのである。ヘロドトスもギボンもミシュレもそんなことを言っていない。おそらく通俗版経済決定論にもとづく《歴史的必然》論の裏返しとして発生した俗説である。歴史の流れにあって確実なのは、始発条件としての存在拘束性と不可逆性だけである。未来に向かってどういう流路をたどり、どういう形状の堆積を作るかはあらかた当事者の《自由裁量》に属する。歴史は大小の決断の連続であり、無数のイフの群が相互排除的にひしめき、最後にその一つが他のすべてを押し退けて場所を占める瞬間〳〵の持続である。

歴史はイフの連鎖で成り立っている。★11

歴史に必然性などないし、あらかじめ決定されているものでもない。当事者の自由裁量による決断の一つ一つが歴史に影響を与え、その行為の積み重ねが歴史の堆積を形成していく。さまざまな〝イフ〟の累積の上に現在があるのであるし、今後もそうである。私たち一人ひとりが主体的に行なう選択の一つ一つが、未来を変える潜在的な可能性を秘めている。とりわけ既存の秩序が不安定になっている状況においては、当事者の決断の変更が、その後の歴史の発展経路を大きく分岐させてしまう可能性を持つ。

野口は、前掲の『鳥羽伏見の戦い』において、講座派の戊辰戦争論に真っ向から異議を唱えている。野口によれば、鳥羽伏見の戦いは「天下分け目」と言うべき戦いであって、ここで徳川軍が勝利した方が、その後の日本にとって幸いであった。つまり徳川慶喜が毅然とした覚悟で決戦に及べば、徳川が勝っていた可能性もあり、徳川主導で議会政治の途が切り開かれ、天皇を神格化するような「国体」は誕生しなかったのだ、と。

野口は次のように述べる。

> 慶喜の挫折は、公議政体の実現に二十数年もの迂路をもたらしたといえるのである。たんに時間的な遅延の問題だけではない。この間にできあがった専断的な政治慣行は、日本の議会政治にも禍根を残さずにはいなかった。現代日本の議会民主主義が、ともすれば多数派の圧制になりがちな政治風土はこの時期に培われたといえるのではないか。★12

徳川慶喜の挫折によって、「公議政体」の実現は大幅に遅れ、しかも骨抜きにされてしまった。「慶喜の挫折」が、のちのちまで影響を及ぼし、現在にいたっても日本は、本質的な意味での議会政治など行なわれていないというのである。国会での審議など形ばかりで、最後には数の力で強行採決に及んでよしとされ、行政府の独断専横になりがちなのは、明治初年の「専断的な政治慣行」が初期条件となって、経路依存的にその後の歴史を規定してしまったから、ということになる。

さまざまなバタフライ効果と正のフィードバックの絡み合いで、歴史の進路は複雑に進行していく。現実に展開された歴史が、唯一解であったかのように解釈する必要はない。さまざまな近代史の〝イフ〟を、自由に論じてもよいはずである。はたして薩長が勝たなかった場合の近代日本は、どのようなものであったのか。その可能性を論じることができるのであれば、それを再興する方向の未来を自由に描くことも可能になろう。

ルクレティウスのクリナメン

「バタフライ効果」あるいは「逸脱」を重視する考え方は、さかのぼれば古代ギリシャのエピクロス派の哲学にその始原が求められる。世界の行く末は運命論的に決定されているのか、それとも世界の未来は決定されておらず、私たちが自由に改変可能なのかという議論は、古代から展開されていた。

古代ギリシャの原子論には、デモクリトスとエピクロスの二つの潮流があった。デモクリトスの原子論は因果律にもとづくもので、原子は厳密に法則的に運動する。★13 こうした世界観のなかでは、「自由意志」は否定され、人間はただ運命の掟に従うだけの受動的な存在になってしまう。

古代において、デモクリトスと同じ原子論に立脚しながら、なお決定論的世界観を否定したのがエピクロスであった。エピクロスは原子論者でありながら、人間の運命は、自らの意志で切り開いていくべきものであり、自然法則によって決定されるものでもなければ、神が干渉して決められるものでもないと考えた。その理由は、原子の運動は、線形運動から不定期に逸脱するからだという。エピクロスにおける原子は、決定論的でもなく、可逆的でもない。原子の運動は、通常は規則的であるが、予測できない時間と場所で、予定されていた進路からわずかに逸れ、それが決定論の支配をくつがえす。

ギリシャのエピクロスは多作であり、生涯に三〇〇もの著作を成したと言われているが、残念ながら、それらはキリスト教による弾圧のなかでほぼ散逸してしまい、私たちが読むことができるのは、わずかな書簡や学説のエッセンスを記した小著のみである。★14 比較的体系的にエピクロス哲学を記したものとしては、ローマの詩人のルクレティウスが、エピクロスの哲学を見事なラテン語の詩文で書き残した『物の本質について』(ラテン語原題は *De rerum natura*)がある。

ルクレティウスの『物の本質について』も、やはり弾圧のなかで失われたと思われていたが、細々と写本されていたものがドイツの修道院に眠っていた。一五世紀初頭、『物の本質について』の写本が発見され、エピクロスの思想の核心部分が中世の永い眠りから呼び覚まされると、瞬く間に拡散されていき、それが人びとの意識を覚醒させていくことになった。

ルクレティウスは、『物の本質について』において、原子の不規則な「逸れ」を「クリナメン」と呼んでいる。日本語ではクリナメンは「傾斜運動」あるいは「偏倚」などと訳されているが、要するに原子の不確定な〝ゆらぎ〟のことである。デモクリトスの原子は逸脱しないが、エピクロスの原子は通常の軌跡から時としてゆらぎ、正規の軌道から外れ、逸脱するものであった。

世界が運命の掟に縛られておらず、未来に対して開かれているのは、クリナメンがあるからなのだ。ルクレティウスは、『物の本質について』において、以下のように述べている。

また、もしすべての動きが常に相互に結びつけられていたなら、新しいものは古いものから順序よく出てくる。もし原子が決して急にそれたりせずに、運命のきずなを断ち切るような何か新しい運動を始めないなら、とこしえに続く因果の繰り返し。

図5－2　ティトス・ルクレティウス・カルス（紀元前99～55）
共和制ローマ期の詩人。その生涯はほとんど何も知られていないが、エピクロスの原子論哲学を美しいラテン語の詩文6巻7400行で叙述する『*De rerum natura*（物の本質について）』を著す。その写本がルネサンス期に再発見されると、近代科学や近代精神の勃興に大きく寄与することになった。

地上のあまねき生き物の自由意志の起源は何だろう。★15

ルクレティウスによれば、「地上のあまねき生き物の自由意志の起源は」、原子のクリナメンにある。クリナメンがあるからこそ、人間の自発的な意志が発生し、新しい発明・発見、着想のひらめき、既存秩序への抵抗、新しい制度の創出など、歴史に非可逆的な分岐と発展をもたらす。運命の連鎖を破る根源はクリナメンにある。人間は、運命論に屈する必要はない。死後の審判を恐れる必要もなく、現世での幸福を求めるべきなのだ。自分や周囲の人びとの自由と幸福を追求することに倫理的な価値を置くこと、これこそエピクロス＝ルクレティウスが、原子のクリナメンから導き出した哲学の核心であった。

自由意志はどこから来るのか

現代の物理学は、不確定性原理にもとづく量子ゆらぎや原子・分子の熱ゆらぎが、万物を生成させる際に、決定的に重要な役割を果たすことを明らかにしてきた。現在の宇宙の大規模構造を生成させたのは、初期宇宙の膨張の過程に存在した「量子ゆらぎ」であった。非平衡熱力学の研究でノーベル化学賞を受賞したイリヤ・プリゴジンは、エントロピーが減少する非平衡系を「散逸構造」と呼び、その中では原子・分子の熱ゆらぎが、システムを分岐させ、新しい構造を自己組織化させる鍵となっていることを明らかにしてきた。散逸構造においては、ゆらぎが増幅されて秩序を崩壊させ、また新たな秩序を創造する。プリゴジンは、「われわれはルクレティウスのクリナメンからあまり遠くにはいない！」と述べる。[★16]

人間の自由な意識は、いったいどこから来るのか。現代科学の最先端であっても、人間の脳内における意識発生のメカニズムは未解明である。しかしながら、最新研究にもルクレティウスの着想は生きている。二〇二〇年にブラックホールの研究でノーベル物理学賞を受賞したロジャー・ペンローズは、人間の意識の生成は本質的に非アルゴリズム的で、計算不可能な現象であり、人間の脳のニューロン内における量子力学的な波動関数の収縮が、自己意識を生み出すもとになっているという仮説を提唱している。ペンローズによれば、脳内の意識の形成メカニズムは、ブラックホールの中心で起こっている現象がわからないのと同じレベルで未解明なのであり、意識の形成も、ブラックホールの中心も、その解明のためには量子重力理論の刷新が必要になるという。[★17] その理論がいつ誕生するかわからないものの、波動関数の収縮をクリナメンと考えれば、ペンローズの着想も、ルクレティウスから遠くにはいない。

エピキュリアンだったマルクス

これまで筆者は、マルクスの唯物史観を批判してきたが、じつはデモクリトスとエピクロスの差異に早くから注目していた哲学者が、若き日のカール・マルクスであった。一八四一年に脱稿した二三歳のマルクスの学位論文は「デモクリトスの自然哲学とエピクロスの自然哲学の差異」というものである。マルクスは、ルクレティウスのクリナメン（以下の訳文では〈逸れ〉となっている）について、次のように評価している。

ルクレティウスは〈逸れ〉が運命の掟を打ち破ると表現しているが、これは適切な表現だ。そしてルクレティウスはこれをすぐに意識にも適用する――原子の場合にも意識と同じように、この〈逸れ〉はその胸のうちにあり、逆らい抗うことができるものだと語るのである。[★18]

クリナメン（逸れ）こそが、運命の掟に逆らい、抗うことのできる意識を生み出す。マルクスは、クリナメンがなければ「世界は創造されなかっただろう」とルクレティウスは言っているが、これは正しい[★19]」とも断言する。現代物理学は、宇宙の創成過程でゆらぎが決定的に重要な役割を果たしたことを明らかにしてきたが、ルクレティウスは二〇〇〇年前から、そう確信をもって断言し、マルクスもその見解に賛同していたのだ。

マルクスは、批判者たちがエピクロス哲学に対して「快楽主義」という烙印を押して揶揄してきたことに反論し、エピクロス哲学の最大の原理は「自己意識の絶対性と自由」であると結論した。マルクスは次のように述べている。

クリュシッポスは、アルケストラスの美食の学が、エピクロスの哲学の原理だと考えた。しかし実は自己意識の絶対性と自由こそが、エピクロスの哲学の原理なのである。ただし自己意識は、その個別性の形式でしか捉えられていないのだが。[★20]

マルクスは、エピクロスはギリシャ最大の啓蒙家であって、神学的な運命論の軛（くびき）から、人間を解放したと評価している。エピクロスは、自由な自己意識を絶対化することによって、人間が、宗教の権威に圧倒され屈服することを拒否したのだ、と。若きマルクスは、この点においてエピキュリアンであった。

ただしマルクスは、エピクロスの自己意識は「個別性の形式でしか捉え」ていないとして、その限界も指摘している。これは個人の意識が他者の意識と関係し、交感することにより社会性を持つことに対する考察の欠如をさしている。意識の個別性と社会性の問題は、マルクスが後年に唱える唯物史観とも関係する問題であり、後述したい。

マルクスは学位論文の終盤で、以下のように述べている。

図5－3　若き日のカール・マルクス
マルクスというと、人間の意識は、物質的生産力と生産様式によって社会的に規定されるとした史的唯物論が有名であるが、若い頃の彼は、運命の掟に逆らい抗う自己意識の自由を信奉するエピキュリアンであった。

エピクロスでは原子論は、そのすべての矛盾とともに、自己意識の自然学となる。原子論は抽象的な個別性の形式で絶対的な原理となり、その最高の帰結にいたるまで原理が追求され、完成する。そしてこの究極の帰結において原子論は解消され、普遍的なものと意識的に対立することになる。[★21]

エピクロスは、原子論にクリナメンを導入して自己意識の絶対性を原理にまで高め、その絶対性ゆえに、普遍性との対立を生み出すという。マルクスらしい弁証法的なロジックである。

この若き日のマルクスの論文は、「マルクス主義者」の間であまり注目されてこなかった。初期観念論的著作として扱われてきたと言ってよい。歴史の法則性を信じるマルクス主義者たちは、「快楽主義者」のエピクロスを評価した論文など、後年のマルクスの理論と矛盾する、若さゆえの取るに足らない逸脱的論文とでも考えたのかもしれない。

マルクスをもってマルクスを批判する

この若き日のマルクスの思想と、後年のマルクスが『経済学批判』の序言で述べた有名な「唯物史観の公式」とを比較してみよう。唯物史観において、エピクロス=ルクレティウスの自由意志は、消えてなくなってしまっている。エピクロスの論文から一八年後の『経済学批判』(一八五九)で、マルクスは以下のように書いている。

人間は、その生活の社会的生産において、一定の、必然的な、かれらの意志から独立した諸関係を、つまりかれらの物質的生産諸力の一定の発展段階に対応する生産諸関係を、とりむすぶ。この生産諸関係の総体は社会の経済的機構を形づくっており、これが現実の土台となって、そのうえに、法律的、政治的上部構造がそびえたち、また、一定の社会的諸意識形態は、この現実の土台に対応している。物質的生活の生産様式は、社会的、政治的、精神的生活諸過程一般を制約する。人間の意識がその存在を規定するのではなくて、逆に、人間の社会的存在がその意識を規定するのである。社会の物質的生産諸力は、その発展のある段階にたっすると、いままでそれがその中で動いてきた既存の生産諸関係、あるいはその法的表現にすぎない所有諸関係と矛盾するようになる。これらの諸関係は、生産諸力の発展諸形態からその桎梏に一変する。このとき社会革命の時期がはじまるのである。経済的基礎の変化につれて、巨大な上部構造全体が、徐々にせよ急激にせよ、くつがえる。★22

『経済学批判』を書いた段階でのマルクスは、人間の意識は、生産諸力に応じた社会の発展段階において形成された生産諸関係によって、社会的に規定されるとした。自由な自己意識こそが世界を創造すると主張したエピキュリアンとしての若き日のマルクスの論文と、まったく矛盾する。

若きマルクスは、人間の意識の個別性と社会性の双方に目を配っていた。しかし『経済学批判』を書いた段階においては、社会的に形成される階級意識のみを強調するようになってしまっている。そこから逸脱した個別的な自由意志が果たす役割についての認識が欠落してしまったのだ。

若きマルクスは、エピクロスが意識の「個別性」しか捉えないと、その不十分性を指摘していたが、後年においては、「社会性」にばかり囚われるようになって、「個別性」を忘れてしまい、逆の問題を引き起こすようになってしまった。史的唯物論のマルクスにおいて、もはや意識は下部構造に規定される上部構造でしかない。そこから逸脱する〝蝶の羽ばたき〟の作用は無視される。『経済学批判』のなかに、クリナメンは存在しない。

後世の「マルクス主義者」の間では、「物質的生活の生産様式が意識を規定する」という杓子定規な唯物史観の「公式」が独り歩きするようになった。それが教条的に解釈され、封建領主は自由な商品経済の発展を妨害するはずだ、封建領主の唱える議会政治論など封建制の再編手段でしかないはずだといった、逸脱の可能性を無視した言説が横行するようになったのである。

現実の社会では、諸個人の個別的な自由意志と、社会的意識とは相互作用しながら複雑に生成・発展していく。部分（個）から全体（社会）へ、全体（社会）から部分（個）へと、相互にフィードバックがくり返され、双方が双方の変化を誘発する。諸個人の逸脱的な意志や行動は、時にはそれが増幅されて、「下部構造」である「物質的生産諸力」や「生産諸関係」をも改変させるような作用を及ぼすこともある。

人間の意識は下部構造のみから決定されるものではない。古代ギリシャのエピクロスの自由意志の哲学は、ローマのルクレティウスを経由し、一五世になってイタリアで復活し、その自由と幸福を求める哲学は、近代精神の勃興という形で政治制度を改変し、その原子論は物理学・化学の飛躍的な発達を促し、それら科学的な発明・発見は、生産諸力の発展という形で、下部構造をも激変させた。後述するように、エピクロス哲学の復活は政治学における社会契約論をも導いて、近代立憲政体をも生み出す契機となっている。

生産力や生産様式に規定されて意識が決まると考えた唯物史観のマルクスは、自己意識の逸脱なしに「世界は創造されなかった」と考えた、若い頃の自身の世界認識を忘れてしまったのであろうか。

逸脱が世界を近代に導いた

ハーヴァード大学教授のスティーヴン・グリーンブラッドは、ルクレティウスの『物の本質について』が一四一七年に再発見されたことによって世界は近代化できた、と論じている。[★23] 二〇一二年のピュリッツァー賞を受賞したグリーンブラッドの著書の邦訳のタイトルは、『一四一七年、その一冊がすべてを変えた』である。英語の原題は *The Swerve: How the World Became Modern* なので、直訳すれば『逸脱――いかにして世界は近代になったのか』となる。グリーンブラッドは「スワーヴ」(逸脱)を、ルクレティウスの「クリナメン」の意味で使っている。「逸脱」こそが世界を近代化させたのだ、と。

このグリーンブラッドの著書は、弾圧のなかで消え去ってしまったと思われていた、ルクレティウスの『物の本質について』がドイツの修道院に眠っており、ローマ教皇秘書官のポッジョ・ブラッチョリーニが、一四一七年にそれを発見するシーンから書き起こされる。このときからヨーロッパ中に「危険思想」が拡散されることになった。『物の本質について』の写本は、各地で弾圧を乗り越え、思想家・作家・芸

図5－4　ボッティチェッリの『春』
ルネサンス期を代表するこの絵画はルクレティウスの『物の本質について』の一節、「春が来る。翼を持った先触れ役に導かれてヴィーナスがやってくる……」を描いたものである。

術家・科学者・政治家に影響を与え、やがては世界を近代に導いていったというのだ。この著書の終盤は、そうした拡散の物語となる。グリーンブラッドの記述より、その影響のいくつかを紹介しよう。

- 画家のサンドロ・ボッティチェッリのルネサンスを象徴する代表作『春』（一四八二年）は、ルクレティウスの詩の一節「春が来る。翼を持った先触れ役に導かれてヴィーナスがやってくる。母フローラがゼフュロスのすぐ後に続き、彼らの歩く道すべてに絶妙な色と香をふんだんにまき散らす」を描いたものである。
- イギリスのトマス・モアは、一五一六年に執筆した『ユートピア』のなかで、エピキュリアンたちの楽園をイメージして、ユートピア島の舞台設定をしている。
- ドミニコ会の修道士のジョルダーノ・ブルーノは、ルクレティウスの影響を受け、地球も太陽も宇宙の中心ではない、そもそも宇宙に中心は存在しないと主張。ために異端審問にかけられた。西暦一六〇〇年にブルーノは火刑に処せられたが、灰になるまで自らの信念を放棄しなかった。その信念は、ガリレオ・ガリレイへと引き継がれる。

・ルネサンス期のフランスを代表する哲学者のモンテーニュも、ルクレティウスの思想を継承し、その哲学を「物の本質を理解し、喜びに満ちた人生を送り、尊厳ある死を迎えるための」[★24]指針とした。モンテーニュが所蔵していた『物の本質について』の本文の余白には、ラテン語とフランス語の書き込みがびっしりとされていた。一五八〇年に出版されたモンテーニュの主著の『エセー』には、ルクレティウスからの引用が一〇〇か所近くある。モンテーニュを愛読した劇作家のシェイクスピアもルクレティウスの影響を大いに受けた。

『物の本質について』によって発生したゆらぎは、次第に増幅され、やがて芸術・文学・科学・政治の諸構造までも変えてしまう……。これこそバタフライ効果であり、複雑系の構造生成過程に他ならない。ルクレティウスの思想そのものが複雑系的であり、その思想がもたらした効果もまた、複雑系的であったのだ。

グリーンブラッドの著書の締めくくりでは、自らエピキュリアンを名乗った一人の革命家・政治家が紹介される。その人物が起草した宣言文には、「すべての人間は生まれながらにして平等であり、その創造主によって、生命、自由、および幸福の追求を含む不可侵の権利を与えられている」と明記された。そう、アメリカの独立宣言であり、そのエピキュリアンとは、これを起草したトマス・ジェファーソンであった。人間は、自らの意志で自身の幸福を追求すべきであること、これこそがエピクロス＝ルクレティウスの哲学が近代社会に与えた最大の贈り物であった。ジェファーソンは、すべての人びとの生命や自由、幸福追求の権利を保障するためにこそ、国民の同意によって打ち立てられる政府があるのであり、その政府は憲法にもとづいてそれを実行するのだと考えた。

『物の本質について』の再発見が近代を生んだというのであれば、仮にエピクロス哲学が、キリスト教を国教としたローマ帝国によって弾圧され、ほとんどの著作が失われてしまうことがなければ、中世を丸ごと飛ばして、古代から近代に直結していた可能性もあったということになる。そうであれば、時計の針は一〇〇〇年早く進んだかもしれない。

ノーベル物理学賞を受賞したリチャード・ファインマンは、仮に天変地異などで人類の文明がすべて失われ、原始時代に戻ってしまったとしても、「物質はすべて原子からできている」という知識だけ残すことができたとすれば、文明を最初から作り直せるだろうと論じている。★25 そうであるならば、生産力に応じて社会意識も決定されるという唯物史観の陳腐な公式も吹き飛んでしまう。上部構造が下部構造を規定する場合もあるのだ。

エピクロスとホッブズと社会契約論

グリーンブラッドの本では論じられていないので付言したいが、エピクロス哲学は、近代の市民社会を基礎付けた社会契約論も生み出している。社会契約論をはじめて体系的に打ち立てたのはトマス・ホッブズの『リヴァイアサン』であるが、これはエピクロス哲学を拡張して生まれたと言って過言でない。古代に生きたエピクロスの思想が、近代の政治制度のもととなった社会契約論を生み出したのである。

エピクロス本人の著作のなかで、かろうじて残されているものの一つに、簡潔にまとめられた四〇項目の『主要教説』がある。エピクロスの『主要教説』は、原子論や自然科学についての内容ではなく、人間の本性から説き起こし、人間が相互に加害者や被害者になる可能性を回避するための「契約」の必要性を訴え、社会を安定化させるための法秩序形成のあり方までを論じたものである。

エピクロス『主要教説』は、死とは何か、快とは何か、苦しみとは何か、正しく生きるとは何かといった、自然状態における人間の生き方から説き起こし、終盤の三一から三五項目では「契約」について述べられ、続く三六から三八項目で、法の形成と改正について展開される。「契約」の核心部分である三三項目には、以下のように書かれている。

> 正義は、それ自体で存する或るものではない。それはむしろ、いつどんな場所でにせよ、人間の相互的な交通のさいに、互いに加害したり加害されたりしないことにかんして結ばれる一種の契約である。★[26]

正義とは、加害者にも被害者にもならないための人間同士の契約である。このエピクロスの「契約」概念が、ホッブズに受容され、近代の市民社会を生むことになる社会契約論となったのだ。

ホッブズの『リヴァイアサン』の第一部は、エピクロス同様、人間の本性から説き起し、「自然状態」と「自然権」の説明にいたる。ホッブズによれば、「自然状態」では人間の本性のなかに「競争・不信・誇り」という争いを惹起する三大要因があるため、人間同士の相互不信が募って「各人の各人に対する戦争」にいたってしまう。★[27]この戦争を回避するため、諸個人は社会契約によって、「権利を相互的に譲渡」するしかない。★[28]そのうえでホッブズは、契約を履行させるための「共通権力」と「代表者」の必要性を論じ、そして「コモンウェルス」（国家）の生成へと議論を進めていく。

『リヴァイアサン』においてホッブズは、エピクロスにひと言も言及していないが、人間の本性から説き起こして自然状態から社会契約の必要性へといたる論理展開は、エピクロスの『主要教説』に由来していることはホッブズ研究者には広く知られている。ホッブズ研究者の田中浩は、ホッブズとエピクロスの関係について以下のように論じている。

> ホッブズの政治学には、〔……〕エピクロスの強い影響がみられる。事実、エピクロスの政治思想を検討すると、そこには「人間の本性」からはじまって、自然状態、自然権、自然法、（社会）契約、政治社会の成立に至る論理プロセスがみごとに展開されている。とすれば、ホッブズは、エピクロスを剽

窃した、と思うかも知れない。たしかに『リヴァイアサン』第一部の「人間論」の部分で、ホッブズはエピクロスの方法をそっくり、そのまま借用しているが、エピクロスとホッブズの生きた時代状況はまったく異なるから、もとより、エピクロスの政治思想とホッブズのそれとは明らかに内容的に異なる。この点については、ホッブズがキリスト教社会以前の世俗的ギリシァ政治思想を用いることによって、中世的・封建的思想を近代的思想へと転換させた点をこそ重視すべきであろう。[★29]

田中の言う通り、エピクロスに国家論はなく、人間同士の「契約」に留まっているから、「コモンウェルス」への権利の相互譲渡を論じたホッブズの考えには、エピクロスにはない重要な付加がなされている。しかしながら、ホッブズの着想の基盤には、疑う余地なくエピクロスがある。エピクロスの種子から、ホッブズが発芽し、ロックやルソーやジェファーソンなどが続き、近代民主主義の花が開いたのだ。

おわりに

エピクロスとルクレティウスの哲学から影響を受けた思想家と言えば、本章でざっと紹介しただけでも、トマス・モア、モンテーニュ、ホッブズ、ブルーノ、ジェファーソン、マルクス……とさまざまな名が挙がる。彼らはいずれも、エピクロスの影響を受けつつ、それぞれ固有の方向に逸れて発展させ、互いの思想は異なるものになっている。それこそが逸脱の生み出す力であると言えよう。エピクロス哲学を研究する中金聡は次のように論じている。

快楽主義、無神論、社会契約論のいずれをとっても、エピクロス主義が近代思想におよぼした影響はある意味で自明であった。しかしそのエピクロス主義は〈逸れ〉ていた〔……〕原子が〈逸れ〉によって他の原子と衝突し、反発しあったり凝集したりしてはさまざまな事物を合成し、ひいては世界を産出するように、エピクロス主義そのものも〈逸れ〉て他の思潮と衝突し、反発あるいは合流しつつ、豊穰な近代思想を産みだしていったのである。★30

再発見された古代エピクロス哲学は、そこからさまざまな逸脱を経て、幾多の近代的な思潮を産み出していったということである。エピクロスの思想が逸脱によって変容しながら、近代思想や、科学的発見や、政治制度を生み出していくさまは、まさに逸脱が世界を創造するというエピクロス哲学そのものである。その逸脱は今後も続いていくだろう。中世から近代へ分岐させたのみならず、近代の後に来たるべき未来への分岐を生み出すのも、そうした逸脱の力なのだろう。

［第6章］

丸山眞男は右派史観復活の後押しをした

はじめに

朱子学と言えば、徳川封建体制を支えるイデオロギーとして近代化を阻害したのに対し、本居宣長にはじまる国学は、ナショナリズムを喚起し、日本を近代に導く思潮となったと、広く考えられている。この〝物語〟の定型を広めたのは、戦後民主主義の時代を代表する政治学者にして思想史家の丸山眞男であった。ここで、朱子学こそ近代を準備していたのであり、国学は日本を近代から遠ざけたとすればどうだろうか。

丸山の初期の代表作は、『日本政治思想史研究』（東京大学出版会、一九五二年）である。この書で丸山は、日本の近代化を、封建制を支えた朱子学の解体過程にあると捉えている。丸山によれば、日本における近代思想の嚆矢（こうし）は、儒学者でありながら古典への回帰を訴えて朱子学を批判した、古文辞学派の荻生徂徠（おぎゅうそらい）である。その徂徠の方法を部分的に継承しつつ、『古事記』を研究し、国学を体系化した人物として本居宣長が位置付けられる。こうした流れのなかから近代的思惟は開花したと論じている。

敗戦から七年がたって出版された『日本政治思想史研究』は、丸山が戦前・戦中に執筆した諸論文をまとめたものである。丸山は、戦前・戦中に行なった自身の学問的営みが、戦後民主主義の時代においても通用するという自負があった。しかしその自負こそが、誤りのもとであったと筆者は考える。戦後民主主義を代表する政治思想家と目された丸山の学説は、じつは本人の意図に反して、戦前回帰を志向する右派思想の復活を後押ししていた。本章では、筆者がそう考える理由を示したい。なお本章の記述の多くは、丸山眞男の学説に挑戦してきた先学たちの知的営みに負っている。

丸山の『日本政治思想史研究』

丸山は、『日本政治思想史研究』において近代化の過程を「自然的秩序」思想から「作為的秩序」思想への転換にあると論じている。丸山によれば、朱子学は近代を生み出さない。なぜならば朱子学においては、人間の道徳心や社会制度なども、普遍的な自然法則である「理」によって支配されており、人間がすべきことは、「理」に自分の道徳を合致させることのみとされるからである。これが朱子学の「性即理」という概念であるが、丸山は、朱子学のこうした考え方を、「自然的秩序観」と呼ぶ。「自然的秩序観」に立脚すれば、人間が社会や政治に主体的に働きかけることによって制度が改革される可能性は閉ざされてしまう。ゆえに、朱子学から近代は発生しないのだ、と。

丸山によれば、荻生徂徠と本居宣長に共通するのは「作為的秩序観」であるという。儒教の原典に回帰して朱子学を批判した古文辞学派の荻生徂徠は、中国の古代の聖人たちの「作為」が、人間道徳や社会制度などの現実的秩序を生み出したと考えた。その後に続いた国学の本居宣長は、儒教ではなく、日本の原典たる『古事記』に回帰し、神代における神々の「作為」が日本の秩序をつくったのであり、仏教や儒教が流入して神の道をゆがめた、と論じた。徂徠も宣長も「作為的秩序観」に立脚し、朱子学の「自然的秩序観」を批判したというのだ。

丸山は、「作為」を肯定する思想によって朱子学は分解していき、それによってはじめて日本の近代化が可能になったと考えた。徂徠や宣長の「作為」の思想の系譜から、幕末になって吉田松陰が出でて、明治になると個人の自立と国家の独立を訴えた福沢諭吉にいたり、近代思想は全面的に開花することになったと論じている。

作為の理論と複雑系

丸山眞男は、「自然」に対して「作為」を対置させ、後者の近代性を論じる。丸山の作為の理論そのものは、前章で見た複雑系の歴史観と矛盾しない。丸山が「作為」に注目するのは、人間が主体的な意志によって自ら制度を構築しようという営みが、近代社会を生むと考えているからである。丸山は次のように述べる。

> 社会秩序が自然的秩序として通用しうるのは、当該秩序が自然的秩序と見える限りさうなのだ。もしそこで政治的安定性が著しく損なはれ、社会的変動が顕はに現象するに至ったならば、もはやその社会の根本規範が自然法であるという基礎づけは一般的な受容性を喪失する。自然法的基礎づけは社会の安定化へと作用すると共に社会のある程度の安定性を前提としてゐるのである。〔……〕
> 社会関係が自然的な平衡性を失ひ、予測可能性が減退するや、規範乃至法則の支配は破れる。規範はもはやそれ自身に内在する合理性のゆゑに自ら妥当するのではない。いまや誰が規範を妥当せしめるのか、誰が秩序の平衡を取り戻し、社会的安定を回復させるのかが問はれねばならない。かくて社会規範の妥当根拠を確実にするためにも、政治的無秩序を克服するためにも危機的状況に於て登場するのは常に主体的人格の立場である。★1

ここで表明されているのは、「自然的秩序」観が正当性を持つのは、当該システムの「政治的安定性」

が盤石なかぎりにおいてという事実であり、システムが不安定化したとき「平衡性」を失い、カオス的状況に陥る。そのなかで、危機を克服し、新たな「規範」を確立しようとする「主体的人格」の逸脱的な働きかけが、新たなシステムを創出するということである。これは基本的に、複雑系の考え方そのものであることがわかるであろう。

にもかかわらず、丸山を批判しなければならないのは、「主体的人格」が意識的に行なう「作為」であるからといって、無前提に肯定してよいわけではないからだ。作為的な非合理主義が、合理主義に勝利してしまうことは実際にあるのだが、それは往々にして国民を不幸にする。近代史のなかで、いくつもの国々において、全体主義や、排外主義や、宗教原理主義が勝利してしまった。それはバタフライ効果が悪い方向へ作用した結果である。「主体的な人格」でありさえすれば良い、というのであれば、マキャベリ、ムソリーニ、ヒトラーでも何でも良いことになろう。ナチスの政権掌握も、およそ必然性などなく、多分にヒトラーという強烈な個性が起こしたバタフライ効果の産物であるが、そのような「作為」を肯定することなどできまい。

マキャベリは、ルクレティウスを愛読し、その影響を強く受けていたことが知られている。[★2] しかしながらマキャベリは、エピクロスの哲学のなかから偶然性や自由意志の概念に魅惑された一方、互いに加害者にも被害者にもならないための社会契約という重要な思惟を獲得することはなかった。そのため彼は、政治的目的を達成するためならば謀略的手段を肯定した。「契約」概念の欠如したマキャベリ的な「近代」は、権謀術数や独裁・専制の正当化につながる。

ペリー来航以降、日本では国学や水戸学の影響を受けた排外主義者が「尊王攘夷」を掲げ、政治的暗殺などテロも手段とした「作為」をくり返した。彼らの行動はまさしく「マキャベリズム」であった。[★3] 日本の明治維新は、テロによる「作為」が前面に出た変革であった。筆者が前著『日本を開国させた男、松平忠固』で論じたことであるが、尊王攘夷を掲げる排外主義者たちによるテロという「作為」が、日本の「近代」に何かポジティヴな効果をもたらしたという事実はなく、彼らの「作為」は、列強の軍事介入を

招いて日本の独立を脅かし、近代化の過程を妨害してきたというのが実態である。[★4]
西洋技術や西洋思想の受容に積極的であった、佐久間象山、赤松小三郎、横井小楠、大村益次郎、森有礼などは、いずれも国学の思想的影響を受けた人物たちの凶刃に倒れた。テロリズムとは究極の「作為」であるが、国学や水戸学に影響を受けた尊王攘夷論者たちのなかから、それを肯定し、実践する人びとが現われた。「作為」的であれば、「近代」的と見なされるというのであれば、テロリストは皆「近代主義者」になろう。「作為」は、近代の条件として不十分なのだ。

尾藤正英による丸山批判

丸山眞男の学説には、これまで多くの批判もなされてきた。口火を切ったのは、尾藤正英の『日本封建思想史研究』（青木書店、一九六一年）であろう。尾藤は、そもそも朱子学とは中国の官僚体制を支えた学問であり、それと異質な徳川の封建体制には適合せず、相性は悪いものであったとした。つまり〝朱子学＝封建教学〟と規定した丸山の議論の前提から否定したのであった。

尾藤によれば、朱子学と日本の封建制の相性の悪さゆえに、江戸の儒学者のなかには、山崎闇斎のように封建体制に適合させる方向に儒教思想を変形させようとする者もあれば、逆に中江藤樹や熊沢蕃山などのように、儒教的普遍性から体制に批判的な立場を取る傾向も存在してきた。双方の立場が並行して存在可能だったとする。丸山が朱子学を「自然的秩序観」と断じて固定的・普遍的な教義として捉えていたとすれば、尾藤は逸脱を通して多様に変異していく可能性を秘めていたと認識していた。

尾藤は、丸山が近代の先駆と評価する本居宣長については、「世襲制の不合理は不合理なるままに正当化され、むしろ神聖化され〔……〕伝統的感情にもとづく専制支配の肯定となり、〔……〕体制支配の実質的な強化を指向」したと論じた。[★5]宣長の論理は、近代へ向かう「作為的秩序観」どころか、既存秩序の不合理性をあるがままに受け入れる体制迎合思想であるというのだ。本居宣長の国学思想が広がった日本

では、代償として、「思想としての普遍的性格」が失われていったと論じる。[★6]

江戸の朱子学は、西洋近代と調和可能だった

日本の近代化を、朱子学の解体過程に見る丸山流の日本思想史解釈に対して、近年では江戸朱子学の持っていた近代的側面も再評価されるようになっている。歴史学者の奈良勝司は、『明治維新と世界認識体系』（有志舎、二〇一〇年）において、江戸時代の官立最高学府であった昌平坂学問所（昌平黌〔しょうへいこう〕）で正統朱子学を身につけた徳川政権のエリート官僚の思想のなかに、「近代性」を見出し、朱子学主導の近代化の可能性があったと論じている。奈良は次のように述べる。

これまで近世後期〜幕末の儒学に関しては、時代を動かした国学などと比べ、保守的な体制教学であり前近代的な封建思想であったとする理解が一般的であった。この丸山眞男氏以来の大前提のもと、研究の多くは各儒者の個人史として進められ、その内容にせよ、前近代性の「克服」と近代性の「受容」に重点が置かれてきた。しかしながら、近年では当時の儒者の「意外な開明性」にも光が当たるようになり、こうした流れは変わりつつある。[★7]

朱子学が次第に時代への適合性を欠いていくのに反し、国学は〝賀茂真淵→本居宣長→平田篤胤〟といった系譜で順調に発展し、明治維新に思想的な影響を及ぼしたと考えられてきた。奈良は、こうした従来の解釈は、「あくまで近代日本が自身のルーツを探し求めた際に「発見」された、つまり後世からの逆算によって、一本釣りのような形で江戸期に見出された論理であり、その意味では後付けの結果論に過ぎない」[★8]と論じる。つまり、たまたま採用された「結果」を、あたかも必然性があったがごとく、後付けでもっともらしく理屈付けようとしたに過ぎないというのだ。

ましてや、その「結果」は、第3章で論じたように大英帝国の干渉という外的作用で成立したものなのであり、そのシナリオの成就に内的必然性などなかった。アフガニスタンでは、アメリカがソ連憎しの感情に凝り固まって、イスラム原理主義勢力を軍事的に支援し、それがタリバン政権の成立を促してしまった。覇権国からの近代兵器の潤沢な供与によってもたらされた原理主義政権の成立であって、その思想の優位性にもとづく必然的な勝利などではない。明治維新もそうであれば、その思想的側面から、勝利の理由をもっともらしく理屈付けようという試みは、滑稽でしかない。

明治維新で権力を握った志士たちが持っていたのは、奈良によれば、「攘夷型の世界認識体系」であった。それは、根拠のない自尊意識と他者性の欠如をもって特徴とし、自国を「神州」、外国を「夷狄」と認識する。彼らは、国家間の条約の拘束力を基本的に信頼していないので、絶えざる恐怖にさいなまれ、その裏返しとして、暴力による膨張志向に陥ってしまう。西洋に勝てないというコンプレックスは、逆に弱いと見た相手に猛然と襲いかかる結果となってしまった。[★9]

奈良が、「未発の近代」の可能性として焦点を当てたのは、昌平黌の儒官である古賀侗庵とその門下生たちの世界認識体系である。昌平黌の古賀門下生からは、岩瀬忠震、堀利熙、水野忠徳、永井尚志、栗本鋤雲など、徳川政権の現実的で開明的な外交政策を担う多くの人材が育成された。彼ら古賀門下生たちは、西洋を「夷狄」と見なさず、アジアを侵略対象とも見ず、自国を「神州」ではなく、「本邦」と呼ぶようになった。彼らは、国家間の条約の拘束力を評価しているので、軍備の充実は前提としつつも、条約を遵守することを通して、日本も他国と対等な国家間関係を構築できると考えた。尊攘志士あがりの政治家・官僚たちの「攘夷型の世界認識体系」に対し、昌平黌出身の徳川官僚たちが持っていたのは「条約遵守型の世界認識体系」だったのだ。[★10]

それに対して丸山眞男は、昌平黌の正統派朱子学を学んだ者のなかから、近代的思惟が発生していたことなど、見ようとはしなかった。丸山が「昌平黌朱子学」を代表する学者として名前を挙げるのは大橋訥菴である。[★11] 朱子学者の大橋は、「天下ノ事物ニハ、本来自然ニカクアルベシ、カクナフテハ叶ハヌ筈ト、一定シタル所ノ則アリ」と述べ、自然的秩序思想に立脚して開国に反対し、西洋思想を拒絶し、近代に対して「絶望的な反抗」を試みていたというのだ。★12

しかし大橋訥菴は、昌平黌の儒官となった佐藤一斎の門人であるが、佐藤の私塾で学んでいたのであり、大橋本人は昌平黌の出身ではない。丸山が、大橋に「昌平黌朱子学」を代表させるのは、歴史的事実として誤っている。朱子学者のなかでも大橋は、水戸学派と同様、攘夷排外主義思想の極端へ逸脱していった思想家であり、朱子学者を代表する資格を持たない人物であろう。

事実は、徳川朱子学の正統である昌平黌のなかから、あまたの開国論者が養成されていったのである。例えば、『西国立志編』の訳者として知られる中村正直は、昌平黌の儒官でありながら、開国・交易を主張し、明治維新後は天賦人権論を唱える啓蒙思想家として活躍している。丸山は、正統な「昌平黌朱子学者」である古賀侗庵や中村正直ら多くの開国論者について言及しない一方、昌平黌で学んでいない過激攘夷派の大橋訥菴に昌平黌朱子学を代表させようとする。恣意的という以外の何ものでもない。

丸山眞男の吉田松陰評価

丸山眞男の『日本政治思想史研究』の第二章は、「近世日本政治思想における「自然」と「作為」」である。この章では、社会秩序を「自然」と見る朱子学に反抗し、人間が「作為」したものとする思想が芽生え成長していく過程として、政治思想の発展を論じている。このなかで丸山は、荻生徂徠と本居宣長に続く「作為」の系譜の思想家として、安藤昌益、本多利明、佐藤信淵(のぶひろ)を挙げ、そして最後に吉田松陰を取り上げる。

丸山は、吉田松陰の師である朱子学者の佐久間象山は、自然的秩序観から脱し得なかったのに対し、弟子の松陰はその限界を破って、封建制を否定する〝一君万民平等〟の思想にまで達したとして、次のように論じている。

> 彼の師、象山の見解はもはや松陰のものではない。いな、むしろ彼に於ては「普天率土の民、皆天下を以て己が任と為し、死を尽して以て天子に仕へ、貴賤尊卑を以て之れが隔限を為さず、是れ即ち神州の道なり」（丙辰幽室文稿）「国家夷狄の事、固より君相の職にはあれども、神州に生まれたらん者は普天率土の万民皆自ら職とせずんばあるべからず」（講孟余話）とされる。この立場から、「外国に対して我国を守らんには、自由独立の気風を全国に充満せしめ、国中の人々貴賤上下の別なく其国を自分の身の上に引受け、智者も愚者も目くらも目あきも各其国人たるの分を尽くさざるべからず」（学問のすゝめ三編）といふ福沢諭吉の独立自尊の要請にはもはや一歩である。国民が己れの構成する秩序に対する主体的自覚なくして、単に所与の秩序に運命的に「由らしめ」られてゐるところ、そこには強靭な外敵防衛は期しえない——かうした自覚の成長は、必然に尊皇攘夷論をして、ヒエラルヒッシュな形態から一君万民的なそれへと転化せしめずにはやまないのである。[★13]（傍点、原文）

丸山は、松陰は師の象山の限界を乗り越えて〝一君万民平等〟という境地に達したのであって、個人の「独立自尊」を鼓舞した福沢諭吉の一歩手前の段階にまでいたっていた、と評価する。丸山は、吉田松陰をこのように評価することにより、国学から近代的思惟が発生し、吉田松陰を経て、福沢諭吉にいたって全面開花したという〝物語〟に筋を通そうとした。

しかしながら、この〝物語〟は、あまりにも無理がある。本居宣長の系譜に吉田松陰を位置付けるのはよいだろう。吉田松陰は、密航に失敗して萩の獄に入れられ、獄中で本居宣長の『古事記伝』を読破した。松陰は、本居の影響を受けて、『古事記』の記載は一言一句が事実であって、けっして疑うことは許されない、と考える国家神道原理主義者となった。松陰は、本居宣長と水戸学を折衷させて自己の思想を確立したのである。

松陰は、処刑の一週間前に兄に送った手紙のなかで、「本居学と水戸学とは頗（すこぶ）る不同あれども、尊攘の二字はいづれも同じ」[★14]と述べている。朱子学を排斥し「やまとごころ」に回帰しようとした本居と、「からごころ」の朱子学をモットーとしつつ、それを日本の神道と融合させて国粋主義を生み出していった水戸学とは方法論的には異なるが、「尊王攘夷」という結論が同じならばよいではないか、というのだ。松陰のなかでは、本居の国学と水戸学は同居し、矛盾していなかった。

丸山眞男は、本居宣長と吉田松陰を評価する一方、水戸学を朱子学的な自然的秩序観として忌避していたので、吉田松陰を評価しても、松陰の背後に水戸学思想があったと認めようとはしなかった。それゆえ丸山は、水戸学が明治維新に果たした貢献に、正面から向き合うことができなかったのだ。もし丸山が松陰を近代的思想家と評価するのであれば、水戸学が近代を生んだとせねばならないし、それを否定するのであれば、吉田松陰を近代の先駆的思想家と位置付けるのを放棄しなければならないはずであろう。

吉田松陰が福沢諭吉の一歩手前まで来ていたという丸山の評価は、誤りである。引用文中にあるように、松陰にとっての「万民」とは、あまねく「死を尽くして以て天子に仕へ」ることが求められる。つまり天皇のためであれば、無条件で私を滅して死ぬべき存在である。それこそが臣民の義務であって、松陰にとっての至高の「公」なのである。この松陰の思想は「一旦緩急アレハ義勇公ニ奉シ以テ天壌無窮ノ皇運ヲ扶養スヘシ」という教育勅語の精神につながる。

この松陰の論理は、福沢諭吉の「独立自尊」の観念とは接合しない。松陰にとっての個とは、私を滅して「神州」の「国体」に絶対的に奉仕する国家の細胞であるのに対し、丸山の評価する福沢の「個」とは、自立した意識を備えるものであり、それが集合したところに独立した国家が成立する。実際の福沢が、その考えを徹底できた人物だったかと問えば、はなはだ疑問であるが、少なくとも丸山の描く福沢は、個人主義にも国家主義にも偏重しない、バランスの取れた人物として想定されている。国家有機体論者である松陰の延長に、個人の自立を唱える福沢諭吉(あくまで丸山の想定する福沢)は到来しない。松陰と諭吉は、明確に別系統に属する思想家として評価せねばならない。

余談かもしれないが、「幕末」の福沢は、吉田松陰流の長州尊攘派の思想が大嫌いであったから、外国の力を借りてでも、武力をもって長州を討伐せよと声高に叫んでいた。★15 国内の反乱分子を制圧するのに外国の軍隊の力に依存したのでは、国家の自立などできるわけがなかろう。丸山は、福沢におけるこうした不都合な事実を無視し去っていた。

いったん非合理に向かうのが近代？

本居宣長や吉田松陰の認識、すなわち日本は「神国」であって、他民族に優越する特別な存在だという国学的エスノセントリズムを、「近代思想」と呼んでよいのだろうか？　丸山は、そうした当然の疑問について、『日本政治思想史研究』で自問し、自ら回答しようと試みている。

ところで近代的精神は合理主義をその重要なる特質の一としてゐる。しかるに朱子学より徂徠学を経て国学に至る過程は一応合理主義よりむしろ非合理主義的傾向への展開を示してゐる。これは如何に説明さるべきか。★16

朱子学は自然法則としての「理」を強調し、神秘主義に陥らない合理的な体系であり、普遍性を追求している。その朱子学的合理主義を駆逐した国学は、神話である『古事記』を絶対的な真理として、日本民族の優越性を説く。これは信仰の領域であって、普遍性・合理性など存在しない。儒学の説く「仁義礼智信」には普遍性・合理性があるからこそ、特定民族の枠を超えて東アジア世界に拡散することができたが、民族神話を信奉する態度が万国に通用する普遍性を獲得できるわけがない。合理的な儒学で大東亜共栄圏を建設することは可能であったかもしれないが（明の永楽帝時代にアジア全域に拡がった朝貢冊封体制はまさにそれであろう）、非合理主義の国家神道でそれを行なうのは不可能であった。

国学の非合理主義が、朱子学の合理主義を倒したという現象を、「近代化」と呼んでよいのか。丸山はこう自問したうえで、それを正当化しようと、二つの説明を与えている。一つは非合理主義が、いったん合理的な形而上学を破壊せねば近代は準備されないというもの。もう一つは、朱子学の持つ特殊性に起因する問題だとする。まずは一番目の論点から見ていこう。丸山の説明は次のようなものである。

> 近代的合理主義は多かれ少かれ自然科学を地盤とした経験論と相互制約の関係に立ってゐるが、認識志向が専ら経験的＝感覚的なものに向ふ前には、形而上学的なものへの志向が一応断たれねばならず、その過程においては、理性的認識の可能とされる範囲が著しく縮小されて、非合理的なものがむしろ優位するのである。われわれは欧州の中世から近世にかけての哲学史において、後期スコラ哲学の演じた役割を想起する。ドゥンス＝スコートゥスらのフランシスコ学派やそれに続くウイリアム＝オッカムらの唯名論者（ノミナリスト）は、盛期スコラ哲学の「主知主義」との闘争において、人間の認識能力に広範な制限を附与し、従来理性的認識の対象たりし多くの事項を信仰の領域に割譲することによって、一方に於て宗教改革を準備すると共に、他方に於て自然科学の勃興への路を開いた。徂徠学や宣長学に於ける「非合理主義」もまさにかうした段階に立つものにほかならぬ。
>
> 〔……〕後期スコラ哲学がトマス主義に対して持った思想史的意味と、儒教古学派乃至国学が朱子学に対して持ったそれとは看過すべからざる共通性を担ってゐる。★17

一読しただけでは容易に理解できない難解な主張であるが、筆者なりの解説をしたい。

ヨーロッパでは、一三世紀にドミニコ会のトマス・アクィナスが、アリストテレスの自然哲学をキリスト教神学と統合し、神学に合理主義的な解釈を与えようとした。これがトマス主義であり、盛期スコラ哲学の思潮となった。トマスの形而上学的合理主義に対して闘いを挑んだのが、ウィリアム・オッカムら唯名論者たちであった。唯名論者は非合理なものに優位性を与えたが、他方で「理性的認識の可能とされる範囲」を縮小し、限定した上で、それら科学の研究領域を、神学の扱う対象から切り離した。これによって自然科学が、神学の軛（くびき）から解放されて自由になり、近代科学が勃興する条件を整えたという。つまり非合理主義が、中世を支配した合理的形而上学の哲学体系に挑戦し、その牙城を崩したことにより、逆説的であるが、合理主義的な近代科学が発生する条件を整えたというのである。

丸山の弁証法は詭弁である

非合理主義が合理主義を生み出したという逆説は、丸山が好む「否定の否定」の弁証法のロジックである。ちなみに、戦後民主主義を発展させようと丸山が構築してきた学問は、じつは戦前回帰の右派思想の復活を後押ししてきたのだという本章の主張も、弁証法的である。

弁証法は、アウフヘーベン（止揚）と呼ばれる非連続現象、予定調和ではない飛躍の発生を理解するのを助ける発想法である。非合理主義の実践のすえに合理主義が発生したとすれば、まさに予定調和でない弁証法的現象であろう。しかしながら、丸山の場合、弁証法的だから正しいと言わんばかりであり、そのロジックに酔っている感がある。実証抜きにそう主張したとすれば、弁証法を用いた詭弁でしかない。世の中には、線形現象も非線形現象もそれぞれあり、弁証法的だから正しいということにはもちろんならない。

卑近な例で恐縮であるが、例えば「急がば回れ」という諺は、「非合理が合理を生む」のと同様、弁証法的である。しかし「急がば回れ」が必ずしも真でないことは、経験からも明らかであろう。確かに、近道と思って突っ切ったら歩行困難な茨（いばら）の道で、歩きやすい大きい道に迂回した方が、じつは早かったという場合もあろう。しかし、近道を思い切って進んだら、やっぱり早かったということもあろう。双方の場合があり得るのであって、「急がば回れ」は必ずしも真ではない。

同様に、非合理が合理を生むという弁証法的なケースもあるかもしれないが、非合理はやはり非合理なまま人びとを呪縛してしまう場合もあろう。丸山は、国学的思惟が近代を生んだ明治維新は、前者だと主張するわけであるが、筆者は後者だと考える。どちらが正しいかは綿密な実証のみが明らかにできることであろう。

ボルケナウの議論の受け売りだった丸山の主張

「非合理主義が合理主義を生んだ」という前述の丸山の説明は、じつはドイツのフランクフルト学派のフランツ・ボルケナウが『封建的世界像から市民的世界像へ』（みすず書房、一九六五年）で展開した学説の受け売りなのであった。

ボルケナウは、トマス主義のスコラ哲学を「道徳と自然を自然法則という概念のうちに包括[★18]」したと論じている。そのトマス主義を唯名論者が破壊したことによって、「自然的事物の法則」は、「人間生活の理性的な究極目標」とは別個の問題として、「独立」することが可能になったと論じている。[★19]

つまり近代の自然科学や社会科学は、トマス主義の束縛によって自由に発展できなかったのであるが、非合理主義者たちが神学の扱う領域から分離したことによって、科学が神学から解放されて自由になり、独自に発展していくことが可能になったのだという。

丸山は、トマス主義を朱子学に、ウィリアム・オッカムの唯名論を本居宣長の国学に、それぞれなぞらえている。つまりボルケナウの西洋思想史解釈を、そのまま日本に置き換えているだけなのであり、その学説には独創性も何もなかった。彼は、西洋で先行して展開された事象は、後発の日本にも同様に当てはまるだろうとして、自分の学説を正当化していただけなのだ。

丸山のロジックに対しては、容易に以下の二つの問題を指摘できるだろう。第一に、唯名論がトマス主義を破壊しないかぎり、近代的精神が勃興しなかったのかと問えば、きわめて疑わしい。唯名論がトマス主義を破壊したことは、近代科学が勃興するための側面的支援になったかもしれないが、それは十分条件ではない。唯名論が近代科学の精神と無縁であることは言うまでもない。第5章で見た通り、エピクロス哲学——自然科学における原子論、諸個人が生まれながらにして自由と幸福を追求する権利を持つという自然権思想、そして相互に自由を保障するための社会契約論——が復活したことを抜きにして、科学的合理主義や近代的精神の勃興を説明するのは困難である。

第二に、百歩譲ってヨーロッパで発生した事象が丸山の説明通りだったとしよう。しかし、その歴史的事象が日本でも同様に再現される必然性など何もない。ヨーロッパでそうだったとしても、日本における発展パターンはそれとは別のものである。似る可能性はあるが、必ず似ると断言できる根拠などない。それぞれの地域には、それぞれ固有のバタフライ効果にもとづく独自の発展のプロセスがあるからだ。

当時の丸山の研究の前提には、西洋近代が先進的であり、その発展パターンが、後発する日本においても同様に再現されるに違いないという、多分に講座派マルクス主義の影響を受けた歴史必然論の先入観があった。悪しき歴史法則主義に毒されていたのだ。

朱子学は諸学の自立を許さないのか

丸山が、日本の近代化のためには朱子学が解体される必要があったとする、二番目の根拠は、「朱子学の特殊的性格」だという。丸山は、「朱子学の合理主義が強い道学性を担ってゐたために、その合理主義の分解は、諸々の文化価値の独立を呼起すに至つた」[★20]（傍点、原文）という。すなわち、朱子学は体系的すぎて、政治・歴史・文学などの諸学が、自立できない状態であったというのだ。それゆえ、「朱子学の連続的思惟によつて、倫理に全く繋縛されてゐた政治、歴史、文学、等の諸領域が夫々その鎖を断ち切つて、文化上の市民権を要求した」[★21]と述べる。これも、基本的にボルケナウの説をなぞっているだけである。

確かにヨーロッパのスコラ哲学は、地動説を唱えたジョルダーノ・ブルーノを火炙りにし、ガリレオ・ガリレイも宗教裁判にかけるなど、科学の発達を妨害した。それと比較して、日本の朱子学は、そのような弾圧をしていない。後述するように、朱子学を学んだ知識人のなかから洋学に転じる者が多かったが、それによって弾圧を受けるようなことはなかった。江戸の朱子学は、ヨーロッパのスコラ哲学に比べれば、はるかに寛容であった。

朱子学は、西洋の近代科学とも充分に親和的であった。朱子学の「理」とは自然法則のことで、「気」は物質とエネルギーを合わせたような概念であり、充分に科学的合理性を持っている。残念なのは、朱子学の「気」の概念は曖昧であり、デモクリトスやエピクロスにおける「分割不可能な最小の単位」と定義された「原子」のように、厳密で操作性の高い概念ではなかった。デモクリトスとエピクロスの原子論は、科学的諸法則の発見を導く原理となったが、計量化できない曖昧な朱子学の「気」の概念では、近代科学を推進する力にはならなかった。

佐久間象山と朱子学

朱子学が束縛するかぎり近代は発生し得なかった、という丸山眞男説を反証するのは、きわめて簡単である。日本の朱子学者のなかから「自立」した「近代意識」を持った人物が出現していたという具体的事例を示していけばよい。代表的な朱子学者を複数確認していけば、朱子学的思惟は西洋近代と調和可能であったということが示せるだろう。朱子学は、近代科学や近代立憲主義、天賦人権論などの受容を容易にした側面まで認められる。

まずは、朱子学者かつ蘭学者であった佐久間象山を検討しよう。丸

図６－１　佐久間象山（1811～64）
松代藩出身の朱子学者・蘭学者。藩主の真田幸貫が老中になったのを契機に蘭学・砲術の研究を行ない、勝海舟・吉田松陰・小林虎三郎・山本覚馬・加藤弘之・津田真道など多くの門人を育てる。朱子学を基礎としつつ、西洋近代を受容した。禁門の変を前に、孝明天皇を彦根に避難させようとするが、それが発覚し、長州系攘夷派志士たちに暗殺された。
（写真出典『近世名士写真 其2』近世名士写真頒布会、1935年）

山は、佐久間象山に親近感があった。というのも丸山の家系は、佐久間象山と同じ信州松代の真田家の家臣だったからである。象山と丸山は、先祖が同じ釜の飯を食っていた間柄だったわけである。

丸山にとって不都合なことに、象山は、終生にわたって朱子学者を自任していた。「東洋の道徳、西洋の芸術」という象山の思想は、東洋道徳たる朱子学と西洋の科学技術のそれぞれの長所を取り入れ、それを普遍化して五大州に伍していくというものである。象山の思考のなかでは、朱子学と西洋の近代科学は調和可能なものだった。象山は西洋の「究理学」（物理学）の研究を重視したが、これは「理」を究めるという朱子学的態度の延長にある。象山は、日本で最初期の電信実験を行ない、医療用の電気治療器も開発するなど、実験精神旺盛な科学者であった。万物の運動を拘束する自然法則は「理」であるが、朱子学は「理」の内容を必ずしも解明できたわけではないのだから、西洋科学に進んだ知見があるのであれば、理を究めるためにも、それを摂取しようとするのは朱子学者として当然の態度なのだ。

丸山が晩年に刊行した『忠誠と反逆』には、「幕末における視座の変革——佐久間象山の場合」という論考が収録されている。これは一九六四年に松代町（現・長野市松代）で行なった講演録に加筆したもので、丸山の象山に対する思い入れがわかる。『忠誠と反逆』は、生前に丸山自らが準備した最後の著作である。この著作で表明されている見解は、彼が最終的に保持していた見解と見てよい。『忠誠と反逆』における朱子学の評価は、『日本政治思想史研究』から若干変化していることが確認できる。

『忠誠と反逆』の象山論は、彼がいかにして「中華」対「夷狄」という差別主義的価値観から脱して、近代的な国家平等論者へと変化していったのか、その過程を論じたものである。

象山は、文久二年（一八六二）に「夷狄」という蔑称は使うべきでない、と主張するようになったが、その根拠として掲げたのは、外国との交際は〝賓礼の一である〟という『周礼』の一節であった。[★22]丸山によれば、象山は、儒教概念と思われた「夷狄」観を脱するために、儒教の古典をさらにさかのぼって、「古典の読み替えによって、儒教のカテゴリーを新しい状況のなかで再解釈して」[★23]いった。象山は、原理主義者でもなければ、新しいものに無原則に飛びつくご都合主義者でもなく、段階を踏んで、新しい状況にあわせて、古典を読み替えながら「視座の変革」をしていったというわけである。まさに「忠誠」と「反逆」という矛盾を統合させながら、弁証法的に思考の発展を遂げていたということになる。

この丸山の見解には、筆者も充分に賛同できる。しかしながら、この象山の事例は、朱子学を信奉しながら、なお近代的思惟を発生させることが可能であった、ということの証明に他ならない。丸山が象山をこのように評価した時点で、過去の自説を自己批判すべきではなかったか？　もし丸山が述べるように、「朱子学の連続的思惟」によって、他の学問が「倫理に全く繋縛されてゐた」のであれば、象山という朱子学者は、新しい思想へと脱皮できなかったはずではないのか？

国学と佐久間象山の暗殺

佐久間象山は、国学を深く嫌悪していた。丸山本人が引用する安政五年（一八五八）の梁川星巌（やながわせいがん）宛ての象山の書簡には、「国学者流と称し候者共の牽強捏合、本邦限りの私言も、平生縉紳家の際には余程其害を流し候様にも承り、深く苦労に奉存候」[★24]と書かれている。現代語にすれば、〝国学者と称する輩は、道理にあわない理屈を無理やりこねあわせ、日本国内でしか通用しない戯言を公家衆の間にも垂れ流すなど、その害悪ははなはだしいご様子で、ご苦労が存じられます〟となろう。朱子学には国際社会でも通用する普遍性が備わっていたが、国学の論理は、世界との対話の可能性を閉ざしてしまう井の中の蛙のような偏狭な理屈であり、象山は許せなかった。

象山は、その国学思想の影響を受けた長州の尊攘派によって斬殺された。象山暗殺の実行犯たちが作成した斬奸状（ざんかんじょう）には、以下のように書かれていた。

此者元来西洋学を唱へ、交易開港之説を主張し、枢機之方へ立入、御国是を誤り候大罪難捨置候処、剰〔あまつさえ〕奸賊会津・彦根二藩ニ与党し、中川宮ヲ謀リ、恐多クも九重御動坐、彦根城へ奉移候義を企て、

昨今頻ニその機会を窺候。大逆無道不可容天地国賊ニ付、即今日於三条木屋町加天誅加畢。[★25]

象山の罪状として二点が挙げられている。一つは、「西洋学」を唱え、朝廷の「枢機」に入り込んで「開港」と「交易」を主張したことが「御国是」に反すること。もう一つは、「奸賊」である会津と彦根の二藩にくみし、中川宮（朝彦親王）をたぶらかして、おそれ多くも孝明天皇を彦根に移そうと計画したこと。これらが「大逆」行為であり、「国賊」であるというのだ。

「大逆」と「国賊」という、太平洋戦争の敗戦にいたるまで日本国民を威圧し、呪縛し続けた、二つのマジックワードが「天誅」を加える理由として掲げられた。確かに、象山は開国を唱え、また孝明天皇を彦根に避難させようとしていた。象山が暗殺された七月一一日と言えば、その一か月前の六月五日には池田屋事件があり、その八日後には長州藩が京都御所に武力攻撃を仕掛けた禁門の変が勃発するという、騒然とした雰囲気のなかにあった。長州藩は、京都御所を襲撃し、実力で孝明天皇を奪い去り、天皇を自藩の方針の言いなりにさせようとしていた。これこそ、まさしく長州藩の言うところの「大逆」行為そのものであった。この事態を憂慮した象山は、孝明天皇を護ろうとして「彦根御動座計画」を立案したのであった。

象山を暗殺したのは、象山の愛弟子である吉田松陰の、そのまた門人たちであった。実力で「玉（ぎょく）」（天皇）を自らの掌中に収めようとしていた、久坂玄瑞、品川弥二郎、桂小五郎（木戸孝允）ら吉田松陰の門人たちが、邪魔な象山の殺害を命じたのである。[★26] 象山暗殺は、幕末の四大人斬りの一人とされる河上彦斎（げんさい）の単独犯行であるかのように言われているが、実際には複数の長州系尊攘志士たちの集団によるものであり、河上はそのなかの一人に過ぎない。[★27]

丸山は、先に引用した通り、松陰は恩師の象山の限界を乗り越えて近代意識を獲得していった、と論じた。近代意識を獲得した松陰の門人たちが象山を惨殺した。すなわち丸山は、敵対者に対して「国賊」「大逆」というレッテルを貼りつけて暗殺していくような「作為」を、「近代意識」として肯定したに等しい。神国思想を「本邦限りの私言」と批判していた朱子学者の象山の方が、松陰よりはるかに近代的な思考をしていたのではなかったか。

横井小楠と朱子学

次に、佐久間象山以上に開明的だったとされる、横井小楠も紹介したい。丸山にとってさらに不都合なことに、横井小楠も朱子学者であった。小楠の場合、若い頃には水戸藩士の藤田東湖と交流して水戸学を信奉したこともあり、陽明学者の熊沢蕃山の思想を評価するなど、思想的には多様な遍歴を経ている。しかし最終的に小楠は、水戸学も陽明学も批判し、朱子学者としてのアイデンティティを確立している。[★28]

横井小楠は、熊本実学党に所属していた。熊本実学党は、朝鮮王朝の儒学者である李退渓（りたいけい）が発展させた朱子学を継承して成立した儒教集団であった。李退渓の朱子学は、日本に広範な影響を与え、有名な朱子学者の山崎闇斎もこの系統に属する。

図6－2　横井小楠（1809～69）
熊本藩出身の朱子学者。若い頃は水戸学の藤田東湖に心酔したが、のちに水戸学批判に転じた。朱子学を基盤としつつ、アメリカの民主制を古代の聖人の教えに合致すると評価し、西洋の近代立憲政体を受容する立場を取った。明治政府に出仕するが、尊攘志士たちに暗殺された。
（写真出典『偉人叢書 第5　横井小楠』三教書院、1940年）

山崎闇斎と言えば、たとえ暴君であっても臣下が武力で王の地位を簒奪するのは絶対に許されてはならないと考え、万世一系の皇統を重んじ、垂加（すいか）神道の創始者になった人物である。闇斎は、朱子学者と神道家という二面性を持った人物であった。水戸学も、朱子学と神道を融合させたという点において、山崎闇斎と同じ系統の思想である。明治維新を招来させたのは国学思想のみではなく、山崎闇斎学派と水戸学派の寄与も大きいのだが、丸山はこれらの思想の役割を見ることはできなかった。

横井小楠の場合、国学顔負けのエスノセントリズム思想に向かった山崎闇斎や水戸学とは真逆の立場で、血筋による王位継承ではなく、徳のある者に政権の地位を譲る「禅譲」こそ、政治の理想と考えていた。小楠はさらに思考を発展させて、直接選挙によって大統領を選出するアメリカの政治制度を、「禅譲」を制度化したものであるとして積極的に評価するようになった。

小楠は、万延元年（一八六〇）に福井藩に提出した『国是三論』の「富国論」において、アメリカの初代大統領のジョージ・ワシントンを評価して「大統領の権柄、賢に譲りて子に伝へず、君臣の義を廃して一向公共和平を以て務とし、〔……〕殆ど三代の治教に符合するに至る[★29]」と述べる。つまりワシントンは、君臣関係を廃絶し、世襲ではなく賢者を大統領に選出する「公共」の制度を導入し、これは古代の聖人の治世に匹敵すると、最大限の評価をしている。

同じ朝鮮の李退渓の朱子学に影響を受けた日本人たちのなかから、万世一系の血統のみを重んじる山崎闇斎と、大統領の直線選挙を評価する横井小楠という一八〇度異なるベクトルの二人が出現したのだから面白い。丸山眞男は、朱子学を硬直的な思想と見ていたので、逸脱を通して、こうした柔軟な多方向へ発展する可能性を見ることはできなかったのだ。

小楠と象山は同系列の思想家と見なされるが、象山は西洋から学ぶのは科学技術に限定し、政治制度は封建制を支持していたのに対し、小楠はアメリカの立憲政治まで評価したから、小楠の方がより開明的であったと評価されることが多い[★30]。丸山の言う「古典の読み替えによって、儒教のカテゴリーを新しい状況のなかで再解釈してゆく」という態度がさらに進んで、小楠は儒教ベースの民主主義を構想するところまで「視座の変革」を果たしたということになろう。

国学と横井小楠の暗殺

横井小楠を暗殺したのも国学徒だった。明治維新後、新政府に招集された横井小楠は、慶応四年（一八六八）四月に徴士参与、同閏四月に制度局判事、続いて参与となる。明治政府が、小楠の目指す公議政体ではなく祭政一致体制に向かいつつあるなか、小楠は病気と闘いながら、政府に留まっていた。祭政一致を目指す勢力にとって、小楠は邪魔な存在となっていた。そうしたなかで、明治二年（一八六九）一月五日、小楠は暗殺されてしまう。実行犯たちは、十津川・岩見・備前などの各地の郷士層であり、特定の藩閥に属さない草莽の志士たちであった。彼らは、国学を学び、神道を信仰していたという共通性があった。横井小楠の斬奸状には以下のように書かれている。

此者、〔……〕今般夷賊に同心し天主教を海内に蔓延せしめんとす。邪教蔓延致し候節は、皇国は外夷の有と相成候事顕然なり。併朝廷御登傭之人を殺害に及候事深く奉恐入候へ共、売国の姦要路に塞り居候時は前条之次第に立至候故、不得已加天誅者也。[★31]

「罪状」として掲げられたのは、小楠が「夷賊」と同調してキリスト教を広めようとしたという点のみである。「邪教」が広まれば、日本は「外夷」が支配する国と同然になってしまう。このような「売国の姦」が政府の要職にあることは許されることではない、ゆえにやむを得ず「天誅」を加える、というのだ。キリスト教が広まれば「外夷」の支配下に入る、と断じる論理から問題にせねばならないのだが、それ以前に、横井小楠は、キリスト教に共感した事実もなければ、それを広めようとした事実もなかった。実行犯たちは、風説で広がった陰謀論やデマを信じて殺人に及んだのである。

生前の小楠は、テロを平然と肯定する国学徒たちの危険性に警鐘を鳴らし続けていた。元治元年（一八六四）、小楠は井上毅に対して次のように述べていた。

日本の○○なども尤（もっとも）害あるものにて、近年水戸・長州の滅亡を取候にて知れ候〔……〕人々此の仁の

> 一字に気を付け候へば、乃（すなわち）自然の道にて候。○○の害は甚（はなは）だしきことにて、水戸・長州など○○を奉じ候族（やから）君父に向い弓を引候埒（らち）に相成（あいなり）候。★32

この小楠の発言を口述筆記した井上毅は、小楠や自分に危害が及ぶことを恐れたのか、伏字にしているが、「○○」の中には明らかに「神道」が入る。★33 すなわち小楠は、水戸や長州が「君父に向かい弓を引」くような行為に走るのは、神道の害悪が出たものであり、そのために水戸や長州は「滅亡」するのだと断じた。

小楠も若い頃には、水戸藩の藤田東湖と交流し、藤田の信奉者となった経験があった。しかし、水戸学徒が過激化してテロに走るのを見るにつけ、神道と結びついた水戸や長州の尊王攘夷論は、儒教における「仁」を忘却させ、あらゆる卑劣な手段を講じてもかまわない、と考えるテロリズムに帰結すると考えるようになった。小楠は、水戸学の信奉者は「戦国山師者共と同様★34」とまで述べ、水戸と長州を批判するようになる。容易にテロに走る国学の危険性に警鐘を鳴らしていた点、小楠も象山と同様であった。二人とも、そうした熱狂的な国学徒たちの凶刃に倒れたのである。

小楠にとって誤算だったのは、神がかりのテロリズムを妄信する水戸も長州も、ともに滅びるはずであったが、水戸の尊攘派は滅びても、長州の尊攘派は蘇生してしまった点であろう。本来ならばテロリストは滅び去るという小楠の予想が妥当だったはずである。さすがの小楠も、サトウやグラバーのバタフライが、歴史を捻じ曲げて、長州の政権掌握を後押ししてしまうとは、予想できなかったのだ。もっとも小楠暗殺から七六年後、国家神道に支配された大日本帝国は、小楠の予想通り滅びたのであるが。

丸山眞男の弁明

丸山眞男は『日本政治思想史研究』において、横井小楠について何も言及していなかった。しかし敗戦後に、小楠の思想と相対し、それを無視することはできなくなったようである。小楠の思想を検討した丸山は、朱子学を封建体制の護持教学とする自らの学説を、どうにも正当化できなくなるというジレンマに直面していた。『忠誠と反逆』に所収されている論文「近代日本思想史における国家理性の問題」(初出は一九四九年)において、丸山は小楠について、以下のように述べている。

むろん小楠のこうした近代的国際意識が彼の朱子学的教養から必然的に出て来たというのではない。同じ朱子学的教養からして、大橋訥菴に見るようなファナティックな攘夷論もまた生まれうるのであって、小楠の場合には彼の時代に対する透徹した洞察力が、朱子学的論理を進歩的方向に駆使させたまでのことである。ただ、国際法や国際道徳の意味が、右のように徳川時代の教養のいわば共有財産であった儒教的範疇を通じて説かれることによって、比較的スムーズに当時の知識層一般に受容されえた、ということは否定されぬところであると思われる。★35

朱子学者の横井小楠から近代的国際意識が発生したことについて、丸山は、小楠の「透徹した洞察力」という、彼個人の特殊性に還元しようとしている。しかしながら、その小楠の「特殊」な主張に共感した朱子学徒も多かったのであるから、「特殊」の問題だけではどうにも片付けられない。前後の文脈は矛盾しつつ、丸山はついに、「儒学的範疇」から「国際法や国際道徳の意味」が受容されたという事実を、「否定されぬところ」と認めたのであった。

であるならば、朱子学を解体しないことには日本は近代化しなかったと論じた自らの学説を、自己批判して撤回すべきであろう。しかるに丸山はそれをせず、次のように弁明する。

事実と経験の教訓から積極的な国家平等の理念を導き出すためには、なんらかの論理的媒介が必要であった。この媒介の役を果たしたのがほかならぬ儒教哲学である。とくに旧幕時代に正統的教学として君臨した朱子学の論理構成がこうした役割を果たした、ということは一つの歴史的イロニィに属する。[36]

「イロニィ」であろうがなかろうが、事実として、儒教の論理は、わずかな変異によって、近代立憲主義と国家平等の理念へと発展させることが可能であったのだ。

国学は国家平等の理念を導きだせたか

国学の場合はどうであろうか。丸山は、「皇国を絶対化した国学思想からは、はたしてどのような論理を媒介として国家平等と国際規範の存在の承認が導き出されるであろうか。ここでは問題は一層複雑であり困難であるように見える[37]」と、自問する。朱子学から近代的国家平等意識の導出が可能であっても、国学からそれを求めるのは「一層複雑であり困難」なのであれば、国学が朱子学を倒せば、日本は近代から遠ざかると考えるべきではないのか。

しかしながら丸山は、津和野藩の国学者で明治新政府に大きな影響を与えた大国隆正の思想を紹介しつつ、国学から国家平等的な国際規範を承認することは可能であると弁明する。国学者の大国隆正にとって、日本は万国に君臨すべき神国である。大国の立場からすれば、神国が西洋起源の国際法秩序の軍門に降ることなどあってはならない。日本が普遍的な国際規範の枠組みに入るには、どうすればよいのか。大国は、「天皇を万国統轄の君」とする「わが大日本よりおこす真の公法学、つひには万国に及ぶべき[38]」と主張する。つまり、日本の天皇が万国に君臨するという内容の、日本発の「真公法」を、真の国際規範として確立させることを目指すべきだというのだ。それが当面かなわないのであれば、今は「私説」として胸中にしまい込んで、将来を期すべきという。

恐るべき誇大妄想である。このような国学的論理が「近代」日本の規範となってしまったら、国力を蓄えた段階で、日本の天皇を万国に君臨させるべく、世界制覇を目指して侵略戦争に打って出るべきという理屈が、当然のように正当化されるだろう。そして、実際に近代日本の歩みはそうなった。普遍性・合理性を持たない誇大妄想国家が侵略戦争に打って出れば、国際的支持を獲得できるわけもなく、端から負けるのが必然だったのだ。

ところが丸山は、この大国説を紹介したうえで、以下のように論じるのである。

〔大国の論理によれば〕ウルトラ・ナショナリズムの猛然たる炎となって燃えさかる危険性をはらんでいるのである。しかし一般に、国学が儒教的範疇の繋縛から国民思想を解き放ち、洋学へのアプローチを一層自由にしたのと併行して、隆正のような国際認識が大橋訥菴的な攘夷論を中和する役割を果たしたこともまた事実であった。★39

丸山は、大国隆正の論理にはらむ「ウルトラ・ナショナリズム」の危険性を指摘しつつ、なおかつ国学が儒教を倒したことが、国民思想を解き放って、洋学研究も容易にしたのだという実証的根拠不明な自説を擁護しようとする。国学的規範が、朱子学的規範にとって代わることを、「近代化」と捉えた丸山は、後年の日本に「ウルトラ・ナショナリズム」が勃興し、世界を相手に戦争に突き進み、惨敗するという論理を肯定してしまったも同じである。

丸山は、朱子学は国学よりもダメだったと主張するために、例によって大橋訥菴の名を挙げる。大橋訥菴は水戸学派同様、朱子学から国粋主義の極端に振れた変異種であり、大国隆正は国学者のなかでは比較的穏健な方向に振れた人物であった。この二人の思想を、朱子学と国学の代表選手であるかのように扱って、国学に軍配を挙げるというのは、あまりに杜撰な論理である。

付け加えれば、大橋訥菴を朱子学の代表選手として扱うのであれば、丸山は自らの朱子学観を否定せねばならないはずである。何となれば、大橋訥菴は、文久二年（一八六二）に老中の安藤信正を襲撃した、坂下門外の変の首謀者だからだ。丸山は朱子学を、封建体制護持のための「自然的秩序思想」と見なしていた。しかるに、その代表選手であるはずの大橋は、封建体制のトップを暗殺し、力ずくで政策を変えさせようとした「作為」の人だった。「自然的秩序思想」の代表が、とてつもない「作為」の持ち主であったとするならば、丸山は、自らの論理の破綻を認めねばならないはずであろう。丸山の主張は二重に誤っている。

徳川政権の国家平等意識

丸山眞男は、『日本政治思想史研究』でも、吉田松陰と大国隆正を評価して以下のように述べている。

最も熱烈な「攘夷」論者にして同時に積極的な開国論者たりしもの少からず（佐久間象山・吉田松陰・大国隆正等）、逆に開国論といふも、その本来の内面的傾向はむしろ最も保守的な鎖国論であつて、ただ現下の情勢に押されての止むをえざる開国論にとどまるものであつた。[★40]

世界を相手に戦争をしようという「ウルトラ・ナショナリズム」にいたる必然性を内包した、吉田松陰や大国隆正のような思想を「積極的開国論」と位置付ける一方で、徳川政権の開国論について、その根っこは「保守的な鎖国論」と断罪したのであった。遺憾なことに、今日においてもなお、このような主張は、漠然と妥当性を持つと信じられている。

筆者は、前著『日本を開国させた男、松平忠固』において、この定説が根本的に誤りであることを実証的に論じた。すなわち、徳川政権の老中・松平忠固は、ペリー来航時より交易の開始を主張していた。砲艦外交に屈したわけでなく、交易によって江戸の繁栄は「倍すべし」と主張し、積極的に開国を推進していた。[★41]彼は家臣たちに対して、「交易は世界の通道なり」、「世論がどんなに交易の開始に敵対しようとも、

必ず開かれるべき普遍的な道を、閉ざしてしまうことなどできるわけはない」とも諭していた。[★42]

松平忠固は、安政二年(一八五五)、アメリカ領事の下田駐在の是非をめぐって、攘夷派の頭目の徳川斉昭および老中首座の阿部正弘との対立が深まり、失脚に追い込まれる。家臣の八木剛助は、忠固の身の上を案じて、斉昭や阿部と和解するよう説得していた。これに対して、忠固は次のように言い放っている。

おのれは天下ある事を知りて老公〔徳川斉昭〕・勢州〔阿部正弘〕ある事を知らす。天下の為と思へる事は、何事か憚るへき。老公と勢州の否応は、我関する所にあらす。[★43]

〃自分は、天下のあるべき姿を考えて政治をしているのであり、斉昭や正弘のためではない。天下のためになることを実行するのに、斉昭や正弘の反対意見になど、いちいちかまってられるか〃というのである。松平忠固は、近代的な国家平等意識を備えたうえで、国際的普遍である開国の道を、「天下の為」と考えた。攘夷論者が何と言って妨害しようが、必ず開かれる普遍の道を閉ざしてしまうことなどできるわけない、と喝破した。これこそ、普遍性・合理性を持って作為的に新しい道を切り開いていく、近代的で主体的な人格であろう。しかるに、徳川政権の閣僚など、皆、封建主義の保守主義者と考えていた丸山は、政権の側に、忠固のような近代的思惟を持った真の開国論者がいたことを見ようともしなかった。丸山も、自らに都合のよい史料を恣意的に取捨選択するという「プロクルステスの寝台」の実践者であったのだ。

明六社の啓蒙主義者たち

儒学と国学と近代化について、もう少し考察しよう。明治維新後、西洋思想の啓蒙家として活躍した人びとの多くは、まず儒学を修め、それから洋学に転じている。一方で、国学を修め、それから洋学に転じた事例は少ない。

明治の啓蒙集団として活動した明六社の中心メンバーたちを見てみよう。明六社を創ったのは、福沢諭吉、加藤弘之、西周、津田真道、森有礼、中村正直、箕作秋坪（みつくりしゅうへい）、箕作麟祥（りんしょう）、西村茂樹、杉亭二（こうじ）の一〇名である。この一〇名の経歴を見ると、旗本の中村は昌平黌の御儒者であった。西・津田・加藤・杉・箕作麟祥の五名は公儀の蕃書調所（のち開成所）に勤務し、福沢と箕作秋坪の二名は公儀の翻訳方に勤務している。

明六社の結成メンバー一〇名のうち、森有礼（薩摩藩士）と西村茂樹（佐倉藩士）を除く八名は、徳川政権に雇われていた。佐倉藩士の西村にしても、藩主の堀田正睦が日米通商条約交渉時に老中首座を務めていた関係で、貿易取調御用掛として政権の中枢近くで活動している。旧体制を支えた官僚だった人物たちが、明治新体制で啓蒙思想家に転じたのだ。旧体制は封建的思惟から抜け出られなかったという解釈の誤りは明白である。また、この一〇名のなかで、加藤・津田・西村の三人は、朱子学者かつ洋学者の佐久間象山の門人であった経歴を持つ。

丸山眞男の門下生である植手通有（みちあり）は、恩師に反論するかのように、明六社が啓蒙した天賦人権思想そのものが、朱子学の理論を媒介として受け入れられたと論じている。植手は次のように述べる。

> 「天賦人権」とか「性法」という観念は、人間性（人間の「自然」）に本来道徳性が賦与されており、この道徳的本性が、一方では五倫五常という社会秩序の根本規範に、他方では宇宙自然の秩序に連続しているとする朱子学の理論を除外しては考えられない。つまり、こうした朱子学の考え――それは朱子学的な自然法思想といわれている――を基礎として自由や権利の観念が理解されるために、西洋においてはすで自然法的な基礎づけ方がすたれてしまっているにもかかわらず、それらの観念が自然法的な性格をとって受け入れられるのである。[★44]

植手によれば、明治維新と同時に「天賦人権」という自然法的な権利思想が広まったのは、朱子学の自然法思想がその基礎にあったからだという。江戸教育を受け、朱子学的素養の持ち主であった明治初期の知識人たちは、自然的秩序観に立脚し、自由や人権は、宇宙自然から連続して社会に備わっている根本的秩序であると考えたから、容易に天賦人権論を受容できたというのだ。

朱子学は「封建教学」どころか、充分に近代的な人権意識を醸成する基礎になっていた。近年こうした議論は活発化しており、例えば東アジア思想史研究者の下川玲子は『朱子学から考える権利の思想』（ぺりかん社、二〇一七年）で、朱子学における「天命の性」という思想は、人間にはけっして奪われることのできない天賦の権利があるという西洋近代の人権論と親和性があると論じている。

第2章で検討した赤松小三郎と山本覚馬の憲法構想における人権規定は、諸個人が生まれながらに備えている個性や長所を尊重し、それを伸ばしていくことを国家がサポートしていくべきという発想であった。これも人間には本来的に道徳性が賦与されているという朱子学的な自然法思想に立脚した人権概念と言えるだろう。

江戸の朱子学教育を受けた世代から自由民権運動の活動家たちが生まれた。彼らは政府が天賦人権という自然の「理」に反した政治を行なうのであれば、これを倒してでも本来あるべき自然的秩序を実現させようという「作為」を発生させた。自然的秩序観を持つ者は社会改革の実践活動を行なわないかのように論じた丸山の説も、事実によって反証されよう。

明六社創立メンバーのなかで、『西国立志編』の訳者として名高い中村正直は、ペリー来航の嘉永六年（一八五三）に二一歳の若さで昌平黌の学問吟味試験に合格した朱子学の超エリートであった。中村は、昌平黌で朱子学を教えつつ、隠れて洋学研究に没頭し、開国・交易路線を主張した。慶応二年、徳川政府派遣のイギリス留学を志願し、二年間の海外生活を送って英学のエキスパートになった。明治になると洗礼を受けてキリスト教にも入信している。しかし、どれだけ西洋思想を摂取しようとも、朱子学を信奉する態度は生涯不変であった。中村にあっては、キリスト教も朱子学も、矛盾せずに調和していた。昌平黌の朱子学にはそうした柔軟性があった。中村は、朱子学の「理」の概念を用いて、いかなる外国とでも対話可能であると信じていたのだ。

このように、明六社の啓蒙思想家の多くは、儒教概念の延長上に、天賦人権や立憲政体を論じた。一人だけ例外がいて、儒教を近代化の阻害物として痛烈に批判していたのが福沢諭吉である。丸山は、その福沢を、儒教を批判し作為を肯定した明治の代表的思想家として評価したが、彼はむしろ明治の啓蒙家の例外に属するのだ。福沢については次章で検討したい。

津田真道と国学

上記の一〇名の啓蒙家のなかで、国学を学んだ人物を探すと、津田真道のみである。津田は、蘭学研究の盛んな津山藩出身であり、郷里では藩儒の大村斐夫(あやお)のもとで朱子学を学ぶとともに、万葉調の和歌にもたしなんだ。嘉永三年（一八五〇）に江戸に出て、同郷の蘭学者の箕作阮甫に入門しつつ、同時に国学者の平田篤胤を始祖とする平田派の国学塾にも入門している。[★45]師匠の箕作阮甫はこれを喜ばず、「蘭学修行に国学は無益なり」と注意したそうであるが、津田はそれを聞き入れなかった。[★46]このように津田は、朱子学、洋学、国学をそれぞれ修めるという、じつに幅の広い学問的素養を持っていた。

津田は、平田派国学からナショナリズムを吸収してはいるようであるが、平田派の幽界思想には染まっていない。津田が文久年間（一八六一～六四）に執筆した「性理論」という論考では、唯物論を主張している。津田は、朱子学の「気」の概念を、西洋物理学における「エーテル」（一九世紀に、光の波を伝える媒質で真空中に充満すると考えられていた物質。現在は否定されている）と解釈し、朱子学と西洋物理学を統合しようとしている。[★47]世界を合理的に説明しようという津田の態度は、国学ではなく朱子学由来であった。

津田は、第2章で見てきた通り、「日本国総制度」のなかでも、天皇に政治権力を与えようとせず、封建制のよい部分は継承しつつ、近代連邦制国家に移行させるという、非常に穏健で現実的な制度改革を考えていた。天皇を神格化しようという国学者流の発想は、津田にはなかった。津田の場合、儒学と国学、洋学をそれぞれ修め、特定の教義を妄信しなかったがゆえに、非常にバランス感覚の優れた政治的感性を身に着けることができたように思える。一つの思想に凝り固まって妄信しようとする態度が危険なのだ。

加藤弘之の転向

前述の植手通有は、自由民権運動の挫折によって天賦人権の考え方が廃れた日本では、普遍的規範が存在するという朱子学的観念そのものが消滅してしまい、万世一系の血統のみを重んじる国体論に覆いつくされてしまったと論じている。[★48] 日本では、近代化することによって普遍性が失われ、特殊性に覆われてしまったということになる。

明六社のメンバーの一人である加藤弘之の転向は、それを物語る典型例であろう。江戸の伝統的儒学教育を受けた加藤は、第1章で紹介した通り、文久二年（一八六二）に『鄰草』を著わし、慶応四年（一八六八）に『立憲政体略』を著わし、儒教の教えである「仁政」の継続のためにこそ立憲政体が必要なのだとしたうえで、言論の自由や信教の自由など基本的人権の確立を訴えた。[★49] 加藤も、儒教の素養の延長線上に西洋の立憲政体を受容した一人である。

加藤は、明治八年（一八七五）には『国体新論』を著わしている。この書のなかで加藤は、国学・水戸学者流の「国体論」、すなわち日本の国土はすべて天皇家の私物であり、人民はすべて天皇の臣僕であり、それが万国に日本が卓越する所以（ゆえん）などというのは「妄説」[★50]であると笑い飛ばし、「カカル野鄙陋劣（やひろうれつ）ナル国体ノ国ニ生レタル人民コソ実ニ不幸ノ最上ト云フヘシ」と断罪した。そのうえで、あるべき日本の「国体」とは、「国家ノ主眼ハ人民ニシテ、人民ノ為メニ君主アリ政府アル」[★51]ことであるとした。

この『国体新論』を読んで怒り心頭に発し、政府に絶版を建議したのが薩摩閥の海江田信義であった。海江田（旧名・有村俊斎）は、水戸学のイデオローグ藤田東湖の弟子であり、水戸浪士たちとともに天誅の時代の幕開けとなった桜田門外の変にも関与した。彼の実弟・有村次左衛門は、水戸脱藩浪士とともに井伊直弼を襲撃した実行犯の一人である。さらに海江田は、文久二年（一八六二）、生麦村を通過中の島津久光の大名行列の前を横切ったイギリス人四名を、同僚の奈良原喜左衛門らとともに斬りつけ、チャールズ・リチャードソンを殺害した。海江田は、テロによって歴史を変えようとした、血塗られた「作為」の人であった。

海江田は、元老院議官となった明治一四年（一八八一）、三条実美や岩倉具視に建議し、「加藤弘之は立憲政体を隠れ蓑にして、陰に共和政体を画策し、皇室を害し、国体を破壊しようと陰謀する大逆賊である」と断じ、『国体新論』を絶版にするよう訴えた。[★52]

明治一四年の海江田の意見書からは、やがては治安維持法や天皇機関説事件にいたる「超国家主義」の論理が濃厚に読みとれる。水戸学の論理は、幕末から昭和初期にいたるまで、日本を近代化させようと努力していた有為な人材たちの、殺害・脅迫・言論弾圧を続けたのだ。

加藤弘之は、海江田の脅迫を受け、天賦人権と立憲政体を論じた『立憲政体略』『真政大意』『国体新論』の三つの著作を絶版とし、転向を表明した。加藤は、天賦人権論を否定し、国家有機体論を受容した。そして社会ダーウィニズムを信奉するようになり、万世一系の天皇を戴く日本の「国体」は、適者生存の社会進化論的な優位性があると主張するようになった。加藤の転向は、儒教的な合理性から立憲政体へといたる普遍性の追求が、万世一系の血統のみを重んじる日本的特殊性に屈服した、象徴的な事例であったろう。

朱子学亜種としての水戸学派

国学・水戸学的思惟によるテロリズムのエートスは、昭和になって右翼や軍部のテロの横行を生み、血盟団事件、五・一五事件、二・二六事件などに帰結する無法状態を生み出した。朱子学の「自然的秩序」よりもはるかに性質（たち）が悪い、「作為的無秩序」と言ってよいであろう。

佐久間象山、横井小楠、中村正直といった人びとは、理を究めるという朱子学本来の合理主義的側面を発展させていった。他方で、テロで歴史を変えようとした水戸学の国粋主義の論理もまた、朱子学起源なのである。この逆説をどのように分析したらよいのであろうか。

社会学者の橋爪大三郎は、丸山眞男の『日本政治思想史研究』と、山本七平の『現人神の創作者たち』（ちくま文庫）の近代化論を比較・検討し、山本の論理に軍配を挙げるという知的作業を行なっている。[★53]

山本七平は、朱子学と神道を結合させて尊王思想を確立していった山崎闇斎学派や水戸学派の論理を分析し、これらの「朱子学の亜種」の思想を明治維新変革の原動力と見ている。朱子学は、一方では横井小楠に代表される近代合理主義に結びつく流れを生み出したが、他方では神道と結びついた水戸学派のような国粋主義の流れを生み出し、後者の流れは、明治維新後も連綿と近代日本を呪縛し続けた。朱子学は封建思想であり、それが解体して近代が生まれたという丸山説は二重に間違っていることになる。朱子学は封建思想でもなかったし、解体されていったわけでもなかった。確かに普遍を求める合理主義的朱子学は衰滅していったが、皇統の正統性のみを重んじる方向に逸脱していった朱子学の亜種は、近代に濃厚に影響力を与え続けたのだ。

水戸学に明治維新の原動力を見る山本七平の議論は、第4章で紹介した上山春平や吉田俊純の研究と通じるものであるが、山本の論のユニークな点は、尊王攘夷論に影響を与えた二人の中国人に、「現人神」思想の源流を見出している点であろう。その二人とは、明の遺臣として満州人の清朝に抗戦し、日本へ援軍を要請した鄭成功（ていせいこう）と朱舜水（しゅしゅんすい）である。

日本人の母親を持つ鄭成功は、慶安二年（一六四九）、「大明の国々畜類の国となる」と、その惨状を嘆く書状を日本に送って、援軍を請うた。[★54] 朱子学の聖地である大明国が「夷戎」に征服されて「畜類」の国になったのだ、という鄭成功の訴えは、日本の朱子学者たちに衝撃を与えた。山鹿素行は、朱子学の本家が滅びた以上、万世一系の皇統を維持する日本こそ朱子学的にも正統性を持つ真の「中国」、と考えるようになった。[55]鄭成功の訴えは、日本こそアジアの盟主になるべきという、はるか後年の大日本帝国の思想にまで影響を与えることになった。

もう一人の中国人である朱舜水は、舟山列島を根城に清に抵抗したが、敗れて日本に亡命する。そして水戸藩主の徳川光圀の招請を受け、光圀の学問の師となって水戸学の成立に深い影響を与えた。朱舜水は、自らの境遇とも重ねながら、後醍醐天皇のために最後まで忠誠をつくした日本の南朝の忠臣・楠木正成に共感を寄せ、高く評価した。朱舜水という権威が、日本にも本場の中国に負けない忠臣が存在したと評価したことが、中華文明にコンプレックスを抱いていた日本の儒学者たちの心の琴線に触れ、日本人はあまねく楠正成のようになるべきとする楠公信仰を生み出していった。[56]そして朱子学を、皇統の血統のみを重視する方向へと歪めていったのだ。

儒学は本来、堯・舜・禹の時代の「禅譲」を理想としていたはずであるから、横井小楠のような思想的展開こそが正しい発展方向であろう。皇統の血統に至上の価値を見出す「尊王攘夷」という考えは、本来の儒学からは逸脱している。実際、朱子学を大成した朱熹本人は、その著作のなかで、「尊王攘夷」という四字熟語を一度も用いたことはない。[57]水戸学から尊王攘夷思想が発生した背景には、異民族の征服によって滅亡した明王朝の遺臣が日本に亡命し、清朝を批判するためにも、皇統の正統性を守るという価値観を鼓舞したというバタフライ効果の作用が大きいのだ。水戸学派における国粋主義の発展は、逆説的であるが、中華文明に対するあこがれと表裏なのである。

山本七平は、「戦前、人は何に呪縛されているのかを知らなかった」としたうえで、次のように喝破した。

もしこのとき、その人びとが、これは朱舜水という一中国人がもたらし、徳川幕府が官学とした儒学的正統主義と日本の伝統とが習合して出来た一思想、日本思想史の数多い思想の中の一思想で朱子学の亜種ともいえる思想にすぎないと把握できたら、その瞬間にこの呪縛は消え、一思想としてこれを検討し得たはずである。[58]

当時の日本人は、国体論を成立せしめた思想の系譜を忘れ去ってしまっていたが、けっしてそれは日本の伝統などではなく、朱舜水と徳川光圀の邂逅を経て、水戸学の展開のなかで新しく生まれた「朱子学の亜種」であると認識できていれば、それに呪縛されることはなかったはずである、と。今さら過去は変えられないが、過ちをくり返さないためにこそ、この認識は重要であろう。

近代日本は朱子学化した

山本七平の言う「朱子学の亜種」は、明治維新を経て着実に社会に浸透し、諸個人の内面を呪縛するようになっていった。東アジア哲学研究者の小倉紀蔵は、江戸時代は朱子学によって統制されることはなかった「半儒教社会」であったのに対し、「明治以降の日本に初めて〈朱子学的思惟〉が浸透させられ、〈理〉の頂点としての天皇を中心とする日本的近代の枠組みができあがった」と論じている。★59

江戸時代の日本には、科挙試験もなく、朱子学への理解度によって官僚が選抜されたわけでもない。朱子学による思想統制などなかった。朱子学以外の諸学も並立して存在し得たのである。徳川政権が実現できたことと言えば、せいぜい政府の官学である昌平黌において朱子学以外の諸学派の講義を禁じたことくらいである。そもそも日本の封建社会では、各地の藩校でどのような学問が教えられようが各藩の裁量次第である。ましてや民間の私塾・寺子屋・手習所であれば言わずもがな、である。明や朝鮮のような中央集権官僚制国家では、厳格に朱子学で思想統制することも可能であったろうが、分権的な封建社会の日本において、土台それは不可能だった。

日本で中央集権的な官僚制社会が発生したのは、明治維新後のことだ。明治国家は「教育勅語」の暗唱を全生徒に義務付けたが、それを起草したのは朱子学者の元田永孚(もとだながざね)であった。小倉によれば、元田は、天皇中心の儒教社会という矛盾に満ちた「国体」を作るため、ひとたび儒教の徳目をバラバラに分解し、そ

のうえで「忠孝一本」という「天皇中心の儒教国家」という新たな「理」を構築したのであった。[★60]

小倉の定義する「朱子学的思惟」とは、「『社会の構成員がすべて〈理〉を持つ』という思想によって人びとを〈主体化〉し、しかもそれぞれの体現する〈理〉の多寡によって〈序列化〉する思考様式[★61]」というものである。元田永孚の「理」の内容は、確かに「天」を中心とする本来の普遍的な朱子学ではなく、天皇中心の日本的な枠組みに変わったが、「理」によって臣民を「主体化」「序列化」しようという、そのエートスは、小倉によればまぎれもなく「朱子学的思惟」であるというのだ。

朝鮮儒学に繋縛された大日本帝国

教育勅語起草者の元田永孚は、熊本実学党の出身で、横井小楠の後輩に当たる。大日本帝国憲法の起草者の一人である井上毅も、熊本実学党に属していた。先にも述べたように、熊本実学党は、朝鮮王朝の李退渓の流れの朱子学を継承して成立した儒教集団であった。小倉紀蔵は、以下のように論じる。

中国の儒教は一二世紀の朱子によって一大体系をなし、それが朝鮮において理気心性論の方向で精緻化された。その朝鮮儒学の影響を受けた日本儒学はやがて天皇論と結合して国体論を革新的に創造し、全体主義的中央集権国家をつくりあげようとした。元田を経てその後の日本国体論はさらに先鋭化の道を歩み、「忠孝一本」と唱えるまでに至った。[★62]

丸山眞男は、朝鮮や中国では、朱子学の自然的秩序観に繋縛され近代化は阻害されてきたのに対し、荻生徂徠や本居宣長の活躍により朱子学が解体していった日本は近代化できた、と論じていた。ところが実際には、その朝鮮朱子学が、「近代化」された大日本帝国の思想的背景にあったというのだから、事実は小説より奇なりと言える。

さらに小倉は、朝鮮儒学を継承した大日本帝国の国体論は、帝国崩壊後、ブーメランのように朝鮮半島に帰っていったと論じる。韓国の朴正煕（パクチョンヒ）政権の独裁体制も日本の国体論を応用し、さらに北朝鮮においては「主体思想（チュチェ）」となって、現在まで生きているとしている。★63

北朝鮮の金王朝は、大日本帝国の正統なる後継国家なのだ。現代日本の右派たちは、この後継国家の「脅威」を利用しながら、「正統」への回帰を推進していることになる。日本の右派たちは、中国・韓国・北朝鮮は儒教の影響を逃れられないと批判するが（それは基本的に丸山眞男のロジックと同じである）、その批判は、再びブーメランのように彼・彼女ら自身を直撃するのである。

丸山が語る「朱子学の繫縛」とは、戦前の日本のことだった

丸山眞男は、江戸時代に朱子学が強制され、諸学の自立を妨げる抑圧体制が築かれていたというイメージを作り上げたが、実態から乖離していた。江戸時代の日本は、徳川政権に対する批判をしないかぎりにおいては、あるいはキリスト教を肯定しない限りにおいては、思想統制と言えるほどのものはなかった。

思想史研究者として丸山眞男を研究する伊東祐吏は、丸山は、朱子学支配の徳川封建体制を批判するようでいて、実際に批判していたのは昭和の軍国主義日本であったと指摘している。丸山が助手として勤務していた東大法学部において、美濃部達吉、末広厳太郎（いずたろう）、津田左右吉（そうきち）などが次々に右翼による攻撃の標的にされ、隣の経済学部では矢内原（やないはら）忠雄、河合栄治郎が弾圧を受けて大学から追われていった。そのような鬱屈した状態のなかにいた丸山は、朱子学が支配する徳川封建体制をやり玉にしつつ、じつは「国体論」が支配する昭和の軍国主義日本を批判していたのだ、と。伊東は次のように述べる。

〔丸山が示した〕徳川封建制の閉鎖性、主体的な政治参与や思想の抑圧は、ことごとく現体制に重ね合わせながら記述されたものであり、徳川封建体制の崩壊の記述にも、現体制を一変せねばならないと

の意志が多分に込められている。一見冗長な記述も、当時の時代性を考慮したとき、大変緊張感のある文章であることが分かる。★64

丸山の意図がこのようなものであるならば、徳川封建体制は、とんだとばっちりを受けたものである。丸山は、徳川封建体制と昭和の軍国日本という異質なものを重ね合わせ、じつは昭和日本を想定しながら、江戸時代は朱子学に縛られた息苦しい社会であったというフィクションを構築してしまった。

国学や水戸学の思想は、確かに徳川の封建体制を打倒するのに貢献した。しかしそれは、人間の内面の自由をも拘束するような、大日本帝国の抑圧体制を生み出した。丸山が、本居宣長や吉田松陰を「近代意識」として評価したことは、彼自身を苦しめた原因をつくった人物たちを賛美していたことに他ならない。

明治維新によって誕生した「無責任の体系」

丸山眞男は、敗戦直後の一九四六年（昭和二一）、創刊されたばかりの雑誌『世界』に「超国家主義の論理と心理」を発表し、一躍有名になった。★65 丸山によれば、日本の「超国家主義」とは、「自由なる主体意識が存せず各人が行動の制約を自らの良心に持たずして、より上級の者（従って究極的価値に近いもの）の存在によって規定されている」★66 という体制である。より上級へと昇っていくと最後には天皇にまでたどり着くが、天皇が日本における「唯一の主体的自由」を持つ存在かと問えば、そうではない。天皇もまた皇祖皇宗の古（いにしえ）へとさかのぼる権威を背後に背負い、自由な存在ではない。★67

つまり丸山によれば、神代神話に縛られた「超国家主義」の日本に、主体的自由を持つ者など存在しないということになる。そこでは「私」と「公」は区別されず、個人の行動は国家的な目標の実現に貢献するかのごとく偽装される。やがて国家意志を体現しているかのごとくふるまって、世間の喝采を浴びる「無法者」が国家を引き回し、誰の責任かわからないままに侵略戦争に突入していくという「無責任の体系」に帰結した。[★68] 丸山は、主体性を持たない無責任集団が国家の中枢を形成していたことをもって、日本が充分に近代化されていなかったと考えたのである。

では、「前近代」であったはずの江戸時代は、それに輪をかけた「無責任の体系」だったのだろうか？ そうではない。江戸時代は、責任者は潔く切腹するという、厳格な結果責任の慣行のともなう社会であった。為政者の責任感という点について言えば、大日本帝国は江戸の徳川体制より後退していると言わざるを得ない。

また、明治以降の日本に「主体的な人格」はいなかったのかと問えば、それも疑わしい。国家意志の体現者であるかのごとくふるまって、テロを政治的手段としながら、国家を引き回す「無法者」たちの多くは、植民地での権益確保などの私的利益を追求していた場合が多いのであり、彼らは主体的な意志を持っていた。侵略主義の「無法者」たちが国家意志を装って跋扈（ばっこ）できるようになったのは、国体論の信奉者たちが、天皇を神格化し、その権威を利用しながら、「天誅」と称する「作為」をくり返して政権を奪取した明治維新があったからに他ならない。丸山の言う「無責任の体系」は、前近代からの継続ではなく、近代化であったはずの明治維新によって誕生したのである。

「古層論」の迷走

丸山は、国学が朱子学を解体して近代化したと主張したが、朱子学の亜種である水戸学はむしろ国学と相互に補完しあって、「近代」日本を呪縛し続けていたのが実態である。大日本帝国の崩壊後の丸山眞男は、明治維新が近代を生んだとする自らの学説の誤りを自己批判し、「現人神」信仰と「無責任の体系」の起点となった明治維新を否定すべきだったろう。それができなかったため、丸山の探求は、さらに混迷していった。丸山は、日本の近代化が不十分であったのは、日本人の思想の深層に、個人が自立できない要因があるのではないかと考え、その「古層」を探るという試みを始めた。こうして丸山は、『古事記』の時代にさかのぼって、日本思想の「古層」ないし「執拗低音」と名付けたものの探求を始め、さらなる迷宮に迷い込んでいった。

『古事記』神話に見られる「作為」は、残虐である。『古事記』のなかのヤマトタケルなど、実の兄の手足をもいで殺害し、それを薦(こも)にくるんで打ち捨ててしまっている。卑怯で残虐なヤマトタケルの気質は、彼のクマソ征討や出雲征討でも遺憾なく発揮された。こうした「作為」を、日本の「国体」として鼓舞してしまえば、テロが常態化した侵略国家になるのも当たり前であろう。昭和の軍国主義が、古代から続くこうした「古層」に規定されているというのであれば、日本は永遠に無間地獄をさまよわなければならない。

もちろん、社会的な思想や文化は、逸脱を通して不断に進化していくのであって、無間地獄をさまよう必要はない。「古層」が連綿と引き続くことなどない。王政復古は、「古層」に規定されているわけでも何でもなく、国学・水戸学の影響を受けてテロに明け暮れた薩摩・長州の「志士」たちが、覇権国の軍事介入によって政権を奪取してしまったという、不幸な偶然の結果に他ならない。それゆえ『古事記』神話の如き野蛮な「作為」が、公然と出現してしまったのだ。

おわりに

昭和になって国体明徴運動が発生すると、大正デモクラシーの春を謳歌していたはずの日本の言論人たちは、なすすべなく「国体」の論理に屈していった。大正から昭和になって、なぜ、かくもたやすく「超国家主義」の台頭を許してしまったのか、丸山は納得のいく説明ができなかった。丸山の説明と言えば、明治期の政治思想は「国権」と「民権」のバランスを基軸に動いており、明治初期には比較的健全であったが、次第にバランスが崩れ、昭和は「国権」に席捲されてしまったというものであった。[★69] これでは何の説明にもなっていない。問題にすべきは、なぜ「国体論」の錦の御旗を掲げられると、誰も抵抗できず、金縛りにあってしまうかのように屈服してしまったのか、である。その魔術のカラクリを解き、人びとがそれに対抗できる免疫を身に付けないかぎり、再びそれは発生し得るだろう。

丸山も司馬遼太郎も同じく、明治初期は健全であったが、昭和になって異変が生じたかのように論じている。しかし明治一四年（一八八二）に、加藤弘之が海江田信義の脅迫を受けて、『立憲政体略』『真政大意』『国体新論』の三冊を絶版したことでもわかる通り、日本は明治維新の最初から、国体論に抵抗する論理を失っていたのだ。

丸山は、朱子学は封建教学で、国学がそれを解体して近代を生んだと考えた。これは講座派と同様、負けた側は反動的で、勝った側は近代的だったはずという、歴史法則主義の先入観が生んだ誤謬であった。実際には、江戸時代の正統な朱子学の論理には、普遍的な国家平等意識や天賦人権論や立憲政体論の受容を容易にしていた側面こそ認められる。江戸文明が生み出すはずであった合理的で普遍的で内発的な近代化の道を葬り、万世一系の皇統のみに絶対的な価値観を置く日本的特殊の「近代」システムを創出したものこそ、明治維新だった。

その明治維新を近代的社会変革と評価した丸山の誤りは、明治維新を理想視し、「美しい国」の「国体」を復活させようという作為を持つ者たちの復活を後押しすることになってしまったのだ。

［終章］
福沢諭吉から渋沢栄一へ

本書の冒頭で、「徳川近代化史観」の魁となった著作として、渋沢栄一の『徳川慶喜公伝』を紹介した。本書の締めくくりとして、渋沢栄一について再論したい。折しも、渋沢は二〇二四年から新一万円札の肖像に採用され、福沢諭吉の後継者となる。この一万円札の交代の意味を考えてみたい。福沢と渋沢の二人には共通点もあり、相違点もあり、比較するのは興味深い。福沢諭吉と渋沢栄一の思想の差異を検討していくと、丸山眞男の日本思想史解釈の誤りが一層明らかになるだろう。

渋沢栄一と福沢諭吉

福沢と渋沢の共通点を挙げれば、ともに徳川政権に仕えてヨーロッパに派遣され、実地で西洋を学び、その経験を活かして日本の近代化に貢献したという点にある。福沢は『西洋事情』『学問のすゝめ』『文明論之概略』など多くの著作を著わした啓蒙思想家として、また慶應義塾を創立し、教育家として活躍した。渋沢は「日本資本主義の父」として四〇〇以上の起業を行ない、実業界で活躍するとともに、社会福祉や教育分野などでも幅広く貢献している。二人とも徳川の禄を食んだが、明治になると官に仕えるのを潔しとせず、主として民間に活躍の場を求めた。その在野精神も共通している。

儒教評価についての福沢と渋沢の差異

しかしながら、二人の思想内容となると、いくつもの点で相反する。根本的に異なる点は儒教に対する評価であろう。明治の福沢は、徳川時代の儒教を、文明開化の阻害要因であったとして批判をくり返した。渋沢は、徳川時代の儒教道徳に敬意を払いつつ、『論語』を終生の座右の書として扱い、近代資本主義のなかにあって、儒教精神を活かそうと唱え続けた。徳川時代の儒教を近代の阻害物として見るのか、近代産業社会のなかでこそ儒教が活きると考えるのかで、二人の認識は決定的に異なっていた。はたして、福沢の方が近代的で、渋沢の方が古臭いと言えるのだろうか。

まず福沢諭吉は、『文明論之概略』で、以下のように儒教批判を展開している。

かくの如く古を信じ古を慕うて、毫〔ごう〕も自己の工夫を交えず、いわゆる精神の奴隷（メンタルスレーヴ）とて、己が精神をば挙げてこれを古の道に捧げ、今の世にいて古人の支配を受け、その支配をまた伝えて今の世の中を支配し、あまねく人間の交際に停滞不流の元素を注入せしめたるものは、これを儒学の罪というべきなり。★1

福沢は、前章で見た丸山眞男の朱子学批判と同様――というより丸山が福沢と同じなのであるが――儒教こそが、「自己の工夫」、すなわち丸山の言う「作為」による現状改革の可能性を閉ざし、日本人に奴隷根性を植え付けたと主張している。

対する渋沢は、官を辞して実業界に入るに際して、「私は論語をもっともキズのないものと思うたから、論語の教訓を標準として一生商売をやってみようと決心した★2」と語っている。渋沢は、『論語』の精神こそ、停滞どころか「作為」の結晶である近代の市場経済システムのなかにあって、円滑に安定的に企業を経営するための指針になると考えていた。渋沢は次のように述べる。

それゆえに真正の利殖は仁義道徳に基かなければ、決して永続するものではないと私は考える、〔……〕その思いやりを強く、世の中の得を思うことはよろしいが、己れ自身の利欲によって動くのは俗である。仁義道徳に欠けると、世の中の仕事というものは、段々衰微してしまうのである。★3

渋沢の主張の核心は「義利合一」である。皆が己の欲望に任せて利益のみを求めて経済活動をすると、思いやりにもとづく世の中の仕組みそのものが衰微してしまう。それゆえビジネスも儒教の「仁義道徳」を基礎として、社会全体のことを考えて行なわなければならず、それをしてはじめて永続可能な利益も得ることができるのだ、と。

これは近代経済学の主流派である新古典派経済学とは、真逆の思想である。新古典派経済学の根底には、各々が欲望の赴くまま、利益や効用を最大化しようと行動すれば、市場メカニズムの作用によって最適な状態にいたるという、市場信仰がある。江戸教育を受けた渋沢は、明治の初年から、私的利益の追求の自由主義的経済体制が、殺伐とした社会を生むであろうと見抜き、それを批判し、儒教の仁義道徳で、市場経済体制の欠陥を補完しようとしていた。

社会福祉についての福沢と渋沢の差異

儒教道徳に対する福沢と渋沢の考え方の相違は、社会福祉活動に対する二人の考え方にも反映されている。福沢は、社会福祉としての救貧活動について、以下のように述べている。

救窮の仕組いよいよ盛大にしてその施行〔せぎょう〕いよいよ久しければ、窮民は必ずこれに慣れてその施〔ほどこし〕を徳

とせざるのみならず、之を定式の所得と思い、得る所の物、以前よりも減ずれば、かえって施主を怨むことあり。★4

儒教否定から個人の自立と国家の独立を訴えた福沢であるが、福祉政策にはこのように冷淡であった。救貧活動は貧者を甘やかすだけという福沢の主張は、新自由主義的な自己責任論とオーバーラップする。昨今における生活保護受給者などに対するバッシングの論理と同様なのである。渋沢の見解は、これとは対照的だ。渋沢は以下のように述べている。

人道面よりするも経済的よりするも、弱者を救うのは必然のことであるが、更に政治上より論じても、その保護を閑却することは出来ないはずである。ただしそれも人に徒食悠遊させよと言うのではない、成るべく直接保護を避けて、防貧の方法を講じたい、救済の方法としては、一般下級民に直接利害を及ぼす租税を軽減するが如きも、その一法たるに相違ない。★5

儒教道徳を大事にしていた渋沢は、人道的に考えても、経済的に考えても社会福祉活動を行なうのは当然であると考えていた。長期的な視野で、マクロ経済全体の発展を考えて、弱者を救わねばならないと断言している。新自由主義の破綻を一〇〇年前から見通していた。

渋沢は、数多くの会社経営のかたわらで、自ら設立した養育院の院長を五〇年間にわたって務めあげた他、中央慈善協会、日本赤十字社など、多くの社会福祉事業に関与し続けた。

丸山眞男は、自己責任論を主張した福沢の方が、弱者救済を主張する渋沢よりも近代的だと考えるのであろうか？　福沢が否定した徳川時代の儒教道徳を大切にし続けた渋沢は、共助の精神でもって、より社会的で人道的な近代化を唱えていた。福沢から渋沢への一万円札の肖像交代は、ＳＤＧｓが叫ばれ、ポスト新自由主義の指針が模索されている今日の時代にとって、歓迎すべきことであろう。

画一的な明治教育と個性尊重の江戸教育

教育についての福沢諭吉と渋沢栄一の見解を比較すると、さらに興味深い。慶應義塾を創立した教育家としての福沢の重要性は、今さら言うまでもなかろうが、渋沢もまた東京商科大学（現在の一橋大学）や日本女子大学、高千穂大学等の創立に関わり、教育活動に熱心に取り組んだ。

福沢は『学問のすゝめ』において、教育の目的を次のように簡潔に述べている。

> ゆえにいわく、人民もし暴政を避けんと欲せば、すみやかに学問に志しみずから才徳を高くして、政府と相対し同位同等の地位に登らざるべからず。これすなわち余輩の勧むる学問の趣意なり。★6

福沢によれば、西洋の近代的な学問を学ぶ意義は、政府と同等に渡りあうことのできる、自立した人格を形成するためである。それ以前の儒学にもとづく江戸教育が、「自己の工夫を交えず、いわゆる精神の奴隷」を生み出したという認識があるからだろう。

それに対する渋沢の教育観たるや、驚くべきものである。渋沢は以下のように言う。

> 〔明治教育は〕無暗（むやみ）に詰込主義の知識教育で能（よく）事足れりとするから、同一類型の人物ばかり出来上がり〔……〕いまさら、寺子屋時代の教育を例に引いて論ずる訳ではないが、人物養成の点は不完全ながらも昔の方が巧くいっていた。今日に比較すれば教育の方法など極めて簡単なもので、教科書と言った所で、高尚なのが四書五経に八大家文くらいが関の山であったが、それによって養成された人物は、けっして同一類型の人物ばかりでは無かった。それはもちろん教育の方針が全然異なっていたからではあろうけれども、学生は各々その長ずる所に向かって進み、十人十色の人物となって現れたので

あった[★7]。

渋沢は、明治の画一教育は確かに大量の知識を効率的に詰め込んだが、詰め込み教育の弊害として、子どもの個性をつぶしてきたと論じている。江戸の寺子屋は、教育内容こそ貧弱ではあったが、その方法は個性尊重型で、子どもの長所を伸ばそうとする教育が行なわれたから、十人十色の人材を生み出し、近代教育よりもよい面があったというのだ。「自立した人格形成」という福沢の問題意識からしても、明治教育よりも江戸教育の方が優れていた面があったということになる。

明治の画一教育と対照的に、江戸の寺子屋の方が個性尊重型教育だったというのは、寺子屋教育を経験した渋沢だからこそ、実感を持って言えるのだろう。天保一一年（一八四〇）、武蔵国血洗島（ちあらいじま）村（現・埼玉県深谷市）の百姓の子として生まれた渋沢は、そもそも武士の子ではないから、藩校での教育も受けておらず、従兄の尾高惇忠（あつただ／じゅんちゅう）の私塾で勉強した。江戸の寺子屋教育の申し子と言ってよい渋沢が、製造業・金融業・運送業・食品業と多方面にわたってベンチャー企業の創業活動を行なって、日本資本主義の父となった。渋沢の存在そのものが、江戸の寺子屋の人材育成に優れた面があったことを示す好例であろう。

第2章で見た赤松小三郎と山本覚馬は、渋沢よりも一〇年ばかり年長の世代であるが、その憲法構想において、人びとそれぞれの「性」や「長技」を伸ばすための教育を唱えていた。彼らの人権・教育の概念にも儒教の影響が見られ、渋沢と共通する。

教育によって政府と対峙できる知性を育成するという観点で見ても、明治初期に自由民権運動を担っていたのは、明治の近代教育を受けた世代ではなく、江戸の伝統的な儒学教育を受けた世代であった。明治の近代教育を受けた世代が社会の中核となっていったとき、福沢の主張とは裏腹に、自由民権運動も衰退し、政府にモノを言うことのできる人材も減少していった。近代教育によって主体的人格を生み出し得ると考えた福沢の主張は、じつは怪しいのである。

江戸の知識人が体制に無批判に迎合する自然的秩序観を持っていたのに対し、明治の近代人は作為的秩序観を受け入れていったというのが丸山眞男の主張であるが、実態はむしろ逆ではなかろうか。

丸山眞男は渋沢栄一を黙殺した

丸山眞男は、福沢諭吉に近代精神の神髄を見出したが、渋沢栄一については不思議と何も語っていない。丸山にとって、渋沢は実業家であって思想家でないから扱う必要がないと言うことなのかもしれない。しかし、近代日本の精神を究明しようというのであれば、書斎にこもった思想の人ばかりではなく、実地で社会を動かした実業家にもスポットを当てねばならないだろう。いわんや、それが「日本資本主義の父」であれば、なおさらのことである。

脱儒教を掲げた福沢の『文明論之概略』を絶賛した丸山が、論語ベースの近代化を主張した渋沢の『論語と算盤』を黙殺したのは、自身の「物語」に不都合なものは無視するという、「プロクルステスの寝台」の実践例と言わざるを得ない。

時代を実際に動かすのは、思想家よりも実践家である。近代日本を建設した実業界の最高峰たる渋沢が、儒教道徳を基礎にそれを行なったというのであれば、丸山は、朱子学が近代化を阻害したという評価を再検討しなければならなかったはずではないのか。

おわりに

丸山眞男は、なぜあれほど無邪気に明治維新を肯定できたのだろうか。大正三年（一九一四）生まれの丸山眞男は、大正デモクラシーの息吹のなかで幼少期を過ごした世代である。彼は、自分が育った大正時代の自由な雰囲気こそが、明治維新の正当な嫡子であったと信じて疑わなかったのだろう。しかるに、昭和の愚劣な軍部がそれをことごとく破壊し、「超国家主義」を生み出したと、実体験を通して、骨身に染みて認識してしまったのだろう。丸山は、昭和軍部の愚劣さに対する憤りが強ければ強いほど、それが明治維新の肯定へとつながってしまったのだろう。

丸山は、もっと深掘りして考える必要があったと思われる。はたして、本当に大正デモクラシーは明治維新の嫡子だったのか。大正デモクラシーは、明治の藩閥政府に対するアンチテーゼとして、リベラルな江戸文化を継承する形で発生したのではなかったか。大正時代には、渋沢のように、江戸の寺子屋教育を受けた世代が社会の一線で活躍していた。丸山を苦しめた昭和軍国主義とは、江戸教育を受けた世代が歴史の表舞台から退場し、画一的な明治教育を受けた世代が社会を全面的におおい尽くすようになったときに出現したのではなかったか。江戸文化の残り火が消えたとき、原理主義的な国体明徴運動が発生したのではなかったか。太平洋戦争の敗戦後に現われた象徴天皇制と平和主義の憲法こそ、江戸文明の精神を引き継いでいるのではなかったか、と。

太平洋戦争の敗戦と大日本帝国の崩壊は、明治維新が生み出した「国体」が暴走し、破滅にいたったという事象に他ならない。しかるに丸山は、明治維新を日本の近代化と国民国家形成の始原として肯定的に捉える立場を堅持してしまった。それが、そもそもの誤りの元だったのだ。

渋沢栄一が新一万円札の肖像になるのを契機として、私たちは江戸文明が内発的に生み出すはずであった〝もう一つの近代日本〟の姿を再検討し、それを再興する形で未来社会を構想すべきではないだろうか。

［あとがき］

〝近代日本の記憶のあり方〟と〝未来の歴史〟を変えるために

これまで私は、赤松小三郎と松平忠固という歴史から消されてきたと言っても過言ではない人物たちの記憶を蘇らせたいと、ささやかではあるが二冊の本を上梓してきた（『赤松小三郎ともう一つの明治維新――テロに葬られた立憲主義の夢』、『日本を開国させた男、松平忠固――近代日本の礎を築いた老中』ともに作品社）。

それらの研究を通して思いいたったのは、彼らは知られていないから研究されてこなかったわけではなく、従来の明治維新の〝物語〟にとって不都合であるから、その存在そのものを見て見ぬふりをされてきたのではないかということであった。

この二冊を書き終えたのち、次なる課題は、不都合と見なされる人物を消し去ってしまうような、既存の明治維新史観の問題点を検証することだろうと思った。日本人の明治維新観の形成に影響を与えてきたのは、井上清、遠山茂樹、丸山眞男、司馬遼太郎といった一群の人びとであった。彼らはどこで、どうして間違えたのか、そのつまずきの元を探りたいと思ったのである。

本書では、従来の定説で過小評価されてきた、江戸時代末期に出現した憲法構想を蘇らせることによって、日本の近代化には、可能性がいく通りもあり得たことを示した。敗戦後、日本人が本当にやるべきだったことは、明治維新が生み出した「国体」を真摯に反省し、江戸末期に現われていた象徴天皇制の憲法構想を再評価し、その延長線上に戦後民主主義を構築することだったのだ。しかし丸山や遠山や司馬など、影響力のある研究者や作家たちが、戦前と変わらぬ明治維新肯定の〝物語〟を堅持し、いや、むしろ戦前以上に脚色した〝物語〟を創作してしまったことによって、その気運を削いでしまったのだ。彼らの意図に反して、それは結果として右派史観復活の後押しをすることになってしまった。そして時代は「戦後」から「新しい戦前」へと推移しつつある。

明治維新が最善解だったと信じれば、その時代に必然性をもって回帰しようという強い情念を生み出してしまう。しかし、別の可能性があったのであれば、そちらの方向の延長にあったはずの未来社会を描くことも可能になろう。バタフライ史観で歴史を見ることができれば、こうした柔軟な発想をもって、近代日本についての記憶のあり方を変えるとともに、未来を変える力になるであろう。「新しい戦前」になる未来をこのまま許してはならない。

本書は、多くの方々からの支援によって成立した。

岩下哲典先生（東洋大学教授）には、前作に続いてひとかたならぬお世話になった。本書の第2章は、二〇二二年五月二九日に、岩下先生が主催する海洋研（近世・幕末維新期「海洋国家」と「異国」研究会）の例会で発表させていただいた内容がもとになっている。その内容を「慶応3年の憲法構想～赤松小三郎・津田真道・松平乗謨・西周・山本覚馬」（『拓殖大学論集 人文・自然・人間科学研究』第四八号二〇二二年一〇月：六五～八三頁）という論文にまとめ、さらにそこから大幅に加筆したものが第2章となっている。岩下先生からは、西周や松平乗謨案の憲法構想をどのように読み解くのかについて、さまざま有益なご意見をいただくことができた。また海洋研では、言語学者の稲垣滋子先生から、ジョセフ・ヒコの「国体草案」についてご教示いただいた。うかつにも私はそれまでヒコの「国体草案」の存在を知らなかったのである。稲垣先生のご教示により、本書ではヒコも含めて検討することができた。東郷えりかさんは、『ジャパン・パンチ』のワーグマンの風刺絵をご教示くださった。

赤松小三郎研究会の皆様からは、いつもながら多大なご支援を賜った。滝澤進会長は、二〇二二年一〇月八日の研究会で山本覚馬と赤松小三郎の建白書の比較研究の報告をされ、そのなかで多大なご教示を賜った。山本覚馬の「管見」の原本が発見されたことを教えてくださったのも滝澤会長であった。また研究会メンバーの成田邦夫さんは、叔父で文部省維新史料編纂官であった原平三氏の写真を提供してくださった。同じく研究会メンバーの石川浩さんは、鳥取藩に赤松小三郎の建白書の写本が渡っていて土佐の大政奉還建白書と比較して論じられていたことを、二〇二三年四月八日の赤松小三郎研究会で発表して下さった。本書でも石川さんからご教示賜った事実に言及させていただいた。

拓殖大学の同僚で憲法学者の菅谷麻衣先生は、江戸時代の「象徴天皇制」と「平和主義」は「憲法」であったとする柄谷行人氏の議論をご教示くださった。

上田悟司さんは、丸山眞男や司馬遼太郎が、なぜ昭和の軍国主義にあれだけ苦しめられ続けたにもかかわらず、明治維新を肯定し続けたのかという大問題について議論するなかで、マルクス主義や大正デモクラシーの影響といった重要な論点をご教示くださった。

「哲学系ユーチューバー」の〝じゅんちゃん〟こと北畑淳也さんは、氏の主催する「哲学入門チャンネル」に、たびたび私をゲストとして招いて下さった。福沢諭吉と渋沢栄一の比較という終章の議論は、北畑さんから振られた話題が元になっている。

私の講義を履修してくれていた岡村雅さんは、本書の最初の読者として原稿の段階から読んでくれ、わかりにくい点を読者目線で指摘してくれるとともに、厄介な索引の作成作業まで手伝ってくれた。

そして江戸文化研究者の田中優子先生は、いきなりお願いしてしまったにもかかわらず、丁寧に原稿に目を通して下さり、すばらしい推薦文を書いて下さった。

「社会的共通資本」の概念を提唱した宇沢弘文先生は、晩年「社会的共通資本としての憲法」をテーマに研究したがっていたが、果たせないまま逝去された。ゆたかな文化的生活を持続させ、社会を安定化させるためのさまざまな社会的共通資本を生み出す必要があるが、その大元にあるのが憲法である、と。当時の私はその研究に取り組むだけの知見を有していなかったが、本書を書きながら、江戸の憲法構想が実現していたら、まったく異なる近代日本になっただろうと思いを馳せ、宇沢先生がおっしゃっていたことの意味がようやく腑に落ちるようになった。本書を書くよう背中を押していてくれたのは「憲法は社会的共通資本」という宇沢先生のお言葉であった。

本書の編集は当初、前二作に続き内田眞人さんにお願いしていたが、内田さんの作品社退社にともない、増子信一さんが引き継いで仕上げて下さった。卓越した編集能力で、本書を読みやすくして下さった内田さん、増子さんに感謝を申し上げる。

これら多くの方々のご協力を得て、ようやく本書を出版することができた。まだまだ考察が不充分であり、また考え違いをしている箇所などもあろうが、もちろん、それらはすべて私の責任に帰するものである。忌憚のないご批判をお寄せくだされば幸いである。

注

第1章

★1　成田龍一『方法としての史学史』岩波現代文庫、二〇二一年、三〜四頁。

★2　同書、一五八頁。

★3　同。

★4　ロッシュの提言内容は、渋沢栄一編『徳川慶喜公伝　3』（平凡社東洋文庫、一九六七年、三〇七〜三〇八頁）に紹介されている。提案内容の詳細は、「平山敬忠日記」（『大日本維新史料稿本（2348）慶応三年自二月五日至同月六日』東京大学史料編纂所、五九〜八一頁）を参照のこと。議会開設は提案に含まれていない。

★5　渋沢栄一編『徳川慶喜公伝　4』平凡社東洋文庫、一九六八年、三九頁。

★6　同書、四一頁。

★7　渋沢栄一は、前掲『徳川慶喜公伝　4』の三九〜四一頁で、「大政奉還」に先立つ議会政治論の高まりを紹介。その記述の半分近くが、赤松小三郎の建白書の紹介となっている。ちなみに渋沢の上司の原市之進は、赤松小三郎と親交があった。その原も、赤松小三郎暗殺の半月前に暗殺されている。

★8　尾佐竹猛『賭博と掏摸の研究』総葉社書店、一九二五年。

★9　作家の内田魯庵による評価。堅田剛『明治文化研究会と明治憲法——宮武外骨・尾佐竹猛・吉野作造』御茶の水書房、二〇〇八年、一六八頁。

★10　尾佐竹猛『維新前後に於ける立憲思想』文化生活研究会、一九二五年。

★11　吉野作造「本書推薦の辞」、尾佐竹猛、前掲『維新前後に於ける立憲思想』一〜九頁。

★12　尾佐竹猛、前掲『維新前後に於ける立憲思想』一五〜五六頁。

★13　箕作省吾は、米国の国名として「共和政治州」という訳語を充てている。従来は、「共和」はオランダ語の“republiek”の訳語だと考えられていたが、近年の研究で橋本真吾は、「共和」がオランダ語で「民衆政治」を意味する“volksregering”の訳語として用いられていると指摘している。つまり元来「共和」は民主主義を意味していたわけだ。橋本真吾「近世後期における対米観の形成——大槻玄沢から箕作省吾『坤輿図識』まで」、『洋学』二五巻、二〇一八年、八一〜一一三頁。

★14　松本三之介『日本政治思想史概論』勁草書房、一九七八年、九〇頁。

★15 尾佐竹猛、前掲『維新前後に於ける立憲思想』七一～七二頁。
★16 同書、七七頁。
★17 同書、一〇三頁。なお、神田孝平が庶民を含めた議会制度論を論じることができた理由について、以下の文献が、最新の研究成果として包括的に論じている。南森茂太『「民」を重んじた思想家神田孝平――異色の官僚が構想した、もう一つの明治日本』九州大学出版会、二〇二二年。
★18 宮津藩の洋学者・嵯峨根良吉は、赤松小三郎と同様、薩摩藩に雇われていた人物であるが、研究が進んでいない。じつは嵯峨根の議会構想は、赤松の建白書を短くしただけで内容はまったく同じであり、尾佐竹は、嵯峨根の建白書について「前掲赤松の建議との関係に付いては猶ほ一段の攻究を要する」と述べていた。しかし二つの建白書の関係については、今日でも未解明のままである。筆者の仮説を述べておく。赤松は京都の薩摩藩邸で英式兵学を教授していたのに対し、嵯峨根は薩摩の国元にいた。赤松が京都にいる国父の島津久光に、嵯峨根が鹿児島にいる藩主の島津茂久にと、二人で協力しつつ、それぞれ別個に働きかけた可能性はあろう。今後の研究を待ちたい。
★19 尾佐竹猛、前掲『維新前後に於ける立憲思想』一四三頁。
★20 同書、一四六頁。
★21 同書、一七六頁。
★22 加藤弘蔵『立憲政体略』一八六八年、谷山楼、二頁。
★23 同書、一四頁。
★24 吉野作造編『明治文化全集 第7巻 政治篇』日本評論社、一九二九年、一五頁。
★25 遠山茂樹『明治維新』岩波文庫、二〇一八年、二三頁。
★26 同書、三五頁。
★27 同書、二四頁。
★28 同書、二三頁。
★29 同書、三四頁。
★30 尾佐竹猛、前掲『維新前後に於ける立憲思想』一七七頁。
★31 大久保利謙『佐幕派論議』吉川弘文館、一九八六年、四～五頁。
★32 宇野は桂太郎の研究で著名で、大久保のつくった憲政資料室との関わりも深かった。由井は田中正造研究で著名であり、国会図書館の憲政資料室に勤務して大久保の薫陶を受け、早稲田大学の教授になった。大久保の直系の門下と言ってよい。
★33 大久保利謙『日本近代史学事始め――一歴史家の回想』岩波新書、一九九六年、九五～九六頁。
★34 今井修「大久保利謙『日本近代史学事始め』についての覚書――大久保史学の史学史的検討のために」、佐藤雄基編『明治が歴史になったとき――史学史としての大久保利謙』勉誠出版、二〇二〇年、一三八頁。なお、今井修は『日本近代史学事始め』の編集補助を担当していたため、当時の編集関係資料を所有し、その背景を熟知している。

★35 小見寿編『原平三追悼文集――フィリピンミンダナオ島ダバオで戦死した父』リブロ（非売品）、一九九二年、七八頁。
★36 大久保利謙、前掲『日本近代史学事始め』七四頁。
★37 原平三・遠山茂樹「江戸時代後期一揆覚書」、『歴史学研究』一二七号、一九四七年五月。
★38 大久保利謙、前掲『日本近代史学事始め』八四頁。
★39 同書、一二六頁。
★40 今井修、前掲「大久保利謙『日本近代史学事始め』についての覚書」一二九頁。
★41 大久保利謙、前掲『佐幕派論議』四～五頁。
★42 今井修、前掲「大久保利謙『日本近代史学事始め』についての覚書」一三八～一三九頁。
★43 同。
★44 大久保利謙、前掲『日本近代史学事始め』九五～九六頁。
★45 同書、一四九～一五〇頁。
★46 同書、一八二頁。
★47 同書、一二五頁。
★48 同書、八八頁。
★49 同書、一二七頁。
★50 山岸智子「アンヴィバレンスの人――家族のなかの尾佐竹猛」、明治大学史資料センター（編）『尾佐竹猛研究』日本経済評論社、二〇〇七年、二九九頁。
★51 同書、三〇〇頁。
★52 鈴木安蔵『憲法学三十年』評論社、一九六七年、二四〇～二六一頁。
★53 古関彰一『日本国憲法の誕生〔増補改訂版〕』岩波現代文庫、二〇一七年、五二～五四頁。
★54 「憲法民間草案の意図 鈴木安蔵氏に聴く 原則論は共和制 天皇君臨すれど統治せず」、『毎日新聞』一九四五年一二月二九日付一面。
★55 古関彰一、前掲『日本国憲法の誕生〔増補改訂版〕』七一頁。
★56 大久保利謙、前掲『日本近代史学事始め』、一四三頁。
★57 三谷博『明治維新を考える』有志舎、二〇〇六年、二〇一～二〇二頁。
★58 三谷博『維新史再考――公議・王政から集権・脱身分化へ』ＮＨＫブックス、二〇一七年、五～六頁。
★59 柄谷行人『憲法の無意識』岩波新書、二〇一六年、七一～七三頁。
★60 大久保利謙「王政復古史観と旧藩史観・藩閥史観」、『大久保利謙歴史著作集7 日本近代史学の成立』吉川弘文館、二〇〇七年、三四六～三七五頁。なお、田中彰『明治維新観の研究』（北海道大学図書刊行会、二〇〇三年）も、基本的にこの大久保利謙の系統分類を継承している。

★61 堺利彦「ブルジョアの維新」、『堺利彦全集 第五巻』法律文化社、一九七一年。

第2章

★1 遠山茂樹『明治維新』岩波文庫、二〇一八年、一五八頁。
★2 坂野潤治『日本憲政史』東京大学出版会、二〇〇八年。
★3 坂野潤治『未完の明治維新』ちくま新書、二〇〇七年、四五〜四六頁。
★4 尾佐竹猛『維新前後に於ける立憲思想』文化生活研究会、一九二五年、一四六頁。
★5 同書、一七六頁。
★6 尾佐竹猛は、一九二五年に出版した『維新前後に於ける立憲思想』（前掲）で、西周と赤松小三郎の建白書を紹介しているが、他のものはまだ発掘していなかった。続く一九三八年に出版された『日本憲政史大綱 上』（日本評論社、一九三八年、五五〜五八頁）には、松平乗謨の建白書も盛り込まれた。尾佐竹最後の大著『明治維新 下』（宗高書房、一九四九年）では、津田真道の建白書も紹介されている。尾佐竹の飽くなき史料収集は晩年まで続けられ、新発掘の史料が順次盛り込まれていったのだ。
★7 「福沢英之助宛書翰」（慶応二年一一月七日）、『福沢諭吉全集 第一七巻』岩波書店、一九六一年、三一頁。
★8 福沢諭吉「長州再征に関する建白書」（慶応二年九月）、『福沢諭吉全集 第二〇巻』岩波書店、一九六三年。
★9 知野文哉『「坂本龍馬」の誕生――船中八策と坂崎紫瀾』人文書院、二〇一三年。そもそも「船中八策」とは、原本はおろか写本すら存在しない出所不明の文書であった。知野の研究によれば、「船中八策」の元になった文書は、弘松宣枝著『阪本龍馬』（一八九六年、民友社刊）に書かれた「建議案十一箇条」であると結論している。それは龍馬の縁者である弘松の「記憶」のなかにあったテキストであると知野は結論している。その後、「建議案十一箇条」からさまざまに修正が加えられ、最終的に、権威ある日本史籍協会編の『坂本龍馬関係文書』に収録されてしまい、その権威から、あたかも実在した文書であるかのように扱われることになった。
★10 原口清『原口清著作集 3 戊辰戦争論の展開』岩田書院、二〇〇八年、三八〜三九頁。原著は、原口清『戊辰戦争』塙書房、一九六三年。
★11 石井孝『維新の内乱』至誠堂、一九六八年。および、石井孝『戊辰戦争論』吉川弘文館、一九八四年。
★12 石井孝、前掲『維新の内乱』参照。ちなみに石井は、絶対主義を目指す勢力同士の本格的な戦争は江戸開城までとしている。戊辰戦争の第二段階の東北での戦争における奥羽越列藩同盟は「東北辺境型諸藩のルースな連合体」として、もはや絶対主義を目指すライバルではなかったとする。さらに戊辰戦争の第三段階としての五稜郭の戦いは、「士族反乱の先駆的形態」と評価している。
★13 大久保利謙「日本国総制度・関東領制度」、『大久保利謙歴史著作集 5 幕末維新の洋学』吉川弘文館、一九八六年、一五七〜一五八頁。

★14 大久保健晴『近代日本の政治構想とオランダ〔増補新装版〕』東京大学出版会、二〇二二年、五六～五八頁。
★15 同書、五九～六〇頁。
★16 ジョセフ・ヒコ（中井努・山口修訳）『アメリカ彦蔵自伝 1』平凡社東洋文庫、一九六四年、第一章。
★17 同書、第一三章。
★18 近盛晴嘉『人物叢書 ジョセフ＝ヒコ』吉川弘文館、一九六三年、一九五～二一〇頁。
★19 田中彰編『日本近代思想大系 1 開国』岩波書店、一九九一年、三四〇頁。
★20 ジョセフ・ヒコ（中井努・山口修訳）『アメリカ彦蔵自伝 2』平凡社東洋文庫、一九六四年、一一二頁。
★21 同。
★22 同書、三二二頁。
★23 佐藤孝「ジョセフ・ヒコの日本改革建言草案」、『横浜開港資料館紀要』第四号、一九八六年。
★24 同誌、四九一頁。
★25 赤松小三郎の『英国歩兵練法』については、以下の文献を参照されたい。河元由美子「幕末兵学者の英書翻訳——赤松小三郎・浅津富之助訳『英国歩兵練法』を中心に」（『英学史研究』第五一号、二〇一八年一〇月、一〇三～一〇九頁）。なお、河元は、赤松の『英国歩兵練法』を、蘭書を介さず、直接、英書から日本語に訳された最初の訳書であるとする。
★26 関良基『赤松小三郎ともう一つの明治維新』作品社、二〇一六年、四三～四六頁。
★27 同書、五九～七一頁。
★28 同。
★29 青山忠正「慶応三年一二月九日の政変」、明治維新史学会（編）『講座明治維新 第2巻 幕末政治と社会変動』有志舎、二〇一一年、二二九頁。
★30 岩下哲典「幕末日本における秩序創出の困難さ——坂本龍馬・赤松小三郎の新国家・新秩序構想と暗殺」、岩下哲典ほか『東アジアの秩序を考える』春風社、二〇一七年、三一七～三一八頁。
★31 奥田晴樹『近代史研究叢書6 立憲政体成立史の研究』岩田書院、二〇〇四年、四二頁。
★32 赤松小三郎が越前藩の松平春嶽に提出したものの、原本は失われている。しかし、薩摩藩の島津久光に提出したものは原本も残り、鹿児島県立歴史資料センター黎明館に保管されている。
★33 赤松小三郎の徳川政権宛ての建白書は、歴史作家の桐野作人氏によって発見された（『信濃毎日新聞』二〇一六年六月一日）。盛岡藩の『慶応丁卯雑記』には、「赤松小太郎卯五月幕府え建白」と書かれている。それに続いて、「数件御改正之儀奉申上候口上書」として、ほぼ島津久光宛てのものと同様の内容の文章が転載されている。赤松が幕府へ建白したものを盛岡藩が転写していたことから、その存在が確認されたのである。なお、この徳川政権宛の建白書は、大信田尚一郎氏によって翻刻され自費出版されている（大信田尚一郎『信州上田藩士 赤松小三郎 幕府宛建白書——天幕御合体諸藩一和 上下議政局』いわて教育文化研究所、二〇一八年）。

★34 大久保利謙「津田真道の著作とその時代」、大久保利謙編『津田真道――研究と伝記』みすず書房、一九九七年、二八～三五頁。
★35 同書、三一～四五頁。
★36 同書、五四頁。
★37 同書、五五頁。
★38 同書、五五～六四頁。
★39 同書、六三頁。
★40 市川武治『松平乗謨と五稜郭』千曲川文庫、一九八二年。
★41 尾佐竹猛、前掲『日本憲政史大綱 上』、一六八～一六九頁。
★42 廣沢安宅（莊田三平編）『幕末会津志士伝 稿本――一名孤忠録』私家版、一九二三年。
★43 竹内力雄「山本覚馬覚え書 五――『管見』を中心に」、『同志社談叢』（第三四号）同志社大学同志社社史資料センター、二〇一四年、六九頁。
★44 竹内力雄は、山本覚馬・赤松小三郎・西周の交友関係も明らかにし、また山本と赤松の建白書の類似性を指摘している。竹内力雄、前掲論文、三一～七七頁。
★45 青山霞村『改訂増補 山本覚馬伝』京都ライトハウス刊、一九七六年、二〇八頁。
★46 山本覚馬と赤松小三郎の建白書の類似性については、竹内力雄の前掲「山本覚馬覚え書 五」にも詳しい。筆者も、前掲『赤松小三郎ともう一つの明治維新』においてこれを指摘した。
★47 『福島民友』二〇一九年九月二四日付。発見したのは、歴史家の伊藤哲也氏。「諸建日記」という一八六八年の三月～九月の間に政府に寄せられた軍務関係の建白書を束ねた冊子の中にあったという。
★48 大久保利謙『日本近代史学事始め――一歴史家の回想』岩波新書、一九九六年、一八二頁。
★49 国立公文書館 アジア歴史資料センター、管見（山本覚馬建白）https://www.jacar.archives.go.jp/das/image/C09080488000（二〇二二年一〇月一五日最終閲覧）。
★50 リチャード・ルビンジャー（川村肇訳）『日本人のリテラシー １６００―１９００年』柏書房、二〇〇八年、二三〇～二三六頁。
★51 この点については、東洋大学の岩下哲典教授からご教示を受けた。
★52 津田真道「正論の三」（原著明治七年六月刊行）、山室信一・中野目徹校注『明六雑誌 上』岩波文庫、一九九九年、三九三～三九七頁。
★53 西周「網羅議院の説」（原著：一八七五年二月刊行）、山室信一・中野目徹校注『明六雑誌 下』岩波文庫、二〇〇九年、二五～三一頁。
★54 奥田晴樹、前掲『立憲政体成立史の研究』四二頁。
★55 上田市立博物館編『赤松小三郎 松平忠厚――維新変革前後 異才二人の生涯』上田市立博物館、二〇〇〇年、三〇～三二頁。

★56　三谷博『維新史再考――公議・王政から集権・脱身分化へ』NHKブックス、二〇一七年、二八〇頁。
★57　筆者は、前著『赤松小三郎ともう一つの明治維新』において、越前版にあった「国中之男女」という表現が、薩摩版では「国中之男子」に代わっていることに気づかず、薩摩版でも「男女」と書かれていると勘違いして論を進めてしまっていた。この場を借りて謝罪するとともに、越前版の「男女」が薩摩版で「男子」に変わった理由について、今後の研究課題としたい。
★58　坂野潤治、前掲『未完の明治維新』四六頁。

第3章

★1　E・サトウ「英国策論」、田中彰編『日本近代思想体系 1 開国』岩波書店、一九九一年、二九九頁。
★2　同。
★3　アーネスト・サトウ（坂田精一訳）『一外交官の見た明治維新 上』岩波文庫、一九六〇年、一九七～一九八頁。
★4　英国士官サトウ『英国策論』一八六六年、出版詳細不明、国立国会図書館所蔵版、一一頁。
★5　サトウ（坂田精一訳）、前掲『一外交官の見た明治維新 上』、二五五頁。
★6　石井孝『増訂版 明治維新の国際的環境』吉川弘文館、一九六六年、五二三頁。
★7　同。
★8　Robert Morton (translated and annoted), *Private Correspondence between Sir Harry Parkes and Edmund Hammond, 1865-1868*, Edition Synapse for Eureka Press, 2018, p.12.
★9　「寺村左膳手記」、『維新日乗纂輯 3』日本史籍協会、一九二六年、四八五頁。
★10　青山霞村『増補改訂 山本覚馬伝』京都ライトハウス刊、一九七六年、二〇八頁。
★11　佐々木克『幕末政治と薩摩藩』吉川弘文館、二〇〇四年、三六九～三七〇頁。
★12　同。
★13　青山忠正「慶応三年一二月九日の政変」、明治維新史学会（編）『講座明治維新 第2巻 幕末政治と社会変動』有志舎、二〇一一年、二二九頁。
★14　鳥取県立博物館編『贈従一位　池田慶徳公御伝記 第四巻』一九九〇年、二二〇頁。
★15　同書、二四一頁。
★16　徳川慶喜『昔夢会筆記――徳川慶喜公回顧談』平凡社東洋文庫、一九六七年、二七〇頁。および、渋沢栄一『徳川慶喜公伝 四』平凡社東洋文庫、一九六八年、三九～四一頁。
★17　サトウ（坂田精一訳）、前掲『一外交官の見た明治維新 下』、四五頁。「国民議会」と「狂気じみた考え」の英語の原文は、Ernest Mason Satow, *A Diplomat in Japan, Collective Works of Ernest Mason Satow*, Vol. 10, Ganesha Publishing, Edition Synapse, p.256.
★18　『西郷隆盛全集 第二巻』西郷隆盛全集編集委員会、大和書房、一九七七年、二三二～二三三頁。

★19 同書、二三一～二三六頁。

★20 同書、二三六頁。

★21 アーネスト・サトウ（鈴木悠訳）『一外交官の見た明治維新』講談社学術文庫、二〇二一年、三五二頁。ちなみに、楠家重敏の新訳『変革の目撃者』（晃洋書房、二〇二一年、三〇四頁）では、同じ箇所を正しく「国民議会」と訳されている。

★22 萩原延壽『外国交際　遠い崖――アーネスト・サトウ日記抄　五』朝日文庫、二〇〇七年、二七九頁。なお原文は、"It will be a Congress rather than a parliament," Robert Morton and Ian Ruxton (edited), *The Diaries of Sir Ernest Mason Satow, 1861-1869,* Edition Synapse for Eureka Press, 2015, p. 243.

★23 サトウ（坂田精一訳）、前掲『一外交官の見た明治維新 下』六五頁。

★24 サトウ（坂田精一訳）、前掲『一外交官の見た明治維新 下』六〇～六一頁。

★25 サトウ（鈴木悠訳）、前掲『一外交官の見た明治維新』五九六頁。

★26 サトウ（坂田精一訳）、前掲『一外交官の見た明治維新 下』六五～六六頁。

★27 桂小五郎が坂本龍馬に宛てた慶応三年八月二一日付の書簡。日本史籍協会編『木戸孝允文書 二』東京大学出版会、一九七一年、三〇七～三〇八頁。

★28 同書簡。

★29 サトウ（坂田精一訳）、前掲『一外交官の見た明治維新 下』七六頁。この「ナガタ」が誰かは、現在まで特定されていない。

★30 上田市立博物館編『赤松小三郎　松平忠厚――維新変革前後 異才二人の生涯』上田市立博物館、二〇〇〇年、四一頁。

★31 同書、四三頁。

★32 関良基『日本を開国させた男、松平忠固』作品社、二〇二〇年、第3章および5章参照。

★33 杉山伸也『明治維新とイギリス商人――トマス・グラバーの生涯』岩波新書、一九九三年、九九～一〇〇頁。

★34 日英修好通商条約の第一四条には、「軍用の諸物日本役所の外へ売へからす」(munitions of war, which shall only be sold to the Japanese Government) とある。外務省条約局編『旧条約彙纂 第一巻第二部』外務省、一九三四年、一八～一九頁。

★35 重藤威夫『長崎居留地と外国商人』風間書房、一九六七年、四五六頁。

★36 同書、四五八頁。

★37 杉山伸也、前掲『明治維新とイギリス商人』九九頁。

★38 アルジャーノン・B・ミットフォード（長岡祥三訳）『英国外交官の見た幕末維新――リーズデイル卿回想録』講談社学術文庫、一九九八年、一九～二〇頁。

★39 同。

★40 赤松清次郎訳『新銃射放論』一八五七年。原著は、Booms, P. G. (Petrus Gerardus), *Verhandeling over het schot der draagbare vuurwapens*, Gebroeders Muller, 1855.

★41 大山柏『増訂 戊辰役戦史 上』時事通信社、一九六八年、六三〜六九頁。
★42 同書、六四頁。

第4章

★1 井上清『日本現代史 1 明治維新』東京大学出版会、一九五一年。一つ目の段落は一頁、二つ目は三一三頁、三つ目は三〜四頁。
★2 成田龍一『方法としての史学史』岩波現代文庫、二〇二一年、三〜四頁。
★3 西尾幹二『国民の歴史 西尾幹二全集 第一八巻』国書刊行会、二〇一七年（原著一九九九年）、四一一〜四一五頁。
★4 藤岡信勝『汚辱の近現代史――いま、克服のとき』徳間書店、一九九六年、二六六頁。
★5 同書、五三頁。
★6 引用文は、NHK大河ドラマ『坂の上の雲』のオープンニングより。この文章は、司馬遼太郎『坂の上の雲』の各所に散らばっている文をつなぎあわせたものである。いずれも司馬史観を核心的な文言と言ってよいだろう。原文は、『坂の上の雲』文春文庫版（一九七八年）の一巻の七頁と七五頁、および同八巻の二九六〜二九八頁を参照。
★7 石川謙『日本庶民教育史――近世に於ける教育機関の超封建的傾向の発達』刀江書院、一九二九年、四一九〜四二六頁。
★8 ロナルド・ドーア（松居弘道訳）『江戸時代の教育』岩波書店、一九七〇年、二九九頁。
★9 リチャード・ルビンジャー（川村肇訳）『日本人のリテラシー――1600―1900年』柏書房、二〇〇八年、一九九頁。
★10 同書、二三〇〜二三六頁。
★11 関良基『日本を開国させた男、松平忠固』作品社、二〇二〇年、一九二〜二〇九頁。
★12 同書、一七七〜一七八頁。
★13 同書、二三二〜二三六頁。
★14 大橋周治『幕末明治製鉄史』アグネ、一九七五年、二三八〜二四五頁。
★15 同書、二四七〜二四九頁。
★16 アンドレ・G・フランク（山下範久訳）『リオリエント――アジア時代のグローバル・エコノミー』藤原書店、二〇〇〇年。
★17 井上清『日本の歴史 20 明治維新』中央公論社、一九六六年、付録。
★18 「土佐藩大政奉還建白書写」三条家文書12―8、国立国会図書館デジタルライブラリー、https://dl.ndl.go.jp/pid/11125296/1/1（二〇二三年四月四日最終閲覧）
★19 司馬遼太郎『世に棲む日日 四』（文春文庫、二〇〇三年）、「文庫版あとがき」三一〇頁。
★20 同書、三一一頁。
★21 同書、三一〇〜三一一頁。
★22 司馬遼太郎『竜馬がゆく 六』文春文庫、一九九八年、八頁。

★23 司馬遼太郎、前掲『世に棲む日日 四』五九頁。

★24 文部省維新史料編纂事務局編『維新史 第一巻』一九三九年、文部省発行、明治書院発売、一六〇頁。

★25 遠山茂樹『明治維新』岩波書店、一九五一年、七〇頁。

★26 同書、一三五～一三七頁。

★27 松浦玲編『日本の名著 30 佐久間象山・横井小楠』中央公論社、一九七〇年、八一頁。

★28 上山春平編『近代日本の名著 10 日本のナショナリズム』徳間書店、一九六六年、二三～二四頁。

★29 同書の付録の対談。「近代日本の名著 月報 七（第10巻の月報）、日本ナショナリズムの論争点」一九六六年一二月二〇日。

★30 尾藤正英『日本の国家主義――「国体」思想の形成』岩波書店、二〇一四年、二四四頁。

★31 吉田俊純『水戸学の研究――明治維新の再検討』明石書店、二〇一六年、一二九頁。

★32 同書、一二三～一四九頁。

★33 同書、一一〇頁。

第5章

★1 井上清、前掲「明治維新」、「付録」の司馬遼太郎との対談。

★2 加藤弘之「経歴談」、植手通有編『日本の名著 34 西周・加藤弘之』中央公論社、一九七一年、四八一～四八二頁。

★3 M・ミッチェル・ワールドロップ（田中三彦、遠山峻征訳）『複雑系』新潮社、一九九六年。

★4 W. Brian Arthur. "Competing Technologies, Increasing Returns, and Lock-In by Historical Event." *Economic Journal*, Vol 99, No. 394, 1989: pp.116-131.

★5 ラルフ・エイブラハム、ヨシスケ・ウエダ（稲垣耕作・赤松則男訳）『カオスはこうして発見された』共立出版株式会社、二〇〇二年。

★6 Magoroh Maruyama. "The Second Cybernetics: Deviation-Amplifying Mutual Causal Process" *American Scientist*, 51: p.164.

★7 加藤青延「天安門事件――三〇年後に浮かび上がる真相と謀略」、『武蔵野大学政治経済研究所年報』第一九号、二〇二〇年、一〇九頁。

★8 同論文、一一三～一一六頁。

★9 三谷博『明治維新を考える』岩波現代文庫、二〇一二年。。

★10 三谷博『日本史のなかの「普遍」――比較から考える「明治維新」』東京大学出版会、二〇二〇年、四四～四六頁。

★11 野口武彦『鳥羽伏見の戦い』中公新書、二〇一〇年、一七頁。

★12 同書、三一七頁。

★13 デモクリトスの原子論は、近代になってニュートンやラプラスに引き継がれた。すなわち、最初の「神の一撃」によって宇宙が誕生して以来、その後の宇宙のすべての状態は法則的に決定されている、という考えである。

★14 わずかに残ったエピクロスの書簡や著作は、岩波文庫に収められている。出隆・岩崎允胤訳『エピクロス――教説と手紙』岩波文庫、一九五九年。

★15 イリヤ・プリゴジン／イザベル・スタンジェール（伏見康治・伏見譲・松枝秀明訳）『混沌からの秩序』みすず書房、一九八七年、三九一頁。ルクレティウスの『物の本質について』は、樋口勝彦訳で岩波文庫にある。残念ながら日本語訳は詩文の形式で訳されていないため、原文の美しい詩文のニュアンスがそこなわれている。そこで、この引用箇所の日本語訳は、イリヤ・プリゴジンらが『混沌からの秩序』でルクレティウスを紹介している箇所の訳文を用いた。ちなみに、筆者がこれまでの人生で読んだなかで、もっとも衝撃を受けた一文を一つ挙げよ、と問われたら、この文を上げるかもしれない。

★16 イリヤ・プリゴジンら、前掲『混沌からの秩序』二〇二頁。

★17 ロジャー・ペンローズ（林一訳）『皇帝の新しい心――コンピュータ・心・物理法則』みすず書房、一九九四年。

★18 カール・マルクス（中山元・三島憲一・徳永恂・村岡晋一訳）「デモクリトスの自然哲学とエピクロスの自然哲学の差異」、『マルクス・コレクションⅠ』筑摩書房、二〇〇五年、七〇頁。

★19 同書、七七頁。

★20 同書、一三九頁。

★21 同書、一四一頁。

★22 カール・マルクス（武田隆夫・遠藤湘吉・大内力・加藤俊彦訳）『経済学批判』岩波文庫、一九五六年、一三頁。

★23 スティーヴン・グリーンブラッド（河野純治訳）『一四一七年、その一冊がすべてを変えた』柏書房、二〇一二年。

★24 同書、三〇九頁。

★25 リチャード・ファインマン（坪井忠二訳）『ファインマン物理学1 力学』岩波書店、一九八六年、四頁。

★26 エピクロス（出隆・岩崎允胤訳）『エピクロス 教説と手紙』岩波文庫、一九五九年、八三頁。

★27 トマス・ホッブズ（水田洋訳）『リヴァイアサン 一』岩波文庫、一九五四年、二〇七～二一五頁。

★28 同書、二一六～二五九頁。

★29 田中浩『ホッブズ』研究社出版、一九九八年、九五頁。

★30 中金聡「庭園をつくる――エピクロス主義の〈逸れ〉について」、『政治哲学』二三巻、二〇一七年、一～三八頁。

第6章

★1 丸山眞男『日本政治思想史研究』東京大学出版会、一九八三年新装版、二〇八～二〇九頁。

★2 スティーヴン・グリーンブラッド（河野純治訳）『一四一七年、その一冊がすべてを変えた』柏書房、二〇一二年。

★3 維新志士のマキャベリズムについては、井上勝生『幕末維新政治史の研究――日本近代国家の生成について』（塙書房、一九九四年）を参照されたい。

★4 関良基、前掲『日本を開国させた男、松平忠固』作品社、二〇二〇年。

★5 尾藤正英『日本封建思想史研究――幕藩体制の原理と朱子学的思惟』青木書店、一九六一年、二八四～二八五頁。

★6 同。

★7 奈良勝司『明治維新と世界認識体系――幕末の徳川政権 信義と征夷のあいだ』有志舎、二〇一〇年、六頁。

★8 同。

★9 同書、「結論」。

★10 同。

★11 丸山眞男、前掲『日本政治思想史研究』、三〇五頁。

★12 同。

★13 同書、三〇七頁。

★14 『吉田松陰全集 第九巻』岩波書店、一九三九年、四八八頁。

★15 福沢諭吉「長州再征に関する建白書」（慶応二年九月）、『福沢諭吉全集 第二〇巻』岩波書店、一九六三年。

★16 丸山眞男、前掲『日本政治思想史研究』、一八五頁。

★17 同、一八五～一八六頁。

★18 フランツ・ボルケナウ（水田洋訳）『封建的世界像から市民的世界像へ』みすず書房、一九六五年、六二～六三頁。

★19 丸山眞男、前掲『日本政治思想史研究』、六六頁。

★20 同書、一八八頁。

★21 同。

★22 丸山眞男『忠誠と反逆――転形期日本の精神史的位相』ちくま学芸文庫、一九九八年、一七二頁。

★23 同書、一八五頁。

★24 同書、一五六頁。原文は、佐久間象山（信濃教育会編）『象山全集 巻五』信濃毎日新聞社、一九三五年、一一～一二頁。

★25 栗原隆一（井出孫六監修）『斬奸状』學藝書林、一九七五年、二四七～二四八頁。

★26 佐久間象山暗殺事件の詳細は、松本健一『評伝 佐久間象山下』（中公叢書、二〇〇〇年）を参照されたい。

★27 同。

★28 今中寛司「小楠学の儒教的思想形態について」、『史林』五二㈠、京都大学、一九六九年、三三～六四頁。

★29 横井小楠「国是三論」、佐藤昌介・植手通有・山口宗之編『日本思想体系 55 渡辺崋山・高野長英・佐久間象山・横井小楠・橋本左内』岩波書店、一九七一年、四四八頁。

★30 例えば、松浦玲編『日本の名著 30 佐久間象山・横井小楠』（中央公論社、一九七〇年）を参照されたい。

★31 栗原隆一、前掲『斬奸状』三五六～三五七頁。
★32 横井小楠「沼山対話」、佐藤昌介・植手通有・山口宗之編、前掲『日本思想体系 55』五〇〇頁および五〇九頁。「沼山対話」は、横井小楠が熊本の沼山津に閉居中、同藩の井上毅に口述した内容を、井上が筆記したものである。
★33 佐藤昌介・植手通有・山口宗之編、前掲『日本思想体系 55』。ならびに、松浦玲編、前掲『日本の名著 30 佐久間象山・横井小楠』参照。
★34 吉田俊純『水戸学の研究――明治維新史の再検討』明石書店、二〇一六年、二七五頁。横井小楠の水戸批判・長州批判・神道批判については、同書のⅣ章に詳しい。
★35 丸山眞男、前掲『忠誠と反逆』、二五二頁。
★36 同書、二四九頁。
★37 同書、二五五頁。
★38 同書、二五六～二五七頁。
★39 同書、二五七～二五八頁。
★40 丸山眞男、前掲『日本政治思想史研究』三四七～三四八頁。
★41 関良基、前掲『日本を開国させた男、松平忠固』九〇頁。
★42 同書、一三四頁。
★43 同書、七〇頁。
★44 植手通有編『日本の名著 34 西周・加藤弘之』中央公論社、一九七一年、一二頁。
★45 桑原伸介「津田真道の万葉歌成立の背景」、大久保利謙編『津田真道――研究と伝記』みすず書房、一九九七年、一〇七～一二〇頁。
★46 同論文、一〇九頁。
★47 大久保利謙「津田真道の著作とその時代」、大久保利謙編、前掲『津田真道』、九～一二頁。
★48 植手通有編、前掲『日本の名著 34 西周・加藤弘之』一二頁。
★49 加藤弘之『立憲政体略』谷山楼、一八六八年。
★50 加藤弘之『国体新論』谷山楼、一八七五年、二頁。
★51 同書、九頁。
★52 大久保利謙「加藤弘之の『真政大意』『国体新論』絶版に関する新資料」、『明治文化全集月報』一九五五年、No.4。大意を筆者が要約した。
★53 橋爪大三郎『丸山眞男の憂鬱』講談社選書メチエ、二〇一七年。
★54 山本七平『現人神の創作者たち 上』ちくま文庫、二〇〇七年（原著、文藝春秋社、一九八三年）。

★55 同書、六九〜七五頁。
★56 同書、六五〜六八頁。
★57 尾藤正英『日本の国家主義――「国体」思想の形成』岩波書店、二〇一四年、一一二〜一一六頁。
★58 山本七平、前掲『現人神の創作者たち 上』九〜一〇頁。
★59 小倉紀蔵『朱子学化する日本近代』藤原書店、二〇一二年、一一頁。
★60 同書、二五一〜二五七頁。
★61 同書、一〇頁。
★62 同書、二六九頁。
★63 同書、二六九〜二七〇頁。
★64 伊東祐吏『丸山眞男の敗北』講談社選書メチエ、二〇一六年、五六頁。
★65 丸山眞男の「超国家主義の論理と心理」は、『世界』の一九四六年五月号に掲載された。この論文を含め、ファシズムを分析した一連の論文は、丸山眞男『〈新装版〉現代政治の思想と行動』（未來社、一九六四年）に収録されている。
★66 丸山眞男、前掲『〈新装版〉現代政治の思想と行動』二五頁。
★67 同書、二七頁。
★68 同書、一二九〜一二八頁。
★69 丸山眞男「明治国家の思想」、『戦中と戦後の間　１９３６〜１９５７』みすず書房、一九七六年、二〇二〜二五〇頁。

終章

★1 福沢諭吉（松沢弘陽校注）『文明論之概略』岩波文庫、一九九五年、二三三頁。
★2 渋沢栄一『論語と算盤』国書刊行会、一九八五年（原著一九二八年）、一〇〜一三頁。
★3 同書、八五〜八六頁。
★4 福沢諭吉、前掲『文明論之概略』一八二頁。
★5 渋沢栄一、前掲『論語と算盤』九四頁。
★6 福沢諭吉『学問のすゝめ』岩波文庫、一九四二年、二六頁。
★7 渋沢栄一、前掲『論語と算盤』二三一〜二三二頁。

人名索引

【ア行】

会沢正志斎　140, 145, 146
青木周弼　21
青地林宗　21, 22
青山霞村　70
青山忠正　64, 102
赤松小三郎　7, 8, 11,12, 17, 23-25, 27, 35, 36, 55, 56, 58, 60, 63-65, 68-70, 73-77, 79-94, 100-104, 108, 109, 113-117, 182, 207, 225, 228-230
明仁上皇　48
アクィナス、トマス　189
アーサー、ブライアン　154
浅津富之助　115, 116
朝彦親王（中川宮）　195, 196
芦田柔太郎　109
アプリン、ヴィンセント　115, 117
阿部正外（越前守）　61
阿部正弘　16, 205
荒木謇之　21
荒畑寒村　53
アリ、モハメド　157, 158
アリストテレス　189
有村次左衛門　210
有村俊斎　→　海江田信義
アルケストラス　168
安藤昌益　128, 185
安藤信正　203
井伊直弼　144, 146, 152, 161, 210
イエーガー、ハラルド　158
石井孝　58, 59
石田梅岩　128
市川正一　142
伊藤博文（俊輔）　62, 107, 112, 136, 141, 142
伊東祐吏　215
稲葉正邦　68
井上馨（聞多）　50, 112, 136, 141, 142
井上清　8, 14, 39, 40, 50, 123-125, 132-134, 138, 139, 142-144, 151, 228
井上毅　199, 200, 214
井野辺茂雄　28, 29
今井修　38
今西錦司　143
岩倉具視　152, 210
岩下哲典　64, 229
岩瀬忠震　184
禹　212
ウェイ、リチャード・クォーターマン　21
植木枝盛　44, 45
植手通有　206, 209
上山春平　143-146, 211
内田弥太郎　64
宇野俊一　32
梅棹忠夫　143
梅沢孫太郎　109
永楽帝　198
江藤新平　23, 24
エピクロス　164-171, 173-177, 181, 191, 193
大木喬任　23, 24
大国隆正　202-204
大久保健晴　59
大久保忠寛（一翁）　17, 23, 66
大久保利謙　18, 31-35, 37-43, 45, 46, 49-51, 59, 60, 66, 67
大久保利武　45
大久保利通　31, 32, 37, 39, 64, 101, 105, 152
大橋訥菴　184, 185, 203, 204
大村斐夫　208
大村益次郎　136, 182

岡田章雄　40
荻生徂徠　178-180, 185, 214
大給恒　→　松平乗謨
奥田晴樹　64, 86
小倉紀蔵　213-215
小栗忠順　130
尾佐竹猛　8, 17-31, 33-38, 41-46, 50-52, 55, 56, 60
尾高惇忠　225
オッカム、ウィリアム　189, 191

【カ行】

海江田信義　145, 209, 210, 219
カストロ, フィデル　151, 152
勝海舟　64, 193
勝田孫也　51
加藤弘之　20, 22, 23, 26, 27, 120, 152, 193, 206, 209, 210, 219
樺山資紀　63
上村彦之丞　63
神山茂夫　142
賀茂真淵　183
柄谷行人　47, 48, 230
ガリレイ、ガリレオ　173, 192
河合栄治郎　215
河井継之助　137
河上彦斎　196
河上肇　42, 43
川崎勝　67
神田孝平　23, 24, 26, 152
魏源　21
岸田吟香　20, 61
木戸孝允（桂小五郎）　62, 107, 108, 152, 196
ギボン、エドワード　162
尭　212
久坂玄瑞　196
楠木正成　212
国司親相　110
熊沢蕃山　182, 197
グラバー、トーマス　62, 110-113, 117, 200
クラレンド、ジョージ・ヴィリアーズ　99
栗本鋤雲　184
クリュシポス　168
グリーンブラッド、スティーヴン　171-174
桑原伸介　60
孝明天皇　193, 196
古賀侗庵　184, 185
後醍醐天皇　212
後藤象二郎　23-25, 27, 56, 101, 102, 106, 107,109
小林庄次郎　28
小林虎三郎　193
小松帯刀　69, 101, 102

【サ行】

西郷隆盛（吉之助）　64, 69, 98, 99, 101, 102, 104-106, 108, 109, 116, 138
堺利彦　50, 51, 53
坂崎斌　51
嵯峨根良吉　23-25
坂本龍馬　23, 24, 27, 56, 57, 107, 108, 112, 137, 138
佐久間象山　182, 185, 186, 193-198, 200, 204, 206, 211
指原安三　51
サトウ、アーネスト　15, 56, 96-101, 104-108, 111-113, 116, 117, 200
佐藤一斎　185
佐藤栄作　135
佐藤孝　62, 63
佐藤信淵　185
真田幸貫　193
三条実美　152, 210
シェイクスピア、ウィリアム　173
ジェファーソン、トマス　173, 176
塩谷宕陰　21
志賀義雄　142
重藤威夫　112
品川弥二郎　196
篠原国幹　63

司馬遼太郎　8, 52, 125, 126, 129, 131-138, 219, 228-230
渋沢栄一　16, 17, 28, 29, 36, 46, 49-52, 220-227, 230
島田三郎　51
島津久光　65, 73, 89, 210
島津茂久　24
下川玲子　207
シャボウスキー、ギュンター　158
朱熹（朱子）　212
朱舜水　211-213
舜　212
蔣経国　134
ジョセフ・ヒコ（濱田彦蔵）　12, 20, 55, 56, 60-63, 70, 73, 74, 76, 77, 79, 80-88, 90, 92-94
末広厳太郎　215
末松謙澄　51
杉亨二　206
鈴木安蔵　18, 33, 35, 41-45, 49
副島種臣　23, 24

【タ行】

高杉晋作　136, 141, 142, 147
高野岩三郎　42, 44, 45
高山彦九郎　139
竹越与三郎　51
武市半平太　24
竹内式部　139
田代五郎左衛門　109
田中彰　32, 63, 143
田中惣五郎　33
田中浩　175, 176
田中光顕　50
趙紫陽　159, 160
陳逢衡　21
辻維岳（将曹）　23, 24
津田左右吉　215
津田真道　11, 20, 23, 26, 55, 56, 59, 60, 65-67, 71, 73-77, 79-83, 87, 89-94, 152, 193, 206, 208, 209
土屋喬雄　35
鄭成功　211, 212
手塚律蔵　21
デモクリトス　164, 165, 167, 193
ドーア、ロナルド　128
鄧小平　159, 160
鄧樸方　160
東郷平八郎　63
ドゥンスニスコトゥス、ヨハネス　189
遠山茂樹　8, 14, 15, 28-30, 32-36, 38, 39, 46, 50, 52, 54, 58, 98, 124, 139-148
戸川残花　28
徳川家茂　110
徳川斉昭　140, 146, 147, 205
徳川光圀　212, 213
徳川（一橋）慶喜　16, 25, 47, 57-59, 66, 68, 72, 98, 99, 102-104, 117, 132, 133, 137, 152, 157, 163
徳富蘇峰　50, 51

【ナ行】

中井弘　23-25
永井尚志（玄蕃）　109, 184
中江藤樹　128, 181
中尾佐助　143
中岡慎太郎　24
長岡謙吉　23
中金聡　176
中川宮　→　朝彦親王
中村勝麻呂　51
中村半次郎　64, 109
中村正直　185, 206, 207, 211
奈良勝司　183, 184
奈良原喜左衛門　145, 210
奈良本辰也　143
成田龍一　14
新島八重　69
西周　20, 23, 26, 55, 56, 58-60, 65-69, 71, 72, 74, 76, 78-82, 87, 90-94, 104, 206
西尾幹二　124, 125

西村茂樹　206
二宮尊徳　128
野口武彦　162, 163
野坂参三　142
野津鎮雄　63, 116
野津道貫　63
野呂栄太郎　51, 52

【ハ行】

パーキンズ、P.D.　62
朴正熙　215
パークス、ハリー　98-100, 110, 112, 117
橋爪大三郎　211
橋本左内　23, 24
蜂須賀斉裕　97
ハッテンハウアー、カトリン　158
服部之総　29, 52
羽仁五郎　29, 40, 52
濱田彦蔵　→　ジョセフ・ヒコ
濱田銀子　62
ハモンド、エドマンド　100
林茂　43
原平三　35, 36
原口清　58, 59
坂野潤治　54, 94
土方歳三　137
土方久元　50
尾藤正英　146, 182
ヒトラー、アドルフ　181
ヒュブネル、ヨハン　21
平田篤胤　139, 183, 208
ファインマン、リチャード　174
フィッセリング, シモン　20, 65, 66
深谷博治　33
福岡孝弟　101
福沢諭吉　20, 23, 26, 27, 56, 57, 180, 186-188, 206, 208, 220-226, 230
福地源一郎（桜痴）　28, 51
福原元僴　110
藤井甚太郎　28, 29
藤岡信勝　124, 125, 131
藤田東湖　144, 145, 147, 197, 200, 209
藤田幽谷　140
ブラッチョリーニ、ポッチョ　171
プリゴジン、イリヤ　166
ブリッジマン、イライジャ・コールマン　21
ブルーノ、ジョルダーノ　172, 173, 176, 192
ペリー、マシュー　16, 67, 156, 181, 204, 207
ヘロドトス　162
ペンローズ、ロジャー　166, 167
ホイートン、ヘンリー　20
堀田正睦　206
ボッティチェッリ、サンドロ　172
ホッブズ、トマス　174-176
堀利熙　184
ボルケナウ、フランツ　191, 192
本多利明　185

【マ行】

マキャベリ、ニッコロ　181
マクゴワン、ジョン　20
益田親施　110
松浦玲　142, 143
松平容保　68, 137
松平春嶽　23, 24, 65, 73, 89
松平忠固　35, 152, 153, 204, 205
松平忠礼　87
松平乗謨　11, 12, 55, 56, 60, 67, 68, 71, 72, 80, 88, 91, 93, 104
マディソン、アンガス　127
マーティン、ウィリアム　20
マルクス、カール　8, 29, 30, 34, 36, 119, 133, 150, 167-176
マルコス、フェルディナンド　134
丸山孫郎　155, 156
丸山眞男　8, 14, 178-198, 200-208, 211, 214-221, 223, 226, 227
ミシュレ、ジュール　162
水野忠徳　23, 184
三谷博　46, 47, 88, 161

箕作阮甫　21, 22, 208
箕作秋坪　206
箕作省吾　21, 22
箕作麟祥　206
ミットフォード、アルジャーノン　106, 112, 113, 117
美濃部達吉　215
宮武外骨　17, 18
宮本顕治　142
ミュアヘッド、ウィリアム　21
ムソリーニ、ベニート　181
メルケル、アンゲラ　158
モア、トマス　172, 176
本居宣長　178, 179, 182, 183, 185-188, 191, 214, 216
元田永孚　213, 214
森有礼　182, 206
モンテーニュ、ミシェル・ド　173, 176

【ヤ行】

八木剛助　205
矢内原忠雄　215
柳河春三　20
梁川星巌　195
山内容堂　23, 24, 27, 56, 57, 102-104, 106, 107, 110, 120, 132, 151, 152
山鹿素行　211
山縣有朋　50, 136
山縣大弐　139
山縣半蔵　21
山川均　53
山川浩　51
山岸智子　44
山崎闇斎　139, 182, 197, 198, 211
山路愛山　51, 52
山田盛太郎　52
ヤマトタケル　218
山本覚馬　11, 12, 55, 56, 60, 63, 68-70, 72, 74, 76, 78, 79, 82, 83, 85-87, 90, 92, 93, 94, 101, 193, 207, 225
山本七平　210-213
由井正臣　32, 38
由利公正　23, 24
横井小楠　17, 23, 24, 182, 197-201, 211, 212, 214
吉田松陰　136, 137, 146, 147, 180, 185-188, 193, 196, 197, 204, 216
吉田東洋　23, 24
吉田俊純　146, 147, 211
吉野作造　17-19, 27, 30, 31, 38, 42

【ラ行】

頼山陽　139
李退渓　197, 198, 214
李登輝　134
リチャードソン、チャールズ　210
ルクレティウス　119, 120, 164-167, 169, 171-173, 176, 181
ルビンジャー、リチャード　79
レッグ、ジェームス　20
レーニン、ウラジミール　53
ロッシュ、レオン　15, 67
ローレンツ、エドワード　155

【ワ行】

ワイリー、アレキサンダー　21
ワーグマン、チャールズ　110
ワシントン、ジョージ　198
渡辺謙　126
ワールドロップ、M・ミッチェル　154

【著者紹介】

関 良基(せき・よしき)

1969年、信州上田生まれ。京都大学農学部林学科卒業。アテネオ・デ・マニラ大学フィリピン文化研究所客員研究員を経て、2002年京都大学大学院農学研究科博士課程修了。博士(農学)。早稲田大学アジア太平洋研究センター助手、(財)地球環境戦略研究機関客員研究員などを経て、現在、拓殖大学教授。

主な著書

『複雑適応系における熱帯林の再生――違法伐採から持続可能な林業へ』(御茶の水書房、2005年)

『自由貿易神話解体新書――「関税」こそが雇用と食と環境を守る』(花伝社、2012年)

『中国の森林再生――社会主義と市場主義を超えて』(向虎・吉川成美共著、御茶の水書房2009年)

『社会的共通資本としての森』(宇沢弘文共編著、東京大学出版会、2015年)

『社会的共通資本としての水』(まさのあつこ・梶原健嗣共著、花伝社、2015年)

『赤松小三郎ともう一つの明治維新 テロに葬られた立憲主義の夢』(作品社、2016年)

『日本を開国させた男、松平忠固 近代日本の礎を築いた老中』(作品社、2020年)

装幀　小川惟久

江戸の憲法構想

日本近代史の〝イフ〟

2024年 3 月30日 初版第 1 刷発行
2024年 6 月30日 初版第 2 刷発行

著者——関 良基

発行者——福田隆雄
発行所——株式会社作品社
102-0072 東京都千代田区飯田橋 2-7-4
Tel 03-3262-9753 Fax 03-3262-9757
振替口座 00160-3-27183
https://www.sakuhinsha.com

本文組版——ことふね企画
印刷・製本——シナノ印刷(株)

ISBN978-4-86793-026-7 C0021 Printed in Japan